U0448752

本书编委会

主　编：

张　勇（全国人大常委会法制工作委员会副主任）

王嘉毅（教育部党组成员、副部长、总督学）

副主编：

石　宏（全国人大常委会法制工作委员会社会法室主任）

张文斌（教育部政策法规司司长）

田祖荫（教育部基础教育司司长）

参加编写人员：

施春风　曹　阳　朱　涛　徐潇枫　杨　帆

徐泽文　顾　冰　郭家琦

翟刚学　朱东斌　张　咏　于春林　陈冀然

付华伟　孙　思　徐　涛　周文娟

【权威解读】

中华人民共和国
学前教育法
释义

主 编

张 勇　王嘉毅

中国法治出版社
CHINA LEGAL PUBLISHING HOUSE

前 言

2024年11月8日,十四届全国人大常委会第十二次会议通过了《中华人民共和国学前教育法》,国家主席习近平签署第三十四号主席令予以公布,该法自2025年6月1日起施行。制定学前教育法,是贯彻落实习近平总书记关于学前教育的重要论述和党中央有关决策部署的必然要求;是深入总结我国学前教育改革发展经验成果的重要举措;是积极适应我国人口发展变化,推动建设生育友好型社会的现实需要;同时,也是全面推进教育法治建设,实现教育强国战略的有力保障。制定学前教育法,以习近平新时代中国特色社会主义思想为指导,深入贯彻习近平法治思想和习近平总书记关于学前教育的重要论述,全面贯彻落实党的二十大和二十届二中、三中全会精神,坚持以人民为中心,积极回应社会关切,着重完善学前教育体制机制,健全学前教育政策保障体系,推进学前教育普及普惠安全优质发展,满足人民群众对幼有所育、幼有优育的美好期盼,为培养德智体美劳全面发展的社会主义建设者和接班人奠定了坚实法治基础。

为配合学前教育法的学习宣传和贯彻执行工作,便于准确理解掌握法律规定,推动有关部门、单位和从业人员自觉尊法、学法、守法、用法,充分发挥学前教育法对学前教育事业发展的指导作用,全国人大常委会法制工作委员会、教育部组织参与立法工作的有关同志编写了本书,供大家学习参考。本书力求简明扼要、通俗易懂,准确反映立法原意,但因时间和水平有限,不妥和疏漏之处在所难免,敬请广大读者批评指正。

编 者

2025年5月

学前教育法制定情况介绍

2024年11月8日，十四届全国人大常委会第十二次会议审议通过学前教育法，国家主席习近平签署第三十四号主席令予以公布，该法自2025年6月1日起施行。此次制定学前教育法，坚持以习近平新时代中国特色社会主义思想为指导，全面贯彻落实党中央有关决策部署，为我国学前教育普及普惠安全优质发展，顺利实现教育强国战略奠定了坚实法治根基。

一、制定学前教育法的重大意义

学前教育是国民教育体系的组成部分，是重要的社会公益事业。办好学前教育、实现幼有所育，是党和政府为老百姓办实事的重大民生工程，关系亿万儿童健康成长，关系社会和谐稳定，关系党和国家事业未来。为做好新时代学前教育工作，深入推进学前教育高质量发展，积极推进学前教育立法工作，制定学前教育法具有重要现实意义。

（一）制定学前教育法是贯彻落实习近平总书记关于学前教育的重要论述和党中央有关决策部署的必然要求

党的十八大以来，以习近平同志为核心的党中央高度重视学前教育事业，作出一系列重大决策部署。习近平总书记多次强调，要加强对基础教育的支持力度，办好学前教育，促进学前教育普惠发展，努力让每个孩子都能享有公平而有质量的教育。党的十九大报告、二十大报告、二十届三中全会决定等有关中央文件，对强化学前教育普惠发展、健全学前教育保障机制等提出明确要求。2018年，中共中央、国务院专门颁布《关于学前教育深化改革规范发展的若干意见》，对新时代学前教育改革发展进行系统部署，明确了学前教育改革发展的前进方向和重大举措。贯彻落实习近平总书记关于学前教育的重要论述和党中央有关重大决策部署，需要及时制定学前教育法，把党和国家在新时代关于发展学前教育事业的系列重大方针政策及时转化为法律规定，为深入推进我国学前教育事业高质量发展提供有力法治保障。

(二) 制定学前教育法是深入总结我国学前教育改革发展经验成果的重要举措

随着经济社会发展，学前教育资源投入、学前儿童入园比例、幼儿园教职工队伍整体素质等显著提升，我国学前教育事业取得历史性成就。改革开放特别是党的十八大以来，我国学前教育事业取得跨越式发展，学前教育资源总量迅速增加，普惠性学前教育资源基本覆盖，经费投入保障机制不断健全完善，幼儿园科学化、专业化、规范化管理水平明显提升。可以说，我国学前教育领域已经积累起较为丰富的实践经验，探索出符合基本国情的学前教育发展道路，为推动解决学前教育难题贡献了中国智慧，提供了中国方案。当前，迫切需要系统总结我国学前教育发展经验，把经过长期实践检验的成熟做法提炼上升为法律规定，进一步确认、巩固和引领我国学前教育事业改革发展进程，依法推广和拓展有益经验成果。

(三) 制定学前教育法是全面推进教育法治建设，实现教育强国战略的有力保障

新中国成立以来，党和国家在不同历史时期颁布出台一系列学前教育法规政策，对学前教育持续健康发展发挥了重要作用。随着我国学前教育事业的深入推进，相关规定比较零散、效力偏低、衔接不够、执行力不强等问题逐渐凸显，有的规定已经不能适应新时代学前教育事业发展需要。贯彻落实宪法关于发展学前教育的规定要求，建立健全学前教育事业体制机制，亟须加强顶层制度设计，制定一部学前教育领域专门法律，系统整合并发展完善有关法规政策，对学前教育制度建设作出框架性安排，初步搭建起学前教育领域制度体系的"四梁八柱"，全面提升学前教育法治化水平，为学前教育普及普惠安全优质发展打下坚实法治根基，依法保障教育强国战略目标顺利实现。

(四) 制定学前教育法是积极适应我国人口发展变化，推动建设生育友好型社会的现实需要

办好学前教育，是加快完善生育支持政策体系的重要组成，是实现幼有所育目标的关键所在，是促进人口长期均衡发展的重要举措。近年来，我国学前教育事业有了长足发展，但从总体上看仍是我国国民教育体系的

薄弱环节，发展不平衡不充分的矛盾还比较突出，家庭养育教育负担较重，客观上影响了生育意愿。建立健全学前教育保障机制，降低家庭保育教育成本，成为在发展中保障和改善民生的重要课题。新制定的学前教育法对学前儿童权益保护、幼儿园规划建设、教职工待遇保障、投入保障机制、安全监督管理等作出全面规定，推动构建覆盖城乡、布局合理、公益普惠、安全优质的学前教育公共服务体系，从根本上解决广大人民群众关心的养育教育难题，为建设生育友好型社会、促进人口高质量发展提供有力支撑。

二、制定学前教育法的指导思想和总体思路

制定学前教育法，以习近平新时代中国特色社会主义思想为指导，深入贯彻习近平法治思想和习近平总书记关于学前教育的重要论述，全面贯彻落实党的十九大、党的二十大和历次全会精神，坚持以人民为中心，完善学前教育体制机制，健全学前教育政策保障体系，推进学前教育普及普惠安全优质发展，满足人民群众对幼有所育、幼有优育的美好期盼，为培养德智体美劳全面发展的社会主义建设者和接班人奠定坚实法治基础。

立法过程中，在总体思路上注重把握以下几点：一是坚持党的领导。学前教育事业是党的事业的重要组成部分，党的领导是办好学前教育的根本保证。这次立法明确规定学前教育应当坚持中国共产党的领导，坚持社会主义办学方向，贯彻国家教育方针。二是贯彻党中央决策部署。习近平总书记关于办好学前教育的重要论述和党中央有关决策部署为我国学前教育事业指明了发展方向、提供了根本遵循。把党和国家关于学前教育的重大决策部署全面准确地转化为法律规定，始终是立法工作的首要任务。三是坚持问题导向。在深入开展调研和广泛听取意见建议的基础上，紧密围绕人民群众反映的突出难题，着力解决学前教育普惠性资源不足、保教质量参差不齐、教师队伍建设滞后、投入保障体系不完善、监管制度不健全等问题，切实增强制度的针对性、适用性和可操作性，更好地发挥法治对改革的引领和推动作用。四是坚持守正创新。认真回顾总结新中国成立后特别是改革开放以来我国学前教育事业发展取得的历史性成就和积累的宝贵经验，同时注重开拓创新、锐意进取，为学前教育事业发展注入新的动力活力，依法推进学前教育事业高质量发展。五是坚持面向未来。站在国家富强、民族复兴的战略高度，对学前教育事业未来发展进行谋篇布局、统筹规划，坚持高起点、严要求、高标准进行顶层制度设计，确保顺利实现新时代"办好学前教育"目标。

三、制定学前教育法的工作过程

全国人大常委会高度重视学前教育法制定工作。制定学前教育法先后列入十三届和十四届全国人大常委会立法规划第一类"条件比较成熟、任期内拟提请审议的法律草案"的项目。2021年4月，教育部向国务院报送了《中华人民共和国学前教育法草案（送审稿）》。2023年6月，司法部会同教育部在征求各方面意见的基础上，对送审稿反复研究修改，形成了《中华人民共和国学前教育法（草案）》，草案经国务院第7次常务会议讨论通过后，于2023年8月提请十四届全国人大常委会第五次会议审议。

为服务保障好草案审议工作，全国人大常委会法工委等认真学习、深刻领会习近平总书记关于学前教育的重要论述和党中央有关重大决策部署，坚持科学立法、民主立法、依法立法，扎实细致开展以下工作：一是广泛征求意见。将草案印发各省（区、市）、部分基层立法联系点、地方和中央有关单位征求意见，在中国人大网公布草案全文，征求社会公众意见；宪法和法律委员会、教育科学文化卫生委员会和法制工作委员会召开中央有关部门座谈会，专门听取中央有关部门和基层幼儿园代表的意见建议；召开立法评估会，邀请部分全国人大代表、专家学者和基层立法联系点、基层教育行政主管部门、幼儿园代表和家长代表，就草案主要制度规范的可行性、出台时机、实施的社会效果和可能出现的问题等听取意见。二是扎实开展调研。全国人大宪法和法律委员会、常委会法制工作委员会先后到四川、云南、北京、河南、河北、青海、江苏、上海等地实地调研，听取全国人大代表、地方有关部门、学前教育专业院校、幼儿园等方面的意见。三是加强沟通协调。针对各方面意见比较集中的问题，与教育部、财政部、住建部、自然资源部等有关部门深入交换意见，共同研究，不断对草案进行修改完善。在各方面共同努力下，经过三次审议修改，2024年11月8日第十四届全国人大常委会第十二次会议高票通过学前教育法。

四、学前教育法的亮点特色

（一）坚持公益普惠基调。学前教育事业是关系到广大人民群众幸福感、获得感的重大民生工程。促进学前教育普惠发展，努力让每个孩子都能享有公平而有质量的教育，事关国家发展和民族未来。制定学前教育法，坚持公益普惠的基本方向和发展目标，强调大力发展普惠性学前教育，扩大普惠性学前教育资源供给，鼓励各级政府和社会力量共同参与，举办或者支持举办各类普惠性幼儿园。同时，从财政补助、规划用地、教师培训、教研指导等方面入手，不断丰富和完善相应的保障措施，推动普惠性学前教育高质量发展。此外，建立学前教育资助制度，为家庭经济困难的适龄儿童等接受普惠性学前教育提供资助，强调和发挥普惠性学前教育的民生保障功能。

（二）维护学前儿童权益。少年儿童是祖国的未来，是中华民族的希望。实施学前教育，必须突出学前儿童主体地位，以维护学前儿童权益为立法的出发点和落脚点。制定学前教育法，坚持最有利于学前儿童的原则，倡导尊重学前儿童人格尊严，在篇章结构上专设"学前儿童"一章，对学前儿童的权益保护作全面系统的规范，明确学前儿童享有生命安全和身心健康、得到尊重和保护照料、依法平等接受学前教育等方面的权利。倡导全社会为学前儿童创造良好环境，保护学前儿童名誉、隐私，向其免费开放公共文化场所，共同促进学前儿童健康快乐成长。同时，对残疾儿童、流动儿童的入园保障问题予以特别关注，明确残疾儿童入园争议解决机制，推动适龄儿童在其父母或者其他监护人工作或者居住的地区方便就近接受学前教育。

（三）遵循幼教科学规律。人生百年，立于幼学。学前教育是启蒙教育、奠基教育，对孩子塑造强健体魄，养成良好习惯起着基础性和先导性作用。学前教育法强调，实施学前教育要坚持科学的保育和教育理念，符合学前儿童身心发展规律和年龄特点，注重学前儿童良好习惯的养成，促进学前儿童身心全面发展。同时，规定幼儿园以游戏为基本活动，遵循幼儿学习以直接经验为基础的幼教规律，合理安排一日生活，最大限度地支持和满足学前儿童通过直接感知、实际操作和亲身体验获取经验的需要。针对学前教育"小学化"问题，学前教育法明确幼儿园不得采用小学化的教育方式，严禁"拔苗助长"式的超前教育和强化训练，同时照顾家长关切，规定小学坚持按照课程标准零起点教学，帮助儿童做好入学准备和入学适应。

（四）筑牢安全防范屏障。校园应当是最阳光、最安全的地方。加强幼儿园安全工作是保障学前儿童健康成长、全面发展的前提和基础，事关亿万家庭幸福和社会和谐稳定。制定学前教育法，始终牢牢绷紧安全防范这根弦，把保护学前儿童生命安全和身心健康放在首位。明确幼儿园必须设置在安全区域内，有符合规定的安全保卫人员和安全设施设备，着力构建安全的校园环境。强调幼儿园应当落实安全责任制，及时消除各类安全隐患，发现危险情形时，立即采取保护措施，优先保护学前儿童人身安全。同时，明确政府部门应当建立健全幼儿园安全风险防控体系，做好安全保卫、食品安全等方面的监管。针对校园周边安全问题，要求有关部门强化幼儿园周边治安管理和巡逻防控工作，切实增强幼儿园师生的安全感。

（五）加强幼教队伍建设。教育是强国建设、民族复兴之基。强国必先强教，强教必先强师。幼教队伍的总体素质直接影响到学前教育的发展质量。为打造一支新时代高素质专业化的幼教队伍，学前教育法着力提高幼儿园教师地位，强调全社会应当尊重幼儿园教师，确保幼儿园教师在职称评定、岗位聘任等方面享有与中小学教师同等待遇，不断增强幼教队伍的职业认同感、自豪感。严格幼教队伍资质要求，强调遵守师德师风，明确相应任职条件，进一步提升幼教队伍整体素质水平。同时，坚持多措并举，多管齐下，完善幼儿园教职工在工资福利、培训培养等方面的待遇保障，提高幼教队伍的获得感、满足感，鼓足广大"幼教人"干事创业的精气神。

五、学前教育法的主要内容

学前教育法共85条，分为9章，包括总则、学前儿童、幼儿园、教职工、保育教育、投入保障、监督管理、法律责任和附则。主要内容如下：

（一）明确学前教育定位，充实完善总体要求。一是将学前教育界定为由幼儿园等学前教育机构对三周岁到入小学前的儿童实施的保育和教育；明确学前教育是国民教育体系的组成部分，是重要的社会公益事业。二是要求国家建立健全学前教育保障机制，构建学前教育公共服务体系；强调发展学前教育坚持政府主导，以政府举办为主，大力发展普惠性学前教育，鼓励、引导和规范社会力量参与。三是对学前教育的管理体制作出规定，强调学前教育坚持党的领导，坚持社会主义办学方向，贯彻国家的教育方针;明确国务院和地方各级人民政府以及教育、卫生健康、疾病预防控制和其他有关部门的职责。四是鼓励和支持学前教育、儿童发展、特殊教育方面的科学研究,推广研究成果;鼓励创作、出版、制作和传播有利于学前儿童健康成长的相关作品和产品。

(二)重视学前儿童需求,依法保障相关权益。一是明确学前儿童享有生命安全和身心健康、得到尊重和保护照料、依法平等接受学前教育等权利。二是强调尊重学前儿童人格尊严,倾听、了解学前儿童的意见,鼓励、引导学前儿童参与家庭、社会和文化生活。三是加强学前儿童入园保障。推动适龄儿童方便就近接受学前教育;不得组织任何形式的入园考试或者测试;对因特异体质、特定疾病等有特殊需求的学前儿童予以特殊照顾;残疾儿童入园发生争议的,由有关部门组织评估并妥善解决。四是要求妥善处理学前儿童个人信息,保障学前儿童的名誉、隐私和其他合法权益。五是对学前儿童日常活动作出规定。教育学前儿童正确合理使用网络和电子产品;禁止组织学前儿童参与违背身心发展规律或者与年龄特点不符的商业性活动、竞赛类活动和其他活动;要求公共文化服务机构、爱国主义教育基地提供公益性教育服务,按照规定对学前儿童免费开放。

(三)明确幼儿园办学要求,健全规划举办机制。一是扩大普惠性学前教育资源供给。规定政府应当举办或者支持举办公办幼儿园,同时积极扶持和规范社会力量举办普惠性民办幼儿园。二是科学配置学前教育资源。要求地方各级人民政府按照规定制定幼儿园布局规划,将普惠性幼儿园建设纳入城乡公共管理和公共服务设施统一规划,并依法以划拨等方式供地。三是规范小区配套幼儿园。新建居住区等按照规定配套建设幼儿园,并移交地方人民政府用于举办普惠性幼儿园。四是对幼儿园设立的基本条件和程序,以及幼儿园变更、终止的相关要求作出规定。五是遏制资本过度逐利。禁止利用财政性经费、国有资产等举办或者参与举办营利性民办幼儿园;禁止社会资本通过兼并收购等方式控制公办幼儿园、非营利性民办幼儿园;明确幼儿园不得直接或者间接作为企业资产在境内外上市。

(四)加强教职工队伍建设,完善待遇保障政策。一是严格资质要求。明确幼儿园教职工应当具备规定的条件,取得相应职业资格或者受过相关专业培训。二是加强人员配备和聘用管理。制定幼儿园教职工配备标准;

保障公办幼儿园及时补充教师；要求幼儿园及其举办者配足配齐教师等工作人员；规定幼儿园聘任教师等工作人员应当向教育部门备案，并进行违法犯罪记录查询和健康检查，存在可能危害儿童身心安全情形的，不得聘任。三是加强工资待遇保障。要求幼儿园及其举办者保障幼儿园教职工的工资福利，改善工作和生活条件；规定公办幼儿园教师工资纳入财政保障范围；明确幼儿园教师在职称评定、岗位聘任等方面享有与中小学教师同等的待遇。四是加强师资队伍建设。政府及其有关部门应当制定学前教育师资培养规划和幼儿园教职工培训规划，开展各种形式的培训。

（五）规范学前教育实施，提高保育教育质量。一是规范保育教育活动。要求幼儿园坚持保育和教育相结合原则，以游戏为基本活动；建立科学合理的一日生活制度，做好卫生保健管理工作。二是保护学前儿童安全。要求幼儿园落实安全责任制，建立健全安全管理制度和安全责任制度，按照规定投保校方责任保险；发现学前儿童面临危险情形或者发生紧急情况，应当立即采取保护措施，及时向有关部门报告并通知学前儿童父母或者其他监护人。三是做好幼小衔接工作。要求幼儿园与小学共同帮助儿童做好入学准备和入学适应；幼儿园不得采用小学化的教育方式，小学坚持按照课程标准零起点教学；校外培训机构等不得对学前儿童开展半日制或者全日制培训。

（六）完善经费投入机制，加强保障支持力度。一是明确投入机制。强调政府投入为主，家庭合理负担保育教育成本，多渠道筹措经费。二是加强财政保障。强调政府加大财政投入，确保财政性学前教育经费在同级财政性教育经费中占合理比例；规定中央财政通过转移支付对地方统筹给予支持，省级人民政府建立财政补助经费分担机制；制定并落实公办幼儿园生均财政拨款标准或者生均公用经费标准，以及普惠性民办幼儿园生均财政补助标准；建立学前教育资助制度，为家庭经济困难的适龄儿童等提供资助；有条件的地方逐步推进实施免费学前教育。三是多渠道支持办学。规定政府通过财政补助、购买服务、减免租金等方式支持普惠性民办幼儿园发展；鼓励有关组织和个人通过捐赠、志愿服务等方式支持学前教育事业。

（七）健全监督管理体制，提升办学透明度。一是加强安全监管。要求政府及其有关部门建立健全幼儿园安全风险防控体系,强化幼儿园周边治安管理和巡逻防控工作,加强对幼儿园安全保卫的监督指导。二是强化收费监管。要求合理确定公办幼儿园和非营利性民办幼儿园的收费标准,并建立定期调整机制;必要时可以对实行市场调节价的营利性民办幼儿园开展成本调查;规定幼儿园应当执行收费公示制度。三是严格经费监管。要求幼儿园依法建立健全财务、会计及资产管理制度;规定政府及其有关部门应当建立健全学前教育经费预算管理和审计监督制度。四是加强信息公开。要求幼儿园实行财务公开,接受社会监督;建立健全幼儿园基本信息备案及公示制度,定期向社会公布学前教育有关信息;学前教育督导报告定期向社会公开;健全幼儿园质量评估监测体系,将各类幼儿园纳入质量评估范畴,向社会公布评估结果。

(八)对幼儿园开展托育服务作了规定。鼓励有条件的幼儿园开设托班,提供托育服务;幼儿园提供托育服务的,依照有关法律法规和国家有关规定执行。

六、学前教育法的贯彻实施

法律的生命力在于实施,法律的权威也在于实施。学前教育法审议通过后,有关方面应当重点抓好以下工作,推动法律落地见效:

(一)加强普法宣传力度。学前教育法是学前教育领域的专门法律,对依法推进学前教育事业发展具有重要的指导意义。有关部门、单位和个人应当加强对学前教育法的宣传解读,准确把握法律的主要内容,自觉带头尊法、学法、守法、用法,全面提升学前教育法治化水平,推动学前教育事业行稳致远。

(二)严格法律贯彻实施。学前教育法从加大政府财政投入、科学实施保教活动、强化幼儿园主体责任等方面作了规定,并规定了违法行为的法律责任,有关部门、单位和个人应当进一步提高思想认识,严格遵守法律规定,切实将学前教育法落到实处、落到基层,保证学前教育法有效实施。

(三)及时出台配套法规政策。学前教育法对实施学前教育作了全面系统的规定,但还需要及时制定配套制度,推动实践层面的理解和适用。比如,学前教育法中规定,在幼儿园推行使用的课程教学类资源应当经依法审定，具体办法由国务院教育行政部门制定；普惠性民办幼儿园的认定标准由省级人民政府或者其授权的设区的市级人民政府制定。有关方面要加强调研、论证、评估等工作，统筹推进制定、修改相关配套文件，增强立法的系统性、整体性、协同性和时效性。

目　录

第一章　总　则

第 一 条　【立法目的】 …………………………………… 1

第 二 条　【适用范围】 …………………………………… 4

第 三 条　【学前教育的定位】 …………………………… 6

第 四 条　【学前教育的方针和任务】 …………………… 8

第 五 条　【学前教育保障机制】 ………………………… 11

第 六 条　【学前教育公共服务体系】 …………………… 13

第 七 条　【学前教育社会环境】 ………………………… 16

第 八 条　【各级人民政府职责分工】 …………………… 18

第 九 条　【政府有关部门职责分工】 …………………… 20

第 十 条　【学前教育科学研究】 ………………………… 22

第十一条　【鼓励创作学前教育相关产品】 …………… 23

第十二条　【表彰奖励】 ………………………………… 25

第二章　学前儿童

第十三条　【学前儿童基本权利】 ……………………… 27

第十四条　【实施学前教育基本要求】 ………………… 29

第十五条　【学前儿童入园保障】 ……………………… 32

第十六条　【监护人义务】 ……………………………… 35

第十七条　【残疾儿童入园保障】 ……………………… 37

第十八条　【公共文化场所免费开放】 ………………… 39

第十九条 【组织学前儿童参与活动的禁止性规定】 …… 42

第二十条 【合理使用网络和电子产品】 …… 44

第二十一条 【禁止侵犯学前儿童名誉、隐私】 …… 46

第三章 幼儿园

第二十二条 【学前教育资源规划】 …… 51

第二十三条 【普惠性学前教育资源】 …… 54

第二十四条 【幼儿园举办机制】 …… 56

第二十五条 【幼儿园布局规划】 …… 60

第二十六条 【配套幼儿园】 …… 62

第二十七条 【农村学前教育】 …… 64

第二十八条 【学前特殊教育】 …… 66

第二十九条 【设立幼儿园的基本条件】 …… 68

第三十条 【设立幼儿园的程序】 …… 73

第三十一条 【幼儿园变更、终止】 …… 75

第三十二条 【学前教育机构党的建设】 …… 77

第三十三条 【幼儿园民主管理与监督】 …… 79

第三十四条 【举办幼儿园的禁止性规定】 …… 82

第三十五条 【资本市场的禁止性规定】 …… 84

第四章 教职工

第三十六条 【教师地位】 …… 86

第三十七条 【教师资格】 …… 89

第三十八条 【园长任职要求】 …… 91

第三十九条 【其他工作人员任职要求】 …… 95

第四十条 【教职工职称】 …… 97

第四十一条 【教职工配备】 …… 100

第四十二条 【教职工基本要求】 …… 103

第四十三条 【教职工合同管理】 …… 106

第四十四条　【从业禁止】……………………………………… 109

第四十五条　【教职工身心健康】……………………………… 112

第四十六条　【教职工工资待遇】……………………………… 113

第四十七条　【教师待遇保障】………………………………… 115

第四十八条　【师资队伍建设】………………………………… 118

第四十九条　【教职工培训】…………………………………… 121

第五章　保育教育

第 五 十 条　【保育教育相结合原则】………………………… 124

第五十一条　【幼儿园安全管理制度】………………………… 126

第五十二条　【学前儿童人身安全保护】……………………… 128

第五十三条　【幼儿园一日生活制度】………………………… 130

第五十四条　【招收残疾儿童幼儿园特别规定】……………… 132

第五十五条　【科学实施保育教育活动】……………………… 134

第五十六条　【保育教育目标】………………………………… 136

第五十七条　【幼儿园教学资源】……………………………… 138

第五十八条　【家园共育】……………………………………… 140

第五十九条　【幼小衔接】……………………………………… 141

第六章　投入保障

第 六 十 条　【学前教育投入机制】…………………………… 145

第六十一条　【学前教育经费分担机制】……………………… 147

第六十二条　【特定地区学前教育扶持措施】………………… 149

第六十三条　【财政补助与推进免费学前教育】……………… 151

第六十四条　【普惠性幼儿园支持措施】……………………… 154

第六十五条　【学前教育资助制度】…………………………… 157

第六十六条　【社会参与】……………………………………… 159

第七章　监督管理

第六十七条　【幼儿园安全风险防控体系】 …………… 162

第六十八条　【幼儿园收费标准】 …………………… 165

第六十九条　【幼儿园收费监管】 …………………… 167

第 七 十 条　【幼儿园财务监管】 …………………… 169

第七十一条　【经费预算管理与审计监督】 ………… 172

第七十二条　【信息公示】 …………………………… 174

第七十三条　【学前教育督导】 ……………………… 176

第七十四条　【保育教育质量评估】 ………………… 178

第八章　法律责任

第七十五条　【政府及有关部门违法行为的法律责任】 ……… 181

第七十六条　【政府部门工作人员违法行为的法律责任】 …… 185

第七十七条　【未移交配套幼儿园等违法行为的法律责任】 … 186

第七十八条　【擅自举办幼儿园或者招收学前儿童的法律
　　　　　　　责任】 ……………………………………… 188

第七十九条　【幼儿园违法行为的法律责任】 ……… 191

第 八 十 条　【幼儿园教职工违法行为的法律责任】 … 194

第八十一条　【其他违法行为的法律、行政法规适用】 …… 196

第八十二条　【民事责任承担、治安管理处罚和刑事责任
　　　　　　　追究】 ……………………………………… 198

第九章　附　　则

第八十三条　【其他学前教育机构的特别规定】 …… 201

第八十四条　【幼儿园托育服务】 …………………… 202

第八十五条　【施行日期】 …………………………… 205

附 录

中华人民共和国主席令（第三十四号）·················· 208
　（2024 年 11 月 8 日）

中华人民共和国学前教育法 ························ 209
　（2024 年 11 月 8 日）

关于《中华人民共和国学前教育法（草案）》的说明 ············ 224
　（2023 年 8 月 28 日）

全国人民代表大会宪法和法律委员会关于《中华人民共和国
　学前教育法（草案）》修改情况的汇报 ················ 228
　（2024 年 6 月 25 日）

全国人民代表大会宪法和法律委员会关于《中华人民共和国
　学前教育法（草案）》审议结果的报告················ 231
　（2024 年 11 月 4 日）

全国人民代表大会宪法和法律委员会关于《中华人民共和国
　学前教育法（草案三次审议稿）》修改意见的报告 ·········· 234
　（2024 年 11 月 7 日）

中华人民共和国学前教育法

第一章 总 则

本章是关于总则的规定。总则具有纲领性、原则性、概括性的特点，对立法目的、适用范围、性质定位、管理体制以及表彰奖励等作了规定，对其他各章具有指导性作用。准确把握总则的基本精神和原则，对于正确理解和适用学前教育法各章规定具有重要意义。

第一条 为了保障适龄儿童接受学前教育，规范学前教育实施，促进学前教育普及普惠安全优质发展，提高全民族素质，根据宪法，制定本法。

◆ **条文主旨**

本条是关于立法目的和立法依据的规定。

◆ **条文释义**

党中央、国务院高度重视学前教育改革发展。习近平总书记多次作出重要指示批示，在2024年全国教育大会上强调："坚持以人民为中心、不断提升教育公共服务的普惠性、可及性、便捷性"，要求促进学前教育普及普惠发展。党的二十大和二十届三中全会对强化学前教育普惠发展、健全学前教育保障机制作出专门部署。近年来，学前教育得到快速发展，但仍是国民教育体系的薄弱环节，需要通过立法，把党对学前教育的主张转化为国家意志，把实践成果上升为法律制度，用法治方式破解突出问题，为学前教育高质量发展提供法治保障。

一、关于立法目的

本法的立法目的主要包括以下四个方面：

一是保障适龄儿童接受学前教育。《中华人民共和国宪法》第四十六条规定，中华人民共和国公民有受教育的权利和义务。国家培养青年、少年、儿童在品德、智力、体质等方面全面发展。党的十九大报告指出，要办好学前教育，努力让每个孩子都能享有公平而有质量的教育。《儿童权利公约》提出，儿童有受教育的权利。学前教育法坚持以儿童为中心的立法导向，明确提出保障适龄儿童接受学前教育。这里的适龄儿童，主要是指三周岁到入小学前的儿童。需要强调的是，学前教育与义务教育不同，接受学前教育是权利而非义务，适龄儿童具有选择性。从国际上看，很多国家的法律都明确保障学龄前儿童的受教育权利。比如，印度的《国家儿童宪章》指出："国家向所有儿童提供学前教育"；法国有关教育法令规定，幼儿园实行免费教育；泰国将学前3年教育作为15年义务教育的重要组成部分，对儿童人数、幼儿园数量、经费预算、学前教育原则、学前教育课程安排都作出了规定。

二是规范学前教育实施。随着我国学前教育事业快速发展，资源迅速扩大、普及水平大幅提高、管理制度不断完善，学前教育"入园难"问题得到有效缓解，但由于底子薄、欠账多，学前教育还存在一些突出的问题，比如政策保障体系不完善、教师队伍建设滞后、监管体制机制不健全、保教质量有待提高、存在"小学化"倾向、个别民办园过度逐利、幼儿安全问题时有发生。学前教育法坚持问题导向，从学前儿童、幼儿园、教职工、保育教育、投入保障、监督管理、法律责任等各个方面作出系统规定，着力规范学前教育实施，提高教育质量。

三是促进学前教育普及普惠安全优质发展。普及普惠安全优质是学前教育发展的总目标。普及强调的是学前教育的覆盖面和可及性，这意味着要消除地域、经济、社会等因素导致的学前教育机会不均等，确保每个儿童，无论其背景如何，都能获得学前教育的机会。近年来，我国通过大力发展公办园、积极扶持普惠性民办园等措施，极大增加了学前教育普惠资源的供给，实现了学前教育的基本普及。2023年全国幼儿园数量为27.4万所，在园幼儿数 4093 万人，学前三年毛入园率 91.1%，比 2012 年提高 26.6 个百分点，达到世界高收入国家平均水平。普惠强调的是学前教育的经济性和可负担性，这意味着学前教育成本中由家庭分担的部分，大多数特别是中低收入家庭能够承受，避免因为高昂的保育教育费用而阻碍儿童接受学前教育。我国通过构建以普惠性资源为主体的办园体系，推动各地切实落实政府责任，确保学前教育的公益性和普惠性。2023 年全国普惠性幼儿园数为 23.6 万所，在园幼儿数 3717 万人，普惠性幼儿园覆盖率达到 90.8%，比 2016 年提高 23.5 个百分点，绝大多数幼儿能在普惠性幼儿园就读。安全是学前教育的基本要求之一，这包括儿童在学前教育机构中的生命安全、身心健康以及环境安全等方面。学前教育法将儿童生命安全和身心健康放在首位，通过立法保障儿童的各项权益，确保学前教育机构的安全运行。优质强调的是学前教育的质量和效果，这意味着学前教育应该提供科学、合理、全面的教育内容和方法，促进儿童的全面发展。我国通过完善幼儿园规划和举办机制、提高幼儿园教师的专业素养和教学能力等措施，推广科学适宜的学前教育理念，不断提升学前教育的质量。

四是提高全民族素质。这是实施学前教育的社会意义所在，是非常重要的立法目的。学前儿童是祖国的未来、民族的希望，是社会主义事业的建设者和接班人。接受学前教育，是个人发展和满足祖国未来人才需求的有机统一，对于培养人才、提高民族素质和实现中华民族伟大复兴具有重要意义。世界上多数国家都非常重视学前教育的发展，为提高本国公民和本民族的素质奠定基础，走人才强国之路。人才需要教育来培养。学前教育是人才培养的早期阶段。适龄儿童通过接受符合其身心发展规律和年龄特点的保育和教育活动，能够为其健康成长成才奠定一个好的基础，必将对教育强国、科技强国、人才强国战略的实施产生长远的积极影响。

二、关于立法依据

《中华人民共和国宪法》第十九条规定："国家发展社会主义的教育事业，提高全国人民的科学文化水平。国家举办各种学校，普及初等义务教育，发展中等教育、职业教育和高等教育，并且发展学前教育。国家发展各种教育设施，扫除文盲，对工人、农民、国家工作人员和其他劳动者进行政治、文化、科学、技术、业务的教育，鼓励自学成才。国家鼓励集体经济组织、国家企业事业组织和其他社会力量依照法律规定举办各种教育事业。国家推广全国通用的普通话。"第四十六条规定:"中华人民共和国公民有受教育的权利和义务。国家培养青年、少年、儿童在品德、智力、体质等方面全面发展。"因此,本条明确宪法是本法的立法依据,"根据宪法,制定本法"。

◆ **相关规定**

《中华人民共和国宪法》第19条、第46条

第二条 在中华人民共和国境内实施学前教育,适用本法。

本法所称学前教育,是指由幼儿园等学前教育机构对三周岁到入小学前的儿童(以下称学前儿童)实施的保育和教育。

◆ **条文主旨**

本条是关于法律适用范围和学前教育概念的规定。

◆ **条文释义**

一、关于学前教育法的适用范围

在中华人民共和国境内的所有学前教育活动,都必须遵循和遵守本法的相关规定。具体可以从两个方面把握:一是明确法律适用的地域范围。本条规定,中华人民共和国境内,无论是城市还是农村,无论是发达地区还是欠发达地区,只要实施学前教育,都必须遵守这部法律。但需要注意的是,按照《中华人民共和国香港特别行政区基本法》《中华人民共和国澳门特别行政区基本法》的规定,只有列入这两个基本法附件三的全国性法律,才能在这两个特别行政区适用。本法没有列入两个基本法的附件三中,因此暂不适用于香港、澳门特别行政区。二是强调法律适用的主体范围。"实施学前教育"的主体,是以幼儿园为主的各类学前教育机构。其中,幼儿园根据办学资金的来源渠道,可以分为公办幼儿园和民办幼儿园;根据办学收入的分配方式,可以分为营利性幼儿园和非营利性幼儿园;根据是否享受财政补助以及收费定价方式等,可以分为普惠性幼儿园和非普惠性幼儿园。除幼儿园外,还包括小学、特殊教育学校、儿童福利机构、残疾

儿童康复机构等附设的幼儿班等其他学前教育机构。这些学前教育机构提供的保育教育服务均属于学前教育范畴，也应当适用本法有关规定。

二、关于学前教育的界定

从教育主体看，学前教育由幼儿园等学前教育机构实施。《中华人民共和国教育法》第十七条第一款规定，国家实行学前教育、初等教育、中等教育、高等教育的学校教育制度。国民教育体系的起始是学前教育，国民教育的主要实施主体是学校，学前教育阶段的主要实施主体是幼儿园。实践中，一些小学、特殊教育学校、儿童福利机构、残疾儿童康复机构等附设的幼儿班也实施学前教育，同样属于学前教育的范畴。从教育对象看，在立法过程中曾有不同意见，有的建议确定为"3至6岁的幼儿"；有的建议扩展到"2周岁以上的幼儿"，经反复研究，最终确定为：学前教育主要针对三周岁到入小学前的儿童。学前教育法中的法律概念，需要统筹考虑教育法律体系中相同或相关法律概念的一致性和体系化。《中华人民共和国未成年人保护法》对未成年人的学校保护明确为"学校、幼儿园"。由此，本法"三周岁到入小学前"这一年龄界定衔接了《中华人民共和国未成年人保护法》的相关规定，同时也与《中华人民共和国义务教育法》中"适龄儿童"的法律概念相衔接。这一年龄段幼儿已具备了一定的独立生活能力，可以进入集体生活，这个阶段的学前教育也可以有比较明确的目标和标准，与照护有本质的区别。0—3岁婴幼儿以家庭养育和教育为主。从教育方式看，学前教育坚持保育和教育相结合。保育重在通过提供良好的膳食营养、体格锻炼、卫生保健、安全防护等，保护和增进幼儿身心健康。教育重在落实以游戏为基本活动，创设丰富的教育环境，将教育渗透在一日生活和游戏中，促进幼儿身心全面发展。

立法过程中，有意见提出，是否应将社会上面向幼儿提供早教、素质培养等服务的各类早教机构、培训机构纳入学前教育的范畴。对此，可以从以下方面把握：一是机构性质不同。学前教育是学校教育的一部分，早教机构、培训机构不属于学校范畴，属于校外教育。二是教育内容不同。学前教育是保育和教育并重，而早教机构、培训机构主要是兴趣培养和能力锻炼，与学前教育机构存在明显区别。

◆ **相关规定**

《中华人民共和国教育法》第 17 条、第 18 条

第三条 国家实行学前教育制度。

学前教育是国民教育体系的组成部分，是重要的社会公益事业。

◆ **条文主旨**

本条是关于学前教育性质定位的规定。

◆ **条文释义**

一、关于学前教育制度

《中华人民共和国宪法》第十九条第二款规定，国家举办各种学校，普及初等义务教育，发展中等教育、职业教育和高等教育，并且发展学前教育。《中华人民共和国教育法》第十七条第一款进一步规定，国家实行学前教育、初等教育、中等教育、高等教育的学校教育制度。对于本法第三条第一款规定的意义，需要从以下四个方面来把握：第一，国家实行学前教育制度意味着学前教育已经成为国民教育体系中的一个重要组成部分，并且国家通过制定和实施一系列政策、法规来保障其健康发展。本法对此专门作出规定，是对其在教育体系中不可或缺的作用的肯定。学前教育作为儿童成长的起点，对于培养儿童的认知、情感、社会性等基础能力具有至关重要的作用，因此，国家将其纳入教育体系，并实行相应的制度，是出于对儿童成长规律和教育规律的深刻认识。第二，国家实行学前教育制度，体现了国家对儿童权益的保障。儿童是国家的未来和希望，他们的成长和发展直接关系到国家的繁荣和进步。通过实行学前教育制度，国家为儿童提供了接受早期教育的机会，保障了他们的受教育权。同时，国家还通过制定法律法规，规范学前教育机构的管理和教学行为，确保儿童在安全、健康的环境中成长。第三，国家实行学前教育制度，也是推动教育公平的重要举措。学前教育是基础教育的重要组成部分，对于儿童未来的学习和生活具有深远影响。然而，由于地区经济发展不平衡、家庭收入差异等原

因，一些儿童可能无法享受到优质的学前教育资源。国家通过实行学前教育制度，加大对民族地区、边疆地区和欠发达地区学前教育的投入，推动学前教育资源的均衡分配，让更多的儿童能够享受到公平、优质的学前教育。第四，国家实行学前教育制度，还体现了对学前教育质量的严格要求。学前教育是儿童成长的关键时期，教育质量的好坏直接影响到儿童的身心发展。因此，国家通过制定相关标准和规范，对学前教育机构的教学内容、教学方法、师资力量等方面进行严格监管和评估，确保学前教育的质量和效果。同时，国家还鼓励和支持学前教育机构进行教育教学改革和创新，推动学前教育事业的不断发展。总的来讲，国家实行学前教育制度，是顺应时代发展潮流的必然选择。随着社会的不断进步和科技的快速发展，人们对教育的需求也在不断变化。学前教育作为教育体系的基础部分，必须与时俱进，适应新时代的发展要求。国家通过实行学前教育制度，加强对学前教育的规划和管理，推动学前教育与小学教育、中学教育等各个教育阶段有机衔接，为培养德智体美劳全面发展的社会主义建设者和接班人奠定坚实基础。

二、关于学前教育的法律定位和基本属性

本法第三条第二款结合《中华人民共和国教育法》第十七条第一款规定，明确了学前教育的法律定位和基本属性。首先，学前教育作为学校教育的起始阶段，是国民教育体系的组成部分。国民教育体系是由正规学校教育构成的国家基本教育制度和体系。学前教育是儿童接受正规教育的第一步，更是为儿童终身学习和发展奠定基础的关键时期。学前教育通过提供系统的保育和教育服务，帮助儿童在认知、情感、社会性等方面得到全面发展，为后续学习打下坚实的基础。因此，学前教育在国民教育体系中扮演着至关重要的角色，是不可或缺的一部分。其次，学前教育是重要的社会公益事业。社会公益事业是指旨在增进社会公共利益、提高社会福利水平的事业。无论幼儿园的举办主体、幼儿园的法人属性是什么，都不影响学前教育作为社会公益事业的属性。学前教育作为社会公益事业，其受益者不仅仅是儿童本身，还包括家庭、社会乃至整个国家。对于儿童而言，学前教育能够促进其身心健康发展，培养良好的学习习惯和态度；对于家庭而言，优质的学前教育能够减轻家长的育儿负担，与家庭协同育人的同时有利于促进家长科学育儿；对于社会而言，学前教育有助于提升国民整体素质，促进社会和谐稳定；对于国家而言，学前教育是培养未来人才、增强国家竞争力的重要途径。因此，学前教育不仅关乎儿童个人的成长和发展，更关乎整个社会的公共利益和福祉。

◆ **相关规定**

《中华人民共和国宪法》第19条；《中华人民共和国教育法》第17条

第四条 学前教育应当坚持中国共产党的领导，坚持社会主义办学方向，贯彻国家的教育方针。

学前教育应当落实立德树人根本任务，培育社会主义核心价值观，继承和弘扬中华优秀传统文化、革命文化、社会主义先进文化，培育中华民族共同体意识，为培养德智体美劳全面发展的社会主义建设者和接班人奠定基础。

◆ **条文主旨**

本条是关于学前教育根本要求的规定。

◆ **条文释义**

一、坚持党的领导

党的领导是做好学前教育工作的根本保证。《中华人民共和国宪法》第一条第二款中明确规定，中国共产党领导是中国特色社会主义最本质的特征。习近平总书记在全国教育大会上强调，加强党对教育工作的全面领导，是办好教育的根本保证。学前教育是国民教育体系的重要组成部分，必须坚持中国共产党的领导，主要包括以下几个方面：一是要坚持以习近平新时代中国特色社会主义思想为指导，特别是要用习近平总书记关于教育的重要论述以及关于学前教育的重要指示精神武装头脑、指导实践、推动工作。二是要加强党对学前教育的全面领导，全面贯彻党的方针，落实党中央决策部署和中央教育工作领导小组的各项要求，保证学前教育改革发展的正确方向。三是要充分发挥幼儿园等学前教育机构党组织的作用，学前教育机构中的中国共产党基层组织，按照中国共产党章程开展党的活动，加强党的建设；公办幼儿园的基层党组织统一领导幼儿园工作，支持园长依法行使职权；民办幼儿园的内部管理体制按照国家有关民办教育的规定确定。

二、坚持社会主义办学方向，贯彻国家的教育方针

坚持社会主义办学方向、贯彻国家的教育方针是发展学前教育的本质要求。《中华人民共和国宪法》第十九条中规定，国家发展社会主义的教育事业，提高全国人民的科学文化水平；国家举办各种学校，发展学前教育；国家发展各种教育设施，扫除文盲，对工人、农民、国家工作人员和其他劳动者进行政治、文化、科学、技术、业务的教育。《中华人民共和国教育法》第三条规定，国家坚持中国共产党的领导，坚持以马克思列宁主义、毛泽东思想、邓小平理论、"三个代表"重要思想、科学发展观、习近平新时代中国特色社会主义思想为指导，遵循宪法确定的基本原则，发展社会主义的教育事业。我们办的是社会主义教育，必须坚持社会主义办学方向，贯彻国家的教育方针，即《中华人民共和国教育法》第五条规定的"教育必须为社会主义现代化建设服务、为人民服务，必须与生产劳动和社会实践相结合，培养德智体美劳全面发展的社会主义建设者和接班人"。

三、实施学前教育的基本要求

实施学前教育应当把握以下关键：一是落实立德树人根本任务。立德树人关系党的事业后继有人，关系国家前途命运。必须把立德树人成效作为检验学前教育工作的根本标准，全力培养社会主义建设者和接班人，培养社会发展、知识积累、文化传承、国家存续、制度运行所要求的人。二是培育社会主义核心价值观。《中华人民共和国教育法》第六条规定："教育应当坚持立德树人，对受教育者加强社会主义核心价值观教育，增强受教育者的社会责任感、创新精神和实践能力。国家在受教育者中进行爱国主义、集体主义、中国特色社会主义的教育，进行理想、道德、纪律、法治、国防和民族团结的教育。"社会主义核心价值观是当代中国精神的集中体现，凝结着全体人民共同的价值追求。在学前教育阶段，通过日常教学活动、环境创设等方式，潜移默化地引导儿童认同和践行社会主义核心价值观，有助于他们形成正确的世界观、人生观和价值观。三是继承和弘扬中华优秀传统文化、革命文化、社会主义先进文化。《中华人民共和国教育法》第七条明确，教育应当继承和弘扬中华优秀传统文化、革命文化、社

会主义先进文化,吸收人类文明发展的一切优秀成果。幼儿园等学前教育机构作为学校教育的形式,具有集中式、系统化、持续性进行中华优秀传统文化、革命文化、社会主义先进文化教育的独特优势,要把其作为固本铸魂的基础工程,贯穿学前教育全过程。四是培育中华民族共同体意识。《中华人民共和国宪法》第四条第一款中规定,国家保障各少数民族的合法权利和利益,维护和发展各民族的平等团结互助和谐关系。学前教育阶段是学前儿童国家认同感知的准备阶段,对其未来发展具有深远影响。通过培育中华民族共同体意识,可以帮助儿童从小树立正确的国家观和民族观,形成对国家和民族的深厚感情,增强他们对中华民族共同体的认知和归属感,牢固树立自己是中华民族一员、各族人民都是中国人的意识和信念。这不仅有助于儿童的个人成长,更为国家的繁荣稳定、民族团结奠定了坚实基础。五是为培养德智体美劳全面发展的社会主义建设者和接班人奠定基础。这意味着学前教育在儿童的全面发展中起着至关重要的作用。学前教育是儿童接受教育的起始阶段,对儿童品德、智力、体质、审美和劳动能力的培养具有重要影响。在这一阶段,通过科学的教育方法和丰富的教育内容,可以有效促进儿童在德、智、体、美、劳各方面的均衡发展。比如,通过引导儿童树立正确的价值观、道德观和法治意识,能够为儿童将来成为具有高尚品德的社会主义建设者和接班人奠定基础;通过提供多样化的学习资源和活动,激发儿童的学习兴趣和好奇心,培养儿童的探究精神和创新思维,能够为儿童将来成为具有创新精神和实践能力的社会主义建设者和接班人奠定基础;通过体育活动和游戏,增强儿童的体质和免疫力,培养儿童的运动兴趣和习惯,为儿童将来拥有健康的体魄和积极向上的生活态度奠定基础;通过音乐、美术、舞蹈等艺术形式,培养儿童的审美情趣和艺术修养,让儿童在欣赏美、创造美的过程中感受生活的美好,为儿童将来成为具有审美情趣和人文素养的社会主义建设者和接班人奠定基础。

◆ **相关规定**

《中华人民共和国宪法》第 4 条、第 19 条;《中华人民共和国教育法》第 3 条、第 5—7 条

第五条 国家建立健全学前教育保障机制。

发展学前教育坚持政府主导，以政府举办为主，大力发展普惠性学前教育，鼓励、引导和规范社会力量参与。

◆ **条文主旨**

本条是关于学前教育保障机制和发展原则的规定。

◆ **条文释义**

一、关于学前教育保障机制

《中华人民共和国教育法》第四条第一款中规定，国家保障教育事业优先发展。第十九条第二款规定，各级人民政府采取各种措施保障适龄儿童、少年就学。第五十四条第一款规定，国家建立以财政拨款为主、其他多种渠道筹措教育经费为辅的体制，逐步增加对教育的投入，保证国家举办的学校教育经费的稳定来源。学前教育法强调，国家建立健全学前教育保障机制，这意味着国家层面将采取一系列措施，确保学前教育的普及普惠安全优质发展，以满足人民群众对学前教育的多样化需求，促进儿童的全面发展。第一，这一保障机制的关键在于强化政府的责任。国家通过立法和政策制定，明确政府在学前教育发展中的主导地位，强调政府应主导学前教育发展，同时鼓励、引导和规范社会力量参与。这种政府主导与社会参与的结合，旨在构建一个覆盖城乡、布局合理、公益普惠、安全优质的学前教育公共服务体系。政府不仅要在财政上给予大力支持，还要在规划、建设、管理等方面发挥积极作用，确保学前教育的公平性和可及性。第二，这一保障机制强调要求国家完善学前教育经费保障机制。国家通过立法明确公共财政对学前教育的投入责任，确保学前教育经费的稳定增长和合理使用，包括加大对民族地区、边疆地区和欠发达地区学前教育的倾斜支持，确保这些地区的儿童也能享受到优质的学前教育资源。同时，国家还鼓励社会力量通过捐赠、资助等方式参与学前教育事业，形成多元化的经费来源渠道。第三，这一保障机制还体现在质量保障方面，意味着国家要制定严格的学前教育质量标准，加强对幼儿园保教质量的监管和评估，加强对幼儿园园长、教师等从业人员的培训和管理，提高他们的专业素养和职业道德水平,为儿童提供优质的教育服务。第四,这一保障机制也体现在对学前儿童权益的保障上。学前教育法以学前儿童为中心,强调要尊重学前儿童的人格尊严,倾听、了解学前儿童的意见,保障学前儿童的生命安全和身心健康。国家通过立法明确学前儿童享有的各项权利,包括生存权、发展权、受保护权和参与权等,并采取有效措施确保这些权利的实现。这包括加强对幼儿园安全管理的监管,防止儿童受到意外伤害;加强对幼儿园卫生保健工作的指导,确保儿童的身心健康;以及鼓励儿童参与家庭、社会和文化生活;等等。

二、关于政府主导

政府主导是学前教育发展的关键原则。政府作为学前教育的规划者、组织者和监管者,承担着推动学前教育事业健康发展的主体责任。政府主导意味着在学前教育的政策制定、资源配置、质量监管等方面,政府要发挥引领作用,确保学前教育的公益性和普惠性。通过立法、规划、投入等手段,政府可以引导学前教育的发展方向,保障学前教育的公平性和可及性,满足人民群众对学前教育的多样化需求。

三、关于以政府举办为主,大力发展普惠性学前教育

普惠性学前教育是指面向大众、收费合理、质量有保障的学前教育服务。大力发展普惠性学前教育,意味着要扩大普惠性学前教育资源的覆盖面,提高普惠性学前教育的服务质量,让更多的适龄儿童能够享受到优质、实惠的学前教育服务。这不仅可以缓解"入园难""入园贵"等问题,还可以促进教育公平和社会和谐。为了实现这一目标,政府需要加大对普惠性学前教育的投入力度,优化学前教育资源配置,提高学前教育师资水平,加强学前教育质量监管。

具体来说,坚持政府举办为主,意味着政府要承担主要的普惠性学前教育服务供给责任,通过新建、扩建、改建等方式,增加公办幼儿园的数量和规模,提高公办幼儿园的覆盖面和服务质量。公办幼儿园作为学前教育服务的重要载体,具有公益性强、收费合理、质量有保障等特点,能够满足广大人民群众对优质学前教育资源的需求。同时,政府举办学前教育还可以发挥示范引领作用,带动社会力量参与创办普惠性民办幼儿园,进一步增加普惠性学前教育资源供给,推动普惠性学前教育发展。

四、关于鼓励、引导和规范社会力量参与

社会力量是学前教育发展的重要力量。草案一审稿规定,"引导和规范"社会力量参与。在立法过程中,有的意见提出,我国宪法规定,国家鼓励社会力量依照法律规定举办各种教育事业。多年来,社会力量办园在满足社会需求上发挥了重要作用,建议在法律中明确规定国家鼓励社会力量参与举办学前教育,并进行必要的引导和规范,保障学前教育资源多渠道供给,共同促进学前教育高质量发展。经研究,党和国家的教育政策在不同历史时期与时俱进调整,但在落实宪法关于国家鼓励社会力量办学的规定、原则和精神方面是一以贯之的。现阶段,针对学前教育领域突出问题明确引导和规范社会力量参与是必要的,学前教育法作为根据宪法制定的专门立法,应当完整、准确、全面实施宪法规定。因此,增加了"鼓励"社会力量参与发展学前教育的表述。

社会力量参与学前教育事业,可以丰富学前教育服务供给,提高学前教育服务质量和效率。政府应该通过政策引导、资金扶持、税收优惠等措施,鼓励社会力量积极参与学前教育事业。同时,政府还需要加强对社会力量参与学前教育事业的监管和规范,确保其依法依规办学,保障学前教育的公益性。通过政府与社会力量的合作,可以共同推动学前教育事业的健康发展。

◆ **相关规定**

《中华人民共和国宪法》第 19 条;《中华人民共和国教育法》第 4 条、第 19 条、第 54 条

第六条 国家推进普及学前教育,构建覆盖城乡、布局合理、公益普惠、安全优质的学前教育公共服务体系。

各级人民政府应当依法履行职责,合理配置资源,缩小城乡之间、区域之间学前教育发展差距,为适龄儿童接受学前教育提供条件和支持。

国家采取措施,倾斜支持农村地区、革命老区、民族地区、边

> 疆地区和欠发达地区发展学前教育事业；保障适龄的家庭经济困难儿童、孤儿、残疾儿童和农村留守儿童等接受普惠性学前教育。

◆ **条文主旨**

本条是关于政府责任的规定。

◆ **条文释义**

一、推进普及学前教育

《中华人民共和国教育法》第十八条规定，国家制定学前教育标准，加快普及学前教育，构建覆盖城乡，特别是农村的学前教育公共服务体系。各级人民政府应当采取措施，为适龄儿童接受学前教育提供条件和支持。国家推进普及学前教育，需要政府加大投入力度，扩大学前教育资源供给，提高学前教育覆盖率，特别是要关注民族地区、边疆地区和欠发达地区的学前教育发展，确保这些地区的儿童也能享受到优质的学前教育资源。通过普及学前教育，可以缩小城乡、区域、校际的教育差距，促进教育公平和社会和谐。

二、构建覆盖城乡、布局合理、公益普惠、安全优质的学前教育公共服务体系

国家推进普及学前教育，构建覆盖城乡、布局合理、公益普惠、安全优质的学前教育公共服务体系，这要求政府在规划学前教育发展时，要充分考虑城乡差异和区域特点，合理布局学前教育机构，促进学前教育资源在城乡之间、区域之间的均衡配置。这包括在人口密集的城市地区，要适当增加学前教育机构数量，优化布局结构，提高服务效率；在人口分散的农村地区，要采取灵活多样的方式，如设立流动幼儿园等，为学前儿童就近接受学前教育提供便利。同时，政府还要加强对学前教育机构的监管和指导，确保其规范办学、安全运营。构建公益普惠的学前教育公共服务体系，要将学前教育作为重要的社会公益事业，坚持公益性原则，确保所有适龄儿童都能享受到质优价廉的学前教育服务。政府要通过加大财政投入力度、优化资源配置、完善经费保障机制等措施，降低学前教育成本，减轻家庭负担。同时，政府还要鼓励、引导和规范社会力量参与学前教育事业，形成政府主导、社会参与的学前教育发展格局，推动学前教育普惠发展。构建安全优质的学前教育公共服务体系，要始终把儿童的生命安全和身心健康放在首位，加强学前教育机构的安全管理和卫生保健工作，确保儿童在园期间的安全和健康。同时，政府还要加强对学前教育机构的教育质量监管和评估，推动其不断提高教育质量，为儿童提供全面、科学、适宜的学前教育服务。这包括加强教师队伍建设，提高教师专业素养和教育教学能力；优化课程设置和教学方法，激发儿童学习兴趣和探究精神；加强家园共育工作，促进家庭、幼儿园和社会之间的协同育人。

三、各级人民政府的相关职责

2023年5月29日，习近平总书记在中央政治局第五次集体学习时强调，要把促进教育公平融入到深化教育领域综合改革的各方面各环节，缩小教育的城乡、区域、校际、群体差距，努力让每个孩子都能享有公平而有质量的教育，更好满足群众对"上好学"的需要。各级人民政府要依法履行学前教育管理职责，采取一系列措施，合理配置学前教育资源，确保学前教育的均衡发展。第一，县级以上地方人民政府应当统筹当前和长远，根据人口变化和城镇化发展趋势，科学规划和配置学前教育资源，有效满足需求，避免浪费资源，重点加大对民族地区、边疆地区和欠发达地区学前教育的投入力度，改善这些地区的学前教育条件，提高学前教育质量。第二，政府应当加强学前教育师资队伍建设，提高教师的专业素养和教育教学能力，通过定向培养、在职培训、职称评定等措施，吸引和留住优秀人才从事学前教育工作，特别是要加强对农村和欠发达地区学前教育教师的支持和保障。

四、倾斜支持农村地区、革命老区、民族地区、边疆地区和欠发达地区发展学前教育事业

国家采取措施，倾斜支持农村地区、革命老区、民族地区、边疆地区和欠发达地区发展学前教育事业，是学前教育法的一大亮点。《中华人民共和国教育法》第十条规定，国家根据各少数民族的特点和需要，帮助各少数民族地区发展教育事业。国家扶持边远贫困地区发展教育事业。农村地区、革命老区、民族地区、边疆地区和欠发达地区由于地理位置、历史原因或经济发展水平等因素，学前教育资源相对匮乏，教育质量有待提高。

通过倾斜支持，可以加快这些地区学前教育事业的发展步伐，缩小城乡、区域之间的教育差距，实现教育公平。具体措施可包括增加财政投入、建设学前教育设施、培训教师队伍等，以提高这些地区的学前教育普及率和教育质量。

五、保障适龄的家庭经济困难儿童、孤儿、残疾儿童和农村留守儿童等接受普惠性学前教育

国家采取措施，保障适龄的家庭经济困难儿童、孤儿、残疾儿童和农村留守儿童等接受普惠性学前教育，主要是出于对这些特殊群体儿童教育权益的关注和保护。这些儿童由于家庭经济条件、身体条件或家庭环境等因素，可能面临接受学前教育的困难。国家通过提供普惠性学前教育服务，可以确保这些儿童也能享受到与其他儿童同等的教育机会，促进其全面发展。

◆ **相关规定**

《中华人民共和国教育法》第 10 条、第 18 条

第七条 全社会应当为适龄儿童接受学前教育、健康快乐成长创造良好环境。

◆ **条文主旨**

本条是关于全社会在学前教育方面相关责任的规定。

◆ **条文释义**

学前教育是儿童成长的关键时期，对儿童的身心发展具有奠基性作用。在这一阶段，儿童不仅学习基本的知识和技能，更形成初步的道德观念、情感态度和社会行为模式。因此，为适龄儿童创造一个良好的学前教育环境，不仅关乎其当前的学习和生活，更影响其未来的成长和发展。全社会应当共同努力，为儿童提供丰富多样的教育资源、安全健康的生活环境以及积极向上的文化氛围，以促进儿童的全面发展。

"全社会应当为适龄儿童接受学前教育、健康快乐成长创造良好环境"体现在以下几个方面：在政府层面，应当加大对学前教育的投入力度，优

化幼儿园等学前教育机构的布局和资源配置,确保所有适龄儿童都能接受优质的学前教育;同时,政府还应加强对学前教育机构的监管和管理,确保其教学质量和安全卫生条件符合标准。在幼儿园层面,应当充分利用家庭、社区的教育资源,拓展儿童的生活和学习空间;幼儿园应当注重儿童的全面发展,实施科学的保育和教育活动,关注儿童的个体差异和特殊需求;幼儿园还应加强与家长的沟通和合作,共同为儿童的健康成长贡献力量。在家庭层面,父母或其他监护人应当依法履行抚养与教育儿童的义务;家长应当为儿童创造良好的家庭环境,提供充足的关爱和支持,积极参与儿童的成长过程;同时,家长还应与幼儿园保持密切联系,了解儿童在幼儿园的表现和进步,共同促进儿童的全面发展。在社会层面,社会各界也应当积极参与到支持和保障学前教育的工作中来,例如公共文化服务机构应当提供适合学前儿童身心发展的公益性教育服务,为儿童提供更多的学习机会和平台,媒体和舆论也应当积极宣传学前教育的重要性和意义,营造全社会关注和支持学前教育的良好氛围;同时,社会还应当关注弱势儿童的学前教育问题,为他们提供必要的帮助和支持。

总的来讲,"全社会应当为适龄儿童接受学前教育、健康快乐成长创造良好环境"是一个全面而深刻的理念。它要求政府、幼儿园、家庭以及社会各界共同努力,为适龄儿童提供一个优质、安全、健康的学前教育环境。这不仅是对儿童个体发展的负责,更是对国家未来和民族振兴的担当。从更宏观的角度来看,"全社会应当为适龄儿童接受学前教育、健康快乐成长创造良好环境"还体现了教育公平和社会公正的理念。教育公平是社会公平的基础,而学前教育作为教育的起始阶段,其公平性和质量直接影响着整个教育体系的公平性和质量。因此,全社会共同努力为适龄儿童创造良好的学前教育环境,不仅是对儿童个体的关爱和呵护,更是对教育公平和社会公正的维护和践行。

需要强调的是,"全社会应当为适龄儿童接受学前教育、健康快乐成长创造良好环境"是一个长期而艰巨的任务。它需要政府、幼儿园、家庭以及社会各界的持续努力和共同奋斗,真正为适龄儿童创造一个充满爱、关怀和希望的学前教育环境。

◆ **相关规定**

《中华人民共和国教育法》第46条;《中华人民共和国未成年人保护法》第44条

第八条 国务院领导全国学前教育工作。

省级人民政府和设区的市级人民政府统筹本行政区域内学前教育工作,健全投入机制,明确分担责任,制定政策并组织实施。

县级人民政府对本行政区域内学前教育发展负主体责任,负责制定本地学前教育发展规划,统筹幼儿园建设、运行,加强公办幼儿园教师配备补充和工资待遇保障,对幼儿园进行监督管理。

乡镇人民政府、街道办事处应当支持本辖区内学前教育发展。

◆ **条文主旨**

本条是关于学前教育管理体制的规定。

◆ **条文释义**

本条分别规定了国务院、省级人民政府和设区的市级人民政府、县级人民政府、乡镇人民政府和街道办事处的学前教育管理职责。

一、关于国务院的职责

《中华人民共和国教育法》第十四条第一款规定,国务院和地方各级人民政府根据分级管理、分工负责的原则,领导和管理教育工作。第十五条第一款规定,国务院教育行政部门主管全国教育工作,统筹规划、协调管理全国的教育事业。具体来讲,国务院领导全国学前教育工作可以体现在多个方面。比如,在规划制定方面,国务院负责制定全国学前教育的发展规划,明确学前教育的发展目标、任务和政策措施,为各地学前教育的发展提供指导和方向。在宏观政策方面,国务院通过发布政策文件、制定行政法规,对全国学前教育工作进行政策指导和规范,确保学前教育的质量和安全。在资源投入方面,国务院统筹财政、人力资源等方面资源,加大对学前教育的投入,支持学前教育设施的建设、教师队伍的培训以及教育质量的提升。

二、关于省级人民政府和设区的市级人民政府的职责

本法强调，省级人民政府和设区的市级人民政府统筹本行政区域内学前教育工作，健全投入机制，明确分担责任，制定政策并组织实施。这意味着省、市两级政府要在宏观层面对学前教育进行规划和布局，确保学前教育的均衡发展和资源的合理配置。这种统筹体现在多个方面。比如，政府需要综合考虑本地区的经济、社会、人口等因素，制定符合本地区实际的学前教育发展规划，并推动各项政策的落实和实施。比如，在普惠性民办幼儿园的认定方面，省级人民政府或者其授权的设区的市级人民政府要制定认定标准。在师资培养方面，省级人民政府应当根据普及学前教育的需要，制定学前教育师资培养规划，支持高等学校设立学前教育专业，合理确定培养规模，提高培养层次和培养质量。在投入保障方面，省级人民政府应当建立本行政区域内各级人民政府财政补助经费分担机制；制定并落实公办幼儿园生均财政拨款标准或者生均公用经费标准，以及普惠性民办幼儿园生均财政补助标准。在收费标准方面，应当根据办园成本、当地经济发展水平和家庭承受能力等因素，合理确定公办幼儿园和非营利性民办幼儿园的收费标准，并建立定期调整机制。

三、关于县级人民政府的职责

《中共中央 国务院关于学前教育深化改革规范发展的若干意见》明确要求，县级政府对本县域学前教育发展负主体责任，负责制定学前教育发展规划和幼儿园布局、公办园的建设、教师配备补充、工资待遇及幼儿园运转，面向各类幼儿园进行监督管理，指导幼儿园做好保教工作，在土地划拨等方面对幼儿园予以优惠和支持，确保县域内学前教育规范有序健康发展。县级人民政府对本行政区域内学前教育发展负主体责任，具体负责制定本地学前教育发展规划，统筹幼儿园建设、运行，加强公办幼儿园教师配备补充和工资待遇保障，对幼儿园进行监督管理等各项职责。

四、关于乡镇人民政府和街道办事处的职责

乡镇人民政府和街道办事处应当积极响应、严格落实国家关于学前教育的政策法规，需要根据本地实际情况，确定发展目标、任务和措施，为学前教育的持续发展提供有力支持。在资源配置方面，乡镇人民政府和街道办事处应当根据当地情况发展学前教育，优化学前教育资源布局，促进

适龄儿童方便就近接受优质学前教育。此外,乡镇人民政府和街道办事处应当根据工作职责加强对学前教育机构的指导,例如幼儿园所在街道(乡镇)、城乡社区居民委员会(村民委员会)共同指导幼儿园等学前教育机构做好安全、卫生、教育教学等方面的工作,及时发现并协助解决问题,共同为学前儿童提供安全、健康、有益的学习环境。

◆ **相关规定**

《中华人民共和国教育法》第 14 条、第 15 条;《中共中央 国务院关于学前教育深化改革规范发展的若干意见》

第九条 县级以上人民政府教育行政部门负责学前教育管理和业务指导工作,配备相应的管理和教研人员。县级以上人民政府卫生健康行政部门、疾病预防控制部门按照职责分工负责监督指导幼儿园卫生保健工作。

县级以上人民政府其他有关部门在各自职责范围内负责学前教育管理工作,履行规划制定、资源配置、经费投入、人员配备、待遇保障、幼儿园登记等方面的责任,依法加强对幼儿园举办、教职工配备、收费行为、经费使用、财务管理、安全保卫、食品安全等方面的监管。

◆ **条文主旨**

本条是关于学前教育相关部门职责分工的规定。

◆ **条文释义**

学前教育是国民教育体系的重要组成部分,是重要的社会公益事业。学前教育牵涉学前儿童的保育教育、幼儿园的设立登记、教职工的待遇保障等各方面的工作,学前教育机构由于举办主体或投入结构不同,种类也复杂多样。学前教育事业发展是一个复杂的系统工程。办好学前教育,离不开教育、卫生健康、财政、编制、人力资源社会保障、自然资源、住房城乡建设、民政、市场监管等相关部门的通力配合。

学前教育主要包括教育和保育两部分内容,因此本条第一款主要明确教育行政部门和卫生健康行政部门、疾病预防控制部门各自的主要职责。其中，县级以上人民政府教育行政部门是学前教育的管理部门和业务指导部门，其主要职责包括依法审批、发放幼儿园办学许可证，组织实施幼儿园教育指导纲要和学前儿童学习与发展指南，建立健全各类幼儿园基本信息备案及公示制度等，因此需要配备相应的管理和教研人员，加强学前教育领域监督管理、教学研究等方面工作。卫生健康行政部门和疾病预防控制部门则根据部门机构的职责分工，共同监督指导幼儿园做好营养膳食、体格锻炼、全日健康观察、食品安全、卫生与消毒、传染病预防与控制、常见病预防等方面的卫生保健工作。

关于其他有关部门的职责，《中共中央 国务院关于学前教育深化改革规范发展的若干意见》中已经作了明确的部署。根据该《意见》的规定，教育部门负责完善政策，制定标准，充实管理、教研力量，加强学前教育的科学指导和监督管理。编制部门负责结合实际合理核定公办园教职工编制。发展改革部门负责把学前教育纳入当地经济社会发展规划，支持幼儿园建设发展。财政部门负责完善财政支持政策，支持扩大普惠性学前教育资源。自然资源、住房城乡建设部门负责将城镇小区和新农村配套幼儿园必要建设用地及时纳入相关规划，会同教育部门加强对配套幼儿园的建设、验收、移交等环节的监管落实。人力资源社会保障部门负责制定完善幼儿园教职工人事（劳动）、工资待遇、社会保障和职称评聘政策。价格、财政、教育部门要根据职责分工，加强幼儿园收费管理。卫生健康部门负责监督指导幼儿园卫生保健工作。民政、市场监管部门分别负责对取得办学许可证的非营利性幼儿园和营利性幼儿园依法办理法人登记手续。金融监管部门负责对民办园并购、融资上市等行为进行规范监管。党委政法委组织协调公安、司法等政法机关和有关部门负责进一步加强幼儿园安全保卫工作的指导，依法严厉打击侵害幼儿人身安全的违法犯罪行为，推动幼儿园及周边社会治安综合治理。通过完善部门间的协调机制，将有效加强对幼儿园举办、教职工配备、收费行为、经费使用、财务管理、安全保卫、食品安全等方面的监管，规范学前教育实施，促进学前教育普及普惠安全优质发展。

◆ 相关规定

《中共中央 国务院关于学前教育深化改革规范发展的若干意见》

第十条 国家鼓励和支持学前教育、儿童发展、特殊教育方面的科学研究，推广研究成果，宣传、普及科学的教育理念和方法。

◆ 条文主旨

本条是关于鼓励和支持学前教育科研、教研的规定。

◆ 条文释义

理论研究对于教育工作开展具有基础性的指导作用，国家一直以来鼓励支持教育研究相关工作。《中华人民共和国教育法》第十一条第三款规定："国家支持、鼓励和组织教育科学研究，推广教育科学研究成果，促进教育质量提高。"从广义上讲，教研即教育研究，与教育科研的意义内涵一致。但是实践中，通常认为两者是由不同主体完成，并呈现不同类型成果的。学前教育研究主要是指对幼儿的科学保育和教育的研究，科研的主阵地是高校和科研机构，主要参与人员是从事学前教育领域研究的学者和研究人员，研究内容偏理论；教研的主阵地是幼儿园，主要参与人员是教师和教研员，教师既是教研的重要力量，也是教研服务的主要对象，研究内容偏实践。

在科研方面，国家的鼓励和支持体现在政府部门或学校通过政策、资金、资源等多种方式支持学前教育、儿童发展、特殊教育等相关方面的科学研究，鼓励包括教育工作者、专家学者、研究机构等各方面开展相关科学研究。对于科学合理、行之有效的研究成果，政府部门或学校将采取措施，将研究成果推广到教育实践中。对于科学的教育理念和方法，还会向社会、学校、家长等方面广泛宣传，以提高教育的质量和效果，满足社会和个人的需求。

在教研方面，自2010年以来，我国学前教育教研改革从制度框架搭建到具体内容，政策层面已较为清晰，即以区县教研为主要责任主体，对各级各类幼儿园实施全覆盖指导。2022年颁布的《幼儿园保育教育质量评估指南》提出，制订合理的教研制度并有效落实，教研工作聚焦解决保育教育实践中的困惑和问题，注重激发教师积极主动反思，提高教师实践能力，增强教师专业自信。2023 年，教育部、国家发展改革委、财政部颁布的《关于实施新时代基础教育扩优提质行动计划的意见》提出，深化学前教育教研改革，扭转功利化导向，扎根一线研究解决幼儿园实践问题，为教师专业成长提供支持。2023 年，教育部组织实施幼儿园保育教育质量提升试点相关工作，提出"改变教研重形式、轻实践的现状，建立扎根一线为幼儿园实践服务的教研机制"。

相较于其他学段，学前教育的主要对象是 3 岁到 6 岁的儿童，这个时期的儿童正处于形成人格的重要时期，需要给予特别的关注，也需要科学合理的保育教育方式。国家鼓励学前教育、儿童发展、特殊教育等方面的科学研究，强化宣传与推广先进研究成果，一方面，为持续提升学前教育质量提供专业支撑；另一方面，加强向家长宣传学前阶段的科学育儿理念和方法，可以使学前教育与家庭教育更好地形成合力。

◆ **相关规定**

《中华人民共和国教育法》第 11 条

第十一条 国家鼓励创作、出版、制作和传播有利于学前儿童健康成长的图书、玩具、音乐作品、音像制品等。

◆ **条文主旨**

本条是关于鼓励创作有利于学前儿童健康成长的产品的规定。

◆ **条文释义**

学龄前是儿童发展的关键阶段，这个年龄段的儿童对周围的世界充满好奇，喜欢探索和提问，善于通过模仿成人和其他儿童的行为来学习，学前阶段将为一个人的语言能力、情感发展、自我意识、认知能力等方面的健康发展打下重要基础。图书、玩具、音乐作品、音像制品等是学前儿童获取信息的重要渠道，其内容是否健康向上，能够对学前儿童的健康成长起到重要影响。《中华人民共和国未成年人保护法》第四十八条规定，国家鼓励创作、出版、制作和传播有利于未成年人健康成长的图书、报刊、电影、广播电视节目、舞台艺术作品、音像制品、电子出版物和网络信息等。本法在衔接上述规定的基础上，从保护学前儿童健康成长角度，进一步强调对学前儿童图书、玩具、音乐作品、音像制品的导向性规定。

"有利于学前儿童健康成长"主要指的是符合学前儿童发展规律，能够助力学前儿童逐步养成良好的生活、学习与行为习惯，促进其身体机能、情绪情感、认知能力、社会交往等方面的全面发展。作品和产品应当遵循学前儿童的身心发展规律和认知发展规律，与他们的年龄特点、认知水平、语言能力等相适应；应当传递积极、健康、向上的情感和价值观，促进儿童心理健康发展；应当注重培养儿童的良好习惯，寓教于乐，让儿童在快乐中学习和成长。总而言之，这些作品和产品应当有利于促进学前儿童德智体美劳全面发展。

我国有关部门和组织一直采取多种措施鼓励创作、出版、制作和传播有利于学前儿童健康成长的图书、玩具、音乐作品、音像制品。比如：中国作家协会设立全国优秀儿童文学奖，评选体裁、门类包括小说、诗歌（含散文诗）、童话、寓言、散文、报告文学（含纪实文学、传记文学）、科幻文学、幼儿文学等。文化、教育、共青团、妇联、文联、作协等有关职能部门和人民团体认真履行各自职责，党委宣传部门加强指导协调，大力繁荣和发展儿童文化艺术。国家鼓励作家、艺术家们肩负起培养和教育下一代的历史使命，多创作思想内容积极健康、儿童喜闻乐见的作品。各级电台、电视台开设和办好儿童节目，有条件的继续办好少儿频道。面向儿童的报纸、刊物和读物，要把向儿童提供更好的精神食粮作为神圣职责，努力建好儿童开阔眼界、陶冶情操的精神园地。积极扶持国产动画片、儿童电影的创作、拍摄、制作和播出放映，形成展示中华民族文化信仰和优良传统的动画片、电影系列。鉴于当前网民起始年龄呈现低龄化特征，要持续加强网络监管，净化对儿童有不良引导的网站视频等，建设文明健康的网络环境。

◆ **相关规定**

《中华人民共和国未成年人保护法》第48条

第十二条 对在学前教育工作中做出突出贡献的单位和个人，按照国家有关规定给予表彰、奖励。

◆ **条文主旨**

本条是关于表彰和奖励的规定。

◆ **条文释义**

促进学前教育事业发展，不仅要明确相关要求以及有关违法行为的法律责任，同样有必要对在学前教育工作中做出突出贡献的单位和个人给予表彰和奖励，明确价值判断标准，树立鲜明的典型示范和行为导向，调动学前教育工作者的主动性和积极性，更好推动学前教育事业发展。

表彰和奖励既包括精神层面的褒扬，比如通报表扬、嘉奖、记功以及颁发奖状、荣誉证书等，又包括物质层面的鼓励，比如发放奖金、给予物质奖励等。从表彰和奖励的范围来看，给予表彰奖励的主体可以是各级人民政府，也可以是政府有关部门、行业组织或者学前教育机构等。受奖励的主体，可以是单位，也可以是个人。例如，教育部办公厅印发的《关于认定一批学前教育普及普惠县的通知》，认定上海金山区等 148 个县（市、区、旗）为学前教育普及普惠县，这是在对县域学前教育工作进行督导评估的基础上，在全国范围内评选出普及普惠程度达标、保教质量合格、教师队伍建设合格、经费保障到位以及群众满意的县（市、区、旗）进行通报表扬。此外，由中国福利会主办面向全国设立的宋庆龄幼儿教育奖，多年来致力于评选表彰长期坚守在幼教一线、对推动幼教事业发展做出贡献的教育工作者。

为使表彰和奖励工作落实落地，更好地发挥激励效果，需要注重以下几个方面：一是按照国家有关规定给予表彰奖励。例如，《中华人民共和国国家勋章和国家荣誉称号法》第四条规定，国家设立国家荣誉称号，授予在经济、社会、国防、外交、教育、科技、文化、卫生、体育等各领域各行业做出重大贡献、享有崇高声誉的杰出人士。国家荣誉称号的名称冠以"人民"，也可以使用其他名称。国家荣誉称号的具体名称由全国人民代表大会常务委员会在决定授予时确定。这些规定对教育领域国家荣誉称号的授予范围、贡献程度、称号名称的确定等进行了明确。因而,在进行相关表彰时,应按照国家规定的要求进行。

二是表彰奖励的标准明确合理。表彰和奖励的具体标准和等级,应坚持实事求是的原则,并结合受表彰和奖励对象所做贡献,按照国家有关规定综合进行确定。例如,2012年教育部印发的《学前教育督导评估暂行办法》中规定,各省(区、市)要建立学前教育工作表彰与问责机制。把学前教育督导评估和监测结果作为评价政府教育工作成效的重要内容,并作为表彰发展学前教育成绩突出地区的重要依据。

三是精神奖励与物质奖励相结合。精神奖励和物质奖励可以独立给予,也可以合并实施,既要侧重精神奖励的重要性,也要贯彻精神奖励和物质奖励相结合的原则,充分发挥精神奖励和物质奖励不同的功效,从而更好地调动社会各界保障学前儿童合法权益的积极性和创造性。

四是及时评选公布。学前教育关系到千家万户,关系到亿万儿童健康成长,社会公众对学前教育工作有着极高的关注度。及时选树典型、表彰先进、奖励有关单位和个人,可以提升法律的社会宣传效果,加大学前教育工作经验的推广力度,更好地营造学前儿童健康成长的社会环境。

◆ **相关规定**

《中华人民共和国教育法》第13条;《中华人民共和国未成年人保护法》第14条;《中华人民共和国国家勋章和国家荣誉称号法》第4条;《学前教育督导评估暂行办法》第11条

第二章 学前儿童

本章是关于学前儿童的规定。学前儿童是学前教育的对象，坚持最有利于学前儿童的原则，保障学前儿童的各项合法权益，促进学前儿童健康快乐成长，是学前教育的出发点和落脚点。在立法过程中，有的建议提出，应当突出学前儿童主体地位，进一步强调对学前儿童的权益保障。为此，专门增加"学前儿童"一章，整合有关学前儿童权益保障的内容，同时增加和完善相关规定，凸显以学前儿童为中心的立法初衷。

第十三条 学前儿童享有生命安全和身心健康、得到尊重和保护照料、依法平等接受学前教育等权利。

学前教育应当坚持最有利于学前儿童的原则，给予学前儿童特殊、优先保护。

◆ **条文主旨**

本条是关于学前儿童享有权利的规定。

◆ **条文释义**

学前儿童是祖国的未来，是中华民族的希望，应当得到全社会的关心和爱护。本条结合学前儿童的特点，明确了应当重点保障学前儿童生命安全和身心健康、得到尊重和保护照料、依法平等接受学前教育等权利，同时遵循最有利于儿童的原则，强调应当给予学前儿童特殊、优先保护。

一、学前儿童享有的权利

（一）生命安全和身心健康

《中华人民共和国民法典》第一百一十条第一款规定，自然人享有生命权、身体权、健康权、姓名权、肖像权、名誉权、荣誉权、隐私权、婚姻自主权等权利。学前儿童作为自然人，当然享有生命权和健康权。其中，生命权主要指向的就是生命安全，而健康权包括身体健康和心理健康。本法明确学前儿童享有生命安全和身心健康的权利，就是要求保障学前儿童最基本的生存权，把学前儿童的安全放在首位，使学前儿童远离各类现实和潜在的危险，确保学前儿童健康成长。

（二）得到尊重和保护照料

在学前儿童基本生存权得到保障的基础上，本法进一步提出学前儿童应当享有得到尊重和保护照料的权利。这里分为两层含义：一是在精神人格方面得到尊重，包括学前儿童应当被视为独立个体，享有民事权利能力，可以独立表达自己的意见和想法等。当然，由于学前儿童心智尚不成熟，对于行为后果难以有正确的认识，监护人和其他人在必要情形下，应当以学前儿童利益为出发点，纠正或者制止学前儿童的错误行为。二是在生活方面得到保护照料。《中华人民共和国未成年人保护法》第三条中规定，国家保障未成年人的受保护权。所谓受保护权，是指保护未成年人免受歧视、剥削、暴力或者疏忽照料的权利。这不仅是对学前儿童父母和其他监护人监护职责的要求，同时也是对所有接触学前儿童的单位和个人的要求，例如在幼儿园期间，学前儿童就享有得到来自幼儿园及其教职工保护照料的权利。

（三）依法平等接受学前教育

《中华人民共和国宪法》规定，中华人民共和国公民有受教育的权利和义务。《中华人民共和国教育法》第九条第二款规定，公民不分民族、种族、性别、职业、财产状况、宗教信仰等，依法享有平等的受教育机会。因此，学前儿童平等接受学前教育，是我国宪法和教育法等相关法律规定的应有之义。但需要说明的是，平等接受学前教育，并非指接受相同的学前教育。一方面，目前我国学前教育事业发展不平衡不充分的问题仍然存在，城乡之间区域之间学前教育质量客观上存在差距。另一方面，学前儿童家长也存在多样化和个性化的学前教育需求。既有选择普惠性幼儿园，也有选择营利性幼儿园。因此，当前阶段的平等主要表现为普惠性学前教育资源不断丰富，切实发挥兜底保障的作用，确保"人人有园上"，同时随着国家和各方面在学前教育领域的持续投入，"人人上好园"也会逐步实现。

值得注意的是，本条第一款列明的相关权利，只是学前儿童应当享有的部分重要权利，而非全部权利。例如，学前儿童作为自然人，在民事活动中同样适用《中华人民共和国民法典》有关规定，享有广泛的民事权利。

二、最有利于学前儿童原则

最有利于学前儿童原则，与联合国《儿童权利公约》"儿童利益最大化原则"的内在精神是一致的。《儿童权利公约》第三条规定，关于儿童的一切行动，不论是由公私社会福利机构、法院、行政当局或立法机构执行，均应以儿童的最大利益为一种首要考虑。因此，广义的最有利于学前儿童原则，是指在保护学前儿童的人身权利、财产权利以及其他合法权益过程中，要综合权衡，选择最有利于学前儿童的方法，采取最有利于学前儿童的措施，实现学前儿童利益的最大化。

给予学前儿童特殊、优先保护，则是坚持最有利于学前儿童原则的具体表现。这里的特殊、优先，主要是相较于成年人而言的，因为学前儿童有着自身年龄特点和特殊需求。正如《儿童权利宣言》所示，儿童因身心尚未成熟，在其出生以前和以后均需要特殊的保护和照料，包括法律上的适当保护。学前儿童通常意思表达能力和自我保护能力弱，更应得到法律的特别保护。所谓特殊保护，既包括学前儿童相较于成年人的额外保护措施，也包括对留守学前儿童、残疾学前儿童等有特殊需求群体的特殊照顾，以实现对学前儿童实质上的平等保护。所谓优先保护，则是指在制定法律法规和配置公共资源时，优先考虑学前儿童的需求，在不同群体利益难以兼顾时，优先保障学前儿童权利，满足学前儿童需求。

◆ **相关规定**

《中华人民共和国民法典》第 110 条；《中华人民共和国未成年人保护法》第 3 条；《中华人民共和国教育法》第 9 条；《儿童权利公约》第 3 条

第十四条 实施学前教育应当从学前儿童身心发展特点和利益出发，尊重学前儿童人格尊严，倾听、了解学前儿童的意见，平等对待每一个学前儿童，鼓励、引导学前儿童参与家庭、社会和文化生活，促进学前儿童获得全面发展。

◆ 条文主旨

本条是关于实施学前教育理念和方式等的规定。

◆ 条文释义

实施学前教育,应当遵循科学合理的教育理念和教育方式。本条明确实施学前教育,以遵循学前儿童的身心发展特点和利益为前提,关注和重视学前儿童的人格尊严和意见观点,坚持平等施教的教育理念,以鼓励、引导学前儿童参与家庭、社会和文化生活为教育的重要方式,最终实现促进学前儿童全面发展的根本目的。

一、以遵循身心发展特点,保障学前儿童利益为前提

学前儿童身心发展有其自身的规律和特点。尊重学前儿童的身心发展特点,就是以学前儿童的利益为首要考虑。根据教育部印发的《3—6岁儿童学习与发展指南》,不同年龄的学前儿童在身体素质、倾听表达、人际交往、探究认知和表现创造等方面的能力具有显著差异,实施学前教育,应当根据学前儿童的身心发展阶段科学开展保育教育活动,逐步完成每个年龄段的阶段性教育目标,严禁"拔苗助长"式的超前教育和强化训练。

如果违背学前儿童发育成长的科学规律,单纯迎合一些儿童家长的"抢跑"需求,提前开展小学化课程教育或者提高体育锻炼强度,挤占儿童的游戏和休息时间,反而可能对学前儿童的身体和心理造成不可逆的伤害,不利于学前儿童的健康成长。

二、尊重学前儿童人格尊严,倾听、了解学前儿童意见

《中华人民共和国宪法》第三十八条规定,中华人民共和国公民的人格尊严不受侵犯。禁止用任何方法对公民进行侮辱、诽谤和诬告陷害。《中华人民共和国民法典》第一百零九条规定,自然人的人身自由、人格尊严受法律保护。学前儿童作为公民和自然人,其人格尊严同样应当得到尊重。但在实践中,由于学前儿童在生理、心理、智力等方面相对弱势,难以准确表达意愿,其人格尊严长期容易被忽视。为贯彻和体现宪法和民法典有关规定和精神,更好地保护学前儿童的合法权益,本条特意强调实施学前教育,应当尊重学前儿童的人格尊严,不得对学前儿童采取侮辱、诽谤等侵害行为。

倾听、了解学前儿童意见,是尊重学前儿童人格尊严的重要表现方式。

联合国《儿童权利公约》明确提出，应确保有主见能力的儿童有权对影响到其本人的一切事项自由发表自己的意见，对儿童的意见应按照其年龄和成熟程度给以适当的看待。《中华人民共和国民法典》第三十五条第二款规定，未成年人的监护人履行监护职责，在作出与被监护人利益有关的决定时，应当根据被监护人的年龄和智力状况，尊重被监护人的真实意愿。因此，本法明确学前儿童有发表意见的自由，幼儿园、监护人等单位和个人在实施学前教育时应当尊重学前儿童人格尊严，倾听、了解学前儿童意见并认真对待。

当然，倾听意见并非无原则采纳意见，尤其是学前儿童可能无法准确表达个人想法，这就更加需要监护人和有关方面耐心地通过学前儿童的言行去了解其真实想法。学前儿童的意见是否合理，是否被采纳，监护人和有关方面则应当以学前儿童的利益为出发点作出合理判断，对于可能危害生命安全和身心健康的请求，例如学前儿童要求参与危险游戏活动、过量饮用碳酸饮料等，幼儿园、监护人等单位和个人应当拒绝，并做好教育引导工作。

三、平等对待每一个学前儿童

实施学前教育，应当正视和尊重每一个学前儿童的发展差异。平等对待的理念，并非强调形式上的"绝对平等"，而是强调平等地关注到每一个学前儿童的个性化需求，并给予相适应的回应与引导。《3—6岁儿童学习与发展指南》指出，每个幼儿在沿着相似进程发展的过程中，各自的发展速度和到达某一水平的时间不完全相同。为此，要充分理解和尊重幼儿发展进程中的个别差异，支持和引导他们从原有水平向更高水平发展，按照自身的速度和方式到达《指南》所呈现的发展"阶梯"，切忌用一把"尺子"衡量所有幼儿。以幼儿园教师为例，做到平等对待学前儿童，一方面关注班上的每一个学前儿童，不能因为在园表现等因素作区别对待，更不能刻意忽视一些身心发育迟缓的学前儿童；另一方面坚持"因材施教"，发掘每一位学前儿童的特长和潜能，给予适当的鼓励和引导，尊重学前儿童个体差异，努力让每一个学前儿童都能得到个性化的发展。

四、鼓励、引导学前儿童参与家庭、社会和文化生活

《中国儿童发展纲要（2021—2030年）》将"坚持鼓励儿童参与"作

为基本原则之一，明确要求尊重儿童主体地位，鼓励和支持儿童参与家庭、社会和文化生活。家庭是学前儿童最早接触的教育环境，家庭教育是学前教育的重要组成部分，学前儿童可以通过协助处理家务等方式积极参与家庭生活，养成良好的生活习惯和性格特征等。参与社会生活则是学前儿童走出家庭的"舒适圈"，接触今后成长面对的环境，可以通过参加集体性游戏活动等，学习人际交往规则等。鼓励和支持学前儿童参与文化生活，主要是考虑到学前儿童年龄尚小，心智还不成熟，对政治、经济生活内容难以理解，因此更加侧重参与文化生活，包括参观公共文化展览，参与唱歌、绘画等活动，帮助学前儿童感受美、表现美和创造美，激发学前儿童的探索精神和创新能力。

◆ 相关规定

《中华人民共和国民法典》第 35 条、第 109 条；《中国儿童发展纲要（2021—2030 年）》；《3—6 岁儿童学习与发展指南》

第十五条 地方各级人民政府应当采取措施，推动适龄儿童在其父母或者其他监护人的工作或者居住的地区方便就近接受学前教育。

学前儿童入幼儿园接受学前教育，除必要的身体健康检查外，幼儿园不得对其组织任何形式的考试或者测试。

学前儿童因特异体质、特定疾病等有特殊需求的，父母或者其他监护人应当及时告知幼儿园，幼儿园应当予以特殊照顾。

◆ 条文主旨

本条是关于保障学前儿童入幼儿园的规定。

◆ 条文释义

学前儿童入幼儿园是其接受学前教育的主要方式，也是其实现接受学前教育权利的重要途径。本条对学前儿童入幼儿园的保障措施作了全面规定，明确推动适龄儿童方便就近接受学前教育，禁止幼儿园组织任何形式的入园考试，并对有特殊需求的学前儿童作出特殊安排。

一、推动适龄儿童方便就近接受学前教育

学前儿童的入园安排坚持方便就近原则，主要是考虑到学前儿童年龄小，需要父母或者其他监护人陪同上下学。方便就近入园，有助于保障学前儿童安全，同时也能减轻监护人的接送负担。在2010年印发的《国务院关于当前发展学前教育的若干意见》中就提到，为幼儿和家长提供方便就近的学前教育服务。本条在此基础上，对"方便就近"作了进一步明确，即在学前儿童父母或者其他监护人的工作或者居住的地区方便就近接受学前教育。这主要是考虑到随着当前人口流动加快，有的学前儿童跟随父母离开户籍地到其他地区生活，这些儿童由于居住地与户口登记地不一致，就近接受学前教育存在一定的困难。为保障这类"流动儿童"在当地能够接受学前教育，有必要在法律中明确"方便就近"的地域范围以其父母或者其他监护人的工作或者居住的地区为准。

需要注意的是，推动方便就近接受学前教育，应当坚持实事求是，结合实际情况统筹安排。一方面，地方各级人民政府应当采取措施，准确掌握当地人口分布情况，科学合理配置学前教育资源，尽最大努力推动学前儿童方便就近接受学前教育；另一方面，"在其父母或者其他监护人的工作或者居住的地区方便就近接受学前教育"，并不意味着保障学前儿童在其父母或者其他监护人的工作或者居住的社区或者街道中最近或者最方便的某一特定幼儿园接受学前教育，具体情况需要根据当地学前教育资源总量和分布情况在一定的空间范围内作出统筹安排。

二、禁止幼儿园组织任何形式的入园考试或者测试

教育部2023年印发的《幼儿园督导评估办法》明确规定，幼儿入园时不得进行任何形式的考试或测查。事实上，不只是幼儿入园不得组织考试或者测试，义务教育阶段同样实行免试入学制度。《中华人民共和国义务教育法》第十二条中规定，适龄儿童、少年免试入学。实施学前教育免试入学，一方面是为了保障学前儿童依法平等接受学前教育的权利，避免幼儿园通过各种类型的考试或者测试人为设置入学门槛；另一方面也是遵循学前儿童身心发展特点，坚持以游戏为主的教育理念，避免由于入园考试或者测试的"指挥棒"，加剧学前儿童家长焦虑情绪，导致学前儿童提前接受各种形式的考试辅导，导致学前教育小学化。

同时，本法允许幼儿园组织必要的身体健康检查，是为了方便幼儿园及时了解学前儿童的身体状况，了解其是否有特殊需求，从而更好地为学前儿童提供保育照料。

三、对有特殊需求的学前儿童给予特殊照顾

实践中，部分学前儿童由于特异体质或者特定疾病而需要特殊照顾。例如，有的学前儿童对麸质食物过敏，不能吃含有小麦制品的食物；又如，有的学前儿童患有先天性心肺疾病，不宜参与过于激烈的户外体育活动。但有时家长出于担心孩子在幼儿园遭到歧视、偏见等顾虑，刻意隐瞒了相关病情、特异体质等情况，导致学前儿童在园期间突发紧急情况时，幼儿园无法第一时间采取正确的处置措施，造成学前儿童人身损害。同时，站在幼儿园的角度，由于无法掌握学前儿童的实际情况，难以采取适当的预防措施，一旦学前儿童在园期间受到人身损害，幼儿园往往还会面临民事赔偿。根据《中华人民共和国民法典》第一千一百九十九条的规定，学前儿童在园期间受到人身损害的，学前教育机构承担侵权责任的归责原则为过错推定原则，能够证明幼儿园尽到教育、管理职责的，不承担侵权责任。

为此，本条第三款作了专门规定，进一步明确了学前儿童家长和幼儿园的有关职责：即学前儿童有特殊需求的，父母或者其他监护人应当及时告知幼儿园学前儿童的真实情况，包括相关的特异体质、特定疾病以及相关的处理方法和照顾需求等，幼儿园则应当根据监护人提供的情况，给予学前儿童特殊的照顾，包括安排不同的膳食和活动内容，提供额外的关注等，从而证明尽到了教育、管理职责。由此产生的额外费用，则可以由幼儿园与学前儿童父母或者其他监护人友好协商，合理分担。

◆ **相关规定**

《中华人民共和国民法典》第 1199 条；《中华人民共和国义务教育法》第 12 条；《国务院关于当前发展学前教育的若干意见》；《幼儿园督导评估办法》

第十六条 父母或者其他监护人应当依法履行抚养与教育儿童的义务，为适龄儿童接受学前教育提供必要条件。

父母或者其他监护人应当尊重学前儿童身心发展规律和年龄特点，创造良好家庭环境，促进学前儿童健康成长。

◆ 条文主旨

本条是关于父母或者其他监护人参与实施学前教育的规定。

◆ 条文释义

实施学前教育，不仅是政府部门和幼儿园的职责，也离不开学前儿童父母或者其他监护人的共同参与。本条是对学前儿童的父母或者其他监护人作出的有关规定，从家庭角度保障学前儿童的合法权益，促进学前儿童健康成长。

一、依法履行抚养与教育儿童的义务

父母抚养和教育儿童，不仅是亲情天性使然，也是法律规定的强制性义务。《中华人民共和国宪法》第四十九条中规定，父母有抚养教育未成年子女的义务。《中华人民共和国家庭教育促进法》第十四条中规定，父母或者其他监护人应当树立家庭是第一个课堂、家长是第一任老师的责任意识，承担对未成年人实施家庭教育的主体责任，用正确思想、方法和行为教育未成年人养成良好思想、品行和习惯。《中华人民共和国未成年人保护法》第七条中规定，未成年人的父母或者其他监护人依法对未成年人承担监护职责。而在履行监护职责时，父母与其他监护人存在先后顺位。根据《中华人民共和国民法典》第二十七条的规定，父母是未成年子女的监护人；在父母死亡或者没有监护能力的情况下，由下列具有监护能力的其他个人或者有关组织按顺序担任监护人：祖父母、外祖父母；兄、姐；其他愿意担任监护人的个人或者组织，但是须经未成年人住所地的居民委员会、村民委员会或者民政部门同意。

学前儿童父母或者其他监护人应当尽力履行监护职责。根据《中华人民共和国未成年人保护法》第十六条有关监护职责内容的规定，履行抚养与教育儿童的义务具体包括：为儿童提供生活、健康、安全等方面的保障；

关注儿童的生理、心理状况和情感需求；教育和引导儿童养成良好的思想品德和行为习惯；尊重儿童接受学前教育的权利；等等。

二、为适龄儿童接受学前教育提供必要条件

适龄儿童，根据本法第二条的规定，主要是指三周岁到入小学前的儿童。由于该年龄段的儿童缺乏经济收入来源，且难以独立往返学前教育机构，因此需要父母或者其他监护人力所能及地为其提供必要条件。具体来说，适龄儿童父母或者其他监护人应当主动联系所在地周边的幼儿园等学前教育机构，为其妥善办理入园手续，并支付相应的保育教育费用。同时，考虑到学前儿童年龄偏小，其监护人应当做好接送学前儿童上下学的安排，保障学前儿童的生命安全。

当然，在实践中必须正视和解决父母或者其他监护人可能遇到的困难。例如，对于家庭经济困难的，本法第六十五条规定，国家建立学前教育资助制度，为适龄儿童接受普惠性学前教育提供资助，帮助解决经济费用方面的后顾之忧。又如，针对双职工家庭工作日接送子女的现实困难，相关学前教育机构可以提供延时托管服务，协助监护人临时照看学前儿童。

三、创造良好家庭环境

家庭是孩子的第一所学校，父母是孩子的第一任教师。良好的家庭环境能够使学前儿童拥有温暖安全的依靠，养成良好的品德、性格和习惯。《中华人民共和国未成年人保护法》第十五条第一款规定，未成年人的父母或者其他监护人应当学习家庭教育知识，接受家庭教育指导，创造良好、和睦、文明的家庭环境。2021年颁布的《中华人民共和国家庭教育促进法》则对创造良好家庭环境作了进一步规定。具体来说，学前儿童父母或者其他监护人应当培育积极健康的家庭文化，树立和传承优良家风，弘扬中华民族家庭美德，构建文明和睦的家庭关系，通过家庭的情感认同、家长的言传身教、家风的浸润熏陶，让学前儿童在良好的家庭氛围中逐渐养成礼貌、谦让、诚实等优良品德，感受到周围人的善意与爱意，从而塑造积极向上、乐观开朗的性格品质。

本款强调尊重学前儿童身心发展规律和年龄特点，是为了引导儿童家长摒弃"揠苗助长"的教育观念，树立正确科学的育儿理念，尊重孩子的个体差异，因材施教。家长要根据学前儿童的身心发展规律和年龄特点，

为孩子创造丰富多样、充满趣味的家庭环境，分年龄、分阶段地开展适合学前儿童的家庭教育活动，让孩子在自然、轻松的氛围中成长。同时，还要注意教育方式、教育方法得当，呵护和关爱学前儿童的自尊心和自信心，实现从身体到心理全面的健康成长。

◆ **相关规定**

《中华人民共和国宪法》第49条；《中华人民共和国民法典》第27条；《中华人民共和国未成年人保护法》第7条、第15条、第16条；《中华人民共和国家庭教育促进法》第15条

第十七条 普惠性幼儿园应当接收能够适应幼儿园生活的残疾儿童入园，并为其提供帮助和便利。

父母或者其他监护人与幼儿园就残疾儿童入园发生争议的，县级人民政府教育行政部门应当会同卫生健康行政部门等单位组织对残疾儿童的身体状况、接受教育和适应幼儿园生活能力等进行全面评估，并妥善解决。

◆ **条文主旨**

本条是关于残疾儿童入园保障的特别规定。

◆ **条文释义**

残疾儿童在生理或者精神等方面存在缺陷，在接受学前教育时需要给予特殊的保护。本条是对特殊儿童入园保障的特别规定，包括明确普惠性幼儿园应当接收符合条件的残疾儿童，并给予帮助和便利；还规定了残疾儿童入园存在争议时的解决机制，全面保障残疾儿童接受学前教育的权利。

一、普惠性幼儿园应当按照规定接收残疾儿童入园

长期以来，国家高度关注残疾儿童的权益保障，并在相关法律法规中对残疾儿童的教育权利作出了规定。《中华人民共和国残疾人保障法》第二十五条第三款规定，普通幼儿教育机构应当接收能适应其生活的残疾幼儿。《残疾人教育条例》第七条进一步规定，学前教育机构、各级各类学校及其他教育机构应当依照本条例以及国家有关法律、法规的规定，实施残疾人

教育；对符合法律、法规规定条件的残疾人申请入学，不得拒绝招收。

本法在既有法律法规基础上，明确普惠性幼儿园有义务接收符合条件的残疾儿童入园，主要是基于两方面考虑：一方面，普惠性幼儿园接受政府扶持，可以申请经费配备必要的康复设施、设备和专业康复人员，在保障残疾儿童方面条件更为可靠；另一方面，普惠性幼儿园享受政府生均财政补助经费，按照权利义务相统一的原则，理应承担更大的社会责任，为残疾儿童接受学前教育提供服务。同时，本法虽未对非普惠性幼儿园作出强制性规定，但也鼓励和支持相关幼儿园接收残疾儿童，开展融合教育，为残疾儿童提供多样化的学前教育服务选择。

普惠性幼儿园接受残疾儿童入园，应当坚持最有利于学前儿童的原则，接收能够适应其幼儿园生活的残疾儿童。具体来说，一方面，普惠性幼儿园应当对自身硬件设施、师资队伍进行评估，判断是否具备接收特定残疾儿童的能力，是否具有所需的康复设施、设备和专业康复人员；另一方面，残疾儿童的父母或者其他监护人应当如实告知残疾儿童的身体、心理状况等，并与意向的普惠性幼儿园进行沟通，共同协商确定残疾儿童是否适宜在普通幼儿园接受学前教育。

对于能够适应幼儿园生活的残疾儿童，普惠性幼儿园在日常办园过程中应当给予帮助和便利，比如适当增加所在班级教师配比，安排特别康复训练课程等，帮助其更好地融入幼儿园生活。

二、残疾儿童入园争议的解决机制

实践中，残疾儿童家长和幼儿园经常就残疾儿童入园发生争议。有些残疾儿童家长为了避免残疾儿童遭到歧视、偏见，能够接受普通学前教育，刻意淡化甚至隐瞒残疾儿童的生理、精神缺陷，导致残疾儿童在园期间未能得到妥善的照料。有些幼儿园也因为担心招收残疾儿童会增加办园成本并引起其他家长的反对，拒绝招收能够适应幼儿园生活的残疾儿童。对此，一方面要加强对融合教育理念的宣传解读，消除幼儿园和其他学前儿童家长的顾虑；另一方面也有必要建立专门的争议解决机制，对相关争议作出评判。

根据本条第二款的规定，当发生相关争议时，应当由相关教育部门会同卫生健康等部门单位组织对残疾儿童的全面评估。教育部门是学前教育事业的主管部门，卫生健康部门参与组织争议解决则有利于增强评估的科学性和权威性。除此之外，残疾人联合会等社会团体也可参与组织评估，更好维护残疾儿童的合法权益。具体的评估工作则交由相关领域的专业人士，并由其出具独立、客观的评估报告。同时，本条明确评估内容主要包括两个方面，即残疾儿童的身体状况、接受教育和适应幼儿园生活能力，此外也可以将争议幼儿园的软硬件条件以及师资力量等因素纳入评估范围。

专家出具的评估报告是妥善解决入园争议的重要依据。相关教育部门应当依据评估报告意见，基于保护残疾儿童的利益，妥善与残疾儿童父母或者其他监护人，以及相关幼儿园进行沟通。评估意见认为残疾儿童可以在普惠性幼儿园接受融合教育的，教育部门可以协助联系具备接收条件的幼儿园接收残疾儿童入园；评估意见认为残疾儿童更适合接受特殊教育的，教育部门可以推荐和引导残疾儿童家长为残疾儿童选择在特殊教育学校和有条件的儿童福利机构、残疾儿童康复机构的学前部或者附设幼儿园等接受学前教育。

◆ **相关规定**

《中华人民共和国残疾人保障法》第 25 条；《残疾人教育条例》第 7 条

第十八条 青少年宫、儿童活动中心、图书馆、博物馆、文化馆、美术馆、科技馆、纪念馆、体育场馆等公共文化服务机构和爱国主义教育基地应当提供适合学前儿童身心发展的公益性教育服务，并按照有关规定对学前儿童免费开放。

◆ **条文主旨**

本条是关于公共文化服务机构和爱国主义教育基地提供公益性教育服务的规定。

◆ **条文释义**

实施学前教育，应当鼓励、引导学前儿童参与文化生活，促进学前儿童获得全面发展。本条规定公共文化服务机构和爱国主义教育基地提供公益性教育服务，丰富学前儿童的文化生活，同时明确提出按照有关规定对学前儿童免费开放。

一、公共文化服务机构和爱国主义教育基地

本条明确提供公益性教育服务的主体是公共文化服务机构和爱国主义教育基地。根据《中华人民共和国公共文化服务保障法》第十四条规定，公共文化设施是指用于提供公共文化服务的建筑物、场地和设备，主要包括图书馆、博物馆、文化馆（站）、美术馆、科技馆、纪念馆、体育场馆、工人文化宫、青少年宫、妇女儿童活动中心、老年人活动中心、乡镇（街道）和村（社区）基层综合性文化服务中心、农家（职工）书屋、公共阅报栏（屏）、广播电视播出传输覆盖设施、公共数字文化服务点等。县级以上地方人民政府应当将本行政区域内的公共文化设施目录及有关信息予以公布。这些公共文化服务机构，有的是面向成年人，有的是面向老年人，并非都适合学前儿童开展文化生活。因此，考虑到学前儿童的身心发展规律和年龄特点，本条重点列举了青少年宫、儿童活动中心、图书馆、博物馆、文化馆、美术馆、科技馆、纪念馆、体育场馆等场所，并且将青少年宫和儿童活动中心移至首位，突出以学前儿童的根本利益为出发点，满足学前儿童的文化生活需要。

爱国主义教育基地是开展爱国主义教育的重要场所，对于引导广大学前儿童树立正确理想、信念、人生观、价值观具有重要意义。自20世纪90年代以来，民政部已经在全国范围内公布了多批次全国爱国主义教育示范基地名单，为深入地开展群众性爱国主义教育活动，激发爱国热情、凝聚人民力量、培育民族精神发挥了重要作用。全国各地组织认定了地方爱国主义教育基地，不断加强对爱国主义教育基地的规划、建设和管理，完善免费开放制度和保障机制。各类爱国主义教育基地可以同公共文化服务机构一道，成为学前儿童参与文化生活的重要场所。

二、提供适合学前儿童身心发展的公益性教育服务

学前儿童群体年龄偏小，心智还不成熟，对文体活动的认知能力和适应能力与成年人存在区别，因此本条特别强调面向学前儿童提供的公益性教育服务应当适合学前儿童身心发展，这也是本法对最有利于学前儿童原则的生动体现。

实践中，博物馆、文化馆、科技馆等公共文化服务机构和爱国主义教育基地都提供公益性讲解服务或者体验活动，但大多是面向成年人和青少年展

开的。对于学前儿童而言，这些服务或者体验活动可能存在内容晦涩难懂、形式单一枯燥等问题。为此，本法强调有关机构和单位可以组织针对学前儿童的特点对公益性教育服务进行优化，例如增加图片、动画的展示，设置游戏互动环节等，从而更好地为学前儿童提供适宜的公共文化服务。

三、按照有关规定对学前儿童免费开放

本条在提请全国人大常委会初次审议时，规定的是公共文化服务机构和爱国主义教育基地按照有关规定对学前儿童免费或者优惠开放。但在审议过程中，不少意见提出，应当加大对学前儿童参与文化生活的保障，减轻家庭学前教育负担，建议相关公共文化服务机构和爱国主义教育基地按照规定免费向学前儿童开放。经研究，采纳了这一意见。主要考虑是：

一方面，充分考虑现行法律规定。《中华人民共和国公共文化服务保障法》第三十一条第一款、第二款规定，公共文化设施应当根据其功能、特点，按照国家有关规定，向公众免费或者优惠开放。公共文化设施开放收取费用的，应当每月定期向中小学生免费开放。举重以明轻，有必要在现行法律规定的基础上对年龄更小的学前儿童群体享受类似政策予以明确。关于爱国主义教育基地，《中华人民共和国未成年人保护法》第四十四条第一款中明确规定，爱国主义教育基地应当对未成年人免费开放。学前儿童作为未成年人群体，同样享受免费政策。

另一方面，充分考虑现实情况。目前，青少年宫、儿童活动中心、图书馆、博物馆、纪念馆等公共文化服务机构基本都按照身高或者年龄对学前儿童群体实行免费开放政策。此外，"按照有关规定""免费开放"，不意味着免收所有费用，如可以对进入体育场馆的首道门票实行免费政策，对具体的活动项目适当收费。同时，考虑到学前儿童出行是由成年监护人陪同，对学前儿童免费开放，不影响向成年监护人收取相关费用，不会对相关场所的经营情况造成重大影响。

◆ **相关规定**

《中华人民共和国公共文化服务保障法》第 14 条、第 31 条；《中华人民共和国未成年人保护法》第 44 条

> **第十九条** 任何单位和个人不得组织学前儿童参与违背学前儿童身心发展规律或者与年龄特点不符的商业性活动、竞赛类活动和其他活动。

◆ 条文主旨

本条是关于禁止组织学前儿童参与不适宜活动的规定。

◆ 条文释义

学前儿童是无民事行为能力人，不具有以自己独立的意思表示进行民事法律行为的能力，更多是依赖他人的指示和引导参加各类活动。本条从保护学前儿童利益的角度出发，作出了禁止性规定，即任何单位和个人都不得组织学前儿童参与不适宜的各类活动，损害学前儿童利益。

一、监护人和其他单位或者个人

本条明确任何单位或者个人都有不得组织学前儿童参与不适宜活动的义务。具体来说，主要指向学前儿童的父母或者其他监护人、幼儿园及其教职工，以及其他单位或者个人。

学前儿童的父母或者其他监护人，对学前儿童具有监护职责。《中华人民共和国未成年人保护法》第十六条第六项规定，未成年人的父母或者其他监护人应当保障未成年人休息、娱乐和体育锻炼的时间，引导未成年人进行有益身心健康的活动。反推可知，学前儿童的父母或者其他监护人不得组织其参加有害身心健康的活动。

幼儿园及其教职工应当对学前儿童实施科学合理的保育和教育活动。《中华人民共和国未成年人保护法》第三十八条第一款中明确要求，幼儿园不得安排未成年人参加商业性活动。《幼儿园工作规程》第三十三条第二款中规定，幼儿园不得开展任何违背幼儿身心发展规律的活动；第四十七条第三款中进一步规定，不得以营利为目的组织幼儿表演、竞赛等活动。由此可见，幼儿园相较其他单位或者个人要求更加严格，即便是不违背学前儿童身心发展规律，且与年龄特点相符的商业性活动，也不得组织学前儿童参加。本法第五十五条对此也作了专门规定。

其他单位或者个人，主要是指向商业性活动、竞赛类活动和其他活动的举办者、组织者。举办者、组织者应当对于活动是否符合学前儿童身心发展规律和年龄特点作出独立判断，对于不适宜的活动，即使学前儿童的父母、幼儿园乃至学前儿童本人表示同意，也不得组织学前儿童参加活动。

二、不适宜的商业性活动、竞赛类活动和其他活动

在立法过程中，也有意见认为，应当全面禁止学前儿童参加商业性活动、竞赛类活动。但考虑到存在现实需求和现实做法，如面向学前儿童的童装广告，影视作品中的学前儿童角色，以游戏为主的益智类竞赛活动等，都以学前儿童为主要参与对象，且适度参与不会对学前儿童身心发展造成负面影响，因此本条规定禁止的范围限定在违背学前儿童身心发展规律或者与年龄特点不符的商业性活动、竞赛类活动和其他活动。

商业性活动，主要是指以营利为目的的经济活动。是否适宜学前儿童参与，主要可以从活动形式和活动频率等方面来把握。从活动形式来看，相关活动应当与学前儿童年龄特点相符，不能对学前儿童的身体、心理造成消极影响，不能有碍于其养成良好的思想品行，行为习惯等。从活动频率来看，应当控制学前儿童参与商业性活动的时间。例如，拍摄童装广告一般可以被认为是合理的商业性活动，但如果持续长时间拍摄，影响了学前儿童休息时间，则是违背了学前儿童的身心发展规律。

学前儿童适宜参加的竞赛类活动，应当坚持以游戏为基本内容，同时避免强调竞赛结果排名，以免加重学前儿童家长焦虑，变相"鼓励"对学前儿童开展小学化教育，不利于学前儿童的健康成长。

其他活动则是作为兜底性规定，旨在强调凡是违背学前儿童身心发展规律或者与年龄特点不符的活动，都不得组织学前儿童参与。例如，自发组织的户外攀岩活动，不以营利为目的，也不是竞赛类活动，但考虑到户外攀岩活动的危险性，超出了学前儿童能够自我保护的程度，同样不宜组织学前儿童参与。总之，要坚持遵循学前儿童的身心发展规律和年龄特点，以学前儿童利益最大化为原则，审慎合理地安排学前儿童参与的各项活动。

◆ **相关规定**

《中华人民共和国未成年人保护法》第16条、第38条；《幼儿园工作规程》第33条、第47条

> **第二十条** 面向学前儿童的图书、玩具、音像制品、电子产品、网络教育产品和服务等,应当符合学前儿童身心发展规律和年龄特点。
>
> 家庭和幼儿园应当教育学前儿童正确合理使用网络和电子产品,控制其使用时间。

◆ 条文主旨

本条主要是关于面向学前儿童的图书、玩具、音像制品、电子产品等应当符合学前儿童身心发展规律和年龄特点的规定。

◆ 条文释义

影响学前儿童健康成长的因素是多方面的,除了家庭、幼儿园,学前儿童所接触的社会文化环境对其身心的健康发展同样也起着重要的作用。本条明确了面向学前儿童的图书、玩具、音像制品、电子产品、网络教育产品和服务等,应当符合学前儿童身心发展规律和年龄特点,同时为了防止学前儿童沉迷于网络和电子产品,特别强调了家庭和幼儿园应当教育学前儿童正确合理使用网络和电子产品,控制其使用时间。

一、面向学前儿童的图书、玩具、音像制品等应当符合学前儿童身心发展规律和年龄特点

学前儿童有其特殊的生理、心理特点,面向学前儿童的图书、玩具、音像制品、电子产品等应当符合学前儿童身心发展规律和年龄特点,适合学前儿童的认知、情感和身体发展水平。

1. 促进儿童全面发展。学前教育阶段是儿童身心发展的关键时期,图书、玩具、音像制品、电子产品、网络教育产品和服务等产品作为学前儿童认知世界的重要媒介,承担着启发学前儿童多方面发展的重任。符合学前儿童身心发展规律和年龄特点的产品,能够更好地促进学前儿童的智力、情感、社交和身体等多方面的发展。

2. 保障学前儿童安全。学前儿童通常不满 6 岁,认知能力和自我保护意识相对较弱,设计不合理的产品或内容可能给他们带来安全隐患。因此,面向学前儿童的图书、玩具、音像制品、电子产品、网络教育产品和服务等，应更加注重安全性，避免存在对学前儿童的潜在威胁。

3. 提高学习兴趣和参与度。学前儿童对新鲜事物充满好奇心，符合他们身心发展规律和年龄特点的产品，往往能够引起他们的兴趣和注意，提高他们的积极性和参与度。这有助于培养学前儿童的行为习惯和创造能力。

4. 适应个体差异。学前儿童的发展速度和特点存在个体差异，面向学前儿童的图书、玩具、音像制品、电子产品、网络教育产品和服务等，可以为学前儿童提供更多样化的选择，以满足不同学前儿童的需求和兴趣，有助于促进学前儿童个性化发展。

二、正确合理使用网络和电子产品

《中华人民共和国未成年人保护法》第六十四条规定，国家、社会、学校和家庭应当加强未成年人网络素养宣传教育，培养和提高未成年人的网络素养，增强未成年人科学、文明、安全、合理使用网络的意识和能力，保障未成年人在网络空间的合法权益。第七十一条第一款规定，未成年人的父母或者其他监护人应当提高网络素养，规范自身使用网络的行为，加强对未成年人使用网络行为的引导和监督。在上述规定的基础上，考虑到学前儿童年龄小，分辨能力和自控能力差，如果家长和教师不加以教育和控制，学前儿童很容易沉迷于网络和电子产品，影响身心健康。因此，本条第二款规定，家庭和幼儿园应当教育学前儿童正确合理使用网络和电子产品，控制其使用时间。家庭和幼儿园应该设定合理的规则和时间限制，教育儿童如何安全地使用网络和电子设备，避免过度使用或者不当使用。

1. 选择合适的内容。根据学前儿童身心发展规律和年龄特点，确保他们接触到的网络和电子产品内容适合学前儿童年龄和认知水平，限制学前儿童访问不适宜的网站或应用软件，避免他们接触到暴力、色情等不良信息。

2. 控制其使用时间。《中国儿童发展纲要（2021—2030 年）》规定，教育儿童按需科学规范合理使用电子产品，确保儿童每天接触户外自然光不少于 1 小时。学前儿童的眼睛和大脑都处于发育阶段，长时间使用网络和电子产品可能对他们的视力、注意力和睡眠等产生负面影响。家长和幼儿园设定合理的使用时间限制，鼓励学前儿童在使用网络或电子产品后进行适当的眼保健操或户外活动，保障他们有足够的休息和户外活动时间。

学前儿童正确合理使用网络和电子产品需要家长和幼儿园共同引导和监督，家长和幼儿园教师还应注重以身作则，避免在学前儿童面前过度使用网络和电子产品，产生负面影响。家长和幼儿园通过控制学前儿童使用网络和电子产品的时间、选择合适的内容、设置安全保护等方式，可以帮助孩子建立健康的网络和电子产品使用习惯，促进学前儿童全面发展。

◆ 相关规定

《中华人民共和国未成年人保护法》第 48 条、第 64 条、第 71 条；《中国儿童发展纲要（2021—2030 年）》

第二十一条 学前儿童的名誉、隐私和其他合法权益受法律保护，任何单位和个人不得侵犯。

幼儿园及其教职工等单位和个人收集、使用、提供、公开或者以其他方式处理学前儿童个人信息，应当取得其父母或者其他监护人的同意，遵守有关法律法规的规定。

涉及学前儿童的新闻报道应当客观、审慎和适度。

◆ 条文主旨

本条是关于学前儿童名誉、隐私等合法权益保护的规定。

◆ 条文释义

为进一步加强学前儿童的名誉、隐私和其他合法权益的保护，本法明确规定幼儿园及其教职工等单位和个人要按照法律法规规定处理学前儿童个人信息，并规定了新闻媒体的责任，涉及学前儿童的新闻报道应当客观、审慎和适度。

一、学前儿童的名誉、隐私和其他合法权益受法律保护

《中华人民共和国民法典》第一百一十条第一款规定，自然人享有生命权、身体权、健康权、姓名权、肖像权、名誉权、荣誉权、隐私权、婚姻自主权等权利。虽然学前儿童在民事行为能力上有所限制，但他们作为自然人，其名誉权、隐私权和其他合法权益受法律保护，这里的其他合法权益包括生命权、身体权、健康权、姓名权、肖像权等权益。名誉权、隐私权均属于人格权。人格权是以人格利益为客体，为维护民事主体的独立人格所必备的民事权利，具有固有性、专属性、法定性等特征。

名誉是对民事主体的品德、声望、才能、信用等的社会评价。名誉权是指自然人、法人和非法人组织就其品德、声望、才能、信用等所获得的社会评价，所享有的保有和维护的权利。任何组织或者个人不得以侮辱、诽谤等方式侵害他人的名誉权。

隐私权是指自然人享有的私人生活安宁与不愿为他人知晓的私密空间、私密活动、私密信息等依法受到保护，不受他人刺探、侵扰、泄露和公开的权利。

学前儿童的名誉权、隐私权等合法权益受法律保护，任何单位和个人不得侵犯。例如，《中华人民共和国未成年人保护法》第一百零三条规定，公安机关、人民检察院、人民法院、司法行政部门以及其他组织和个人不得披露有关案件中未成年人的姓名、影像、住所、就读学校以及其他可能识别出其身份的信息，但查找失踪、被拐卖未成年人等情形除外。公安机关、人民检察院、人民法院、司法行政部门在办理涉及学前儿童案件过程中，会掌握关于学前儿童家庭背景、居住地址、所在幼儿园等个人信息，应当谨慎履行职责，严守保密纪律，严格控制学前儿童个人信息的知晓范围，切实保护他们的名誉权、隐私权。

二、处理学前儿童个人信息

在信息时代，信息尤其是个人信息已然成为一种重要的资源，随着大数据、云计算等数字技术的广泛运用，个人信息正在被大规模电子化、数字化和产业化应用，个人信息处理的广度和深度不断拓展，这一方面推动了数字经济的迅猛发展，但另一方面非法处理个人信息以及个人信息泄露、窃取和倒卖等导致的侵权、诈骗、盗窃等案件多发、高发，对信息主体的日常生活、财产安全和正常的社会秩序造成了严重影响。因此，如何在保障数字经济创新发展的同时，加强个人信息保护成为亟待解决的问题。近年来，我国高度重视并通过相关立法，逐步确立了个人信息保护的基本原则和具体措施。这些规则和保护措施也同样适用于学前儿童个人信息的处理。同时，学前儿童属于未成年人，认知能力有限，对个人信息的概念和范围往往缺乏理解，也缺乏对个人信息处理可能带来的风险、后果、保障措施及其相关权益的认识，一旦他们的个人信息被不正当地收集、使用、共享，可能对学前儿童及其家庭造成重大影响，因此处理学前儿童个人信息，应当取得其父母或者其他监护人的同意。

（一）遵循合法、正当、必要和诚信原则

个人信息是以电子或者其他方式记录的与已识别或者可识别的自然人有关的各种信息，不包括匿名化处理后的信息。近年来，我国出台了《中华人民共和国民法典》《中华人民共和国网络安全法》《中华人民共和国个人信息保护法》等一系列法律规范来保护个人信息。这些法律明确规定了个人信息保护的基本原则和规则，信息处理者保障个人信息安全的义务和责任等。对于信息处理的方式，《中华人民共和国个人信息保护法》第四条第二款规定，个人信息的处理包括个人信息的收集、存储、使用、加工、传输、提供、公开、删除等。第五条规定，处理个人信息应当遵循合法、正当、必要和诚信原则，不得通过误导、欺诈、胁迫等方式处理个人信息。

具体来说，合法原则要求幼儿园及其教职工等单位和个人处理学前儿童个人信息必须有合法性基础，且处理的方式应当符合法律法规的规定。正当原则和诚信原则要求幼儿园及其教职工等单位和个人处理学前儿童个人信息除要遵循合法原则，信息处理的目的和手段还要正当，应当遵守公序良俗和诚实信用原则。必要原则要求幼儿园及其教职工等单位和个人处理学前儿童个人信息的目的应当特定，处理应当依据特定、明确的目的进行，禁止超出目的范围处理个人信息，按照对信息主体影响最小的方式进行，应当在必要的限度内进行。

（二）应当取得其父母或者其他监护人的同意

《中华人民共和国未成年人保护法》第七十二条第一款规定，信息处理者通过网络处理未成年人个人信息的，应当遵循合法、正当和必要的原则。处理不满十四周岁未成年人个人信息的，应当征得未成年人的父母或者其他监护人同意，但法律、行政法规另有规定的除外。学前儿童通常不满 6

岁，属于无民事行为能力人，客观上信息处理者难以做到征得其同意，因此，处理学前儿童个人信息时应征得其父母或者其他监护人同意。

处理学前儿童个人信息，应当取得其父母或者其他监护人的同意，也符合国际通用做法。美国《儿童在线隐私保护法》规定，处理未满十三周岁未成年人个人信息的，需取得其父母同意。欧盟《通用数据保护条例》第八条规定，在提供信息社会服务时，处理十六周岁以下儿童的个人数据必须征得父母同意，欧盟成员国出于特定目的可以在法律上规定更低的年龄门槛，但是不得低于十三周岁。

需要注意的是，本条第二款规定适用时存在例外情形，主要是指《中华人民共和国个人信息保护法》第十三条第一款第二项至第七项规定的有关情形，如为履行法定职责或者法定义务所必需，为应对突发公共卫生事件，或者紧急情况下为保护自然人的生命健康和财产安全所必需等。在这些列举情形中，个人信息处理者处理个人信息时，无需取得个人同意。因此，在满足特定的情形时，个人信息处理者处理学前儿童个人信息，可以无需征得其父母或者其他监护人的同意。

三、涉及学前儿童的新闻报道应当客观、审慎和适度

实践中，有的新闻媒体或者自媒体在进行新闻报道时，为了取得更高的关注度与点击量，可能会通过更加深度地挖掘新闻信息、突出事件的尖锐矛盾等方式吸引公众关注。此类新闻报道可能会导致学前儿童隐私暴露、承受较大的社会压力或者其他后果，侵犯学前儿童合法权益，不利于学前儿童的身心健康。为加强对学前儿童名誉、隐私和其他合法权益的保护，本条第三款规定涉及学前儿童的新闻报道应当客观、审慎和适度。

"客观"即报道涉及学前儿童的事件时应当充分调查了解，确保所报道事件的真实性、客观性，避免在报道中增加主观推断的内容。"审慎"即新闻选题、构思、刊载或者推送时应当进行周密而慎重的论证，分析该报道可能引起的社会关注及其对涉及的学前儿童的影响。"适度"即媒体报道涉及学前儿童事件时不宜过分追求全面真实，而是应当有一定的尺度和界限，防止因新闻媒体对事件信息的过度挖掘而造成对学前儿童名誉、隐私和其他合法权益的侵犯。

◆ **相关规定**

《中华人民共和国民法典》第110条、第990条;《中华人民共和国未成年人保护法》第103条;《中华人民共和国个人信息保护法》第4条、第5条、第13条

第三章 幼 儿 园

本章是关于幼儿园的规定。学前儿童主要在幼儿园接受保育和教育，本章主要围绕幼儿园的规划布局、配套建设、设置条件、设立程序、举办限制等方面进行了规定。这些规定旨在保障幼儿园的稳健运行，提高学前教育质量，维护学前儿童权益。

第二十二条 县级以上地方人民政府应当统筹当前和长远，根据人口变化和城镇化发展趋势，科学规划和配置学前教育资源，有效满足需求，避免浪费资源。

◆ 条文主旨

本条是关于幼儿园等学前教育资源规划配置的规定。

◆ 条文释义

根据《中华人民共和国教育法》第六十四条规定，地方各级人民政府及其有关行政部门必须把学校的基本建设纳入城乡建设规划，统筹安排学校的基本建设用地及所需物资，按照国家有关规定实行优先、优惠政策。这里的学校的基本建设规划也包括学前教育机构的规划建设。

一、规划和配置学前教育资源的主体

本法第八条对学前教育的管理体制作了规定。其中，省级人民政府和设区的市级人民政府统筹本行政区域内学前教育工作，健全投入机制，明确分担责任，制定政策并组织实施。县级人民政府对本行政区域内学前教育发展负主体责任，负责制定本地学前教育发展规划，统筹幼儿园建设、运行，加强公办幼儿园教师配备补充和工资待遇保障，对幼儿园进行监督管理。在上述规定的基础上，本条主要对县级以上地方人民政府科学规划和配置学前教育资源的职责予以强调。

二、根据人口变化和城镇化发展趋势

《中共中央 国务院关于学前教育深化改革规范发展的若干意见》规定，各地要充分考虑人口变化和城镇化发展趋势，结合实施乡村振兴战略，制定应对学前教育需求高峰方案。

（一）人口变化影响幼儿园生源数量

2024年3月1日，教育部召开新闻发布会，介绍了2023年全国教育事业发展基本情况。其中，有关学前教育的数据显示，2023年全国共有幼儿园27.44万所，在园幼儿4092.98万人。2022年，全国共有幼儿园28.92万所，在园幼儿4627.55万人。相较而言，2023年，全国幼儿园总数量减少1.48万所，在园幼儿总数减少534.57万人。

学前适龄儿童的数量决定着幼儿园的生源数量，也很大程度上影响幼儿园的数量。2016年是我国实施全面两孩政策的第一年，也是实施单独两孩政策的第三年，全年出生人口为1786万人，达到2000年以来的最高水平。从2017年起，全国出生人口数量持续下滑，2023年全年出生人口仅902万人，人口出生率为6.39‰。新生幼儿数量降低，最先受到冲击的是学前教育。幼儿园的在园儿童年龄一般为3岁至6岁，适龄人口规模从2022年开始减少。2022年学前全部适龄儿童为2017年至2019年出生的幼儿，根据出生人口统计数据累计4711万人，2023年学前全部适龄儿童为4188万人，减少了523万人，这个数据与在园幼儿总数减少534.57万人的数量大致相符。出生人口数量下降导致学前适龄儿童数量持续减少，从而导致幼儿园生源减少，有的幼儿园因招不到足够数量的幼儿只能无奈选择关闭。因此，幼儿园的规划布局要根据人口变化，适时增加或减少幼儿园的数量和规模，避免资源过剩或不足。

（二）城镇化进程影响幼儿园布局

城镇化是国家现代化的必由之路和重要标志。改革开放以后，我国城市化进程不断加快，常住人口城镇化率也大幅提高。党的十八大以来，随着国家新型城镇化战略的实施，我国城镇化取得重大历史性成就。国家统计局《2023年国民经济和社会发展统计公报》显示，2023年我国城镇人口占全国人口的比重（城镇化率）为66.1%，比2022年提高0.94个百分点。

但与此同时，农村地区出现了大量的人口流失现象，越来越多的农村年轻人进入城市工作生活，农村老龄化程度逐渐加剧。近年来，随着城镇化不断深入，农村儿童跟随父母迁徙到城市，农村幼儿园的生源持续减少，同时愿意去农村从事学前教育工作的人越来越少，农村幼儿园普遍存在幼儿教师短缺的难题。

《中华人民共和国教育法》第十八条第一款规定，国家制定学前教育标准，加快普及学前教育，构建覆盖城乡，特别是农村的学前教育公共服务体系。根据城镇化进程合理布局幼儿园发展规划，一方面在城市中心区和人口密集区域，可以增加幼儿园的数量和规模，并根据不同的需求，配置不同类型的学前教育资源，包括普惠性幼儿园、非普惠性幼儿园等，满足不同家庭和儿童的需求；另一方面在农村地区、偏远地区等，要加强投入保障力度，倾斜支持农村地区、革命老区、民族地区、边疆地区和欠发达地区发展学前教育事业，保障这些地区学前儿童的保育教育需求。《国务院关于当前发展学前教育的若干意见》指出，要努力扩大农村学前教育资源。发展农村学前教育要充分考虑农村人口分布和流动趋势，合理布局，有效使用资源。本法第二十七条第一款规定，地方各级人民政府应当构建以公办幼儿园为主的农村学前教育公共服务体系，保障农村适龄儿童接受普惠性学前教育。

综上所述，县级以上地方人民政府在规划和配置学前教育资源时，需要综合考虑人口变化和城镇化发展趋势，科学规划和配置资源，避免资源浪费，可以通过优化课程设置、合理安排班级规模、充分利用现有资源、提高教师素质等方式，提高学前教育质量，为学前儿童提供优质的学前教育资源供给。

◆ **相关规定**

《中共中央 国务院关于学前教育深化改革规范发展的若干意见》；《国务院关于当前发展学前教育的若干意见》；《2023年国民经济和社会发展统计公报》；《中华人民共和国教育法》第18条、第64条

第二十三条 各级人民政府应当采取措施，扩大普惠性学前教育资源供给，提高学前教育质量。

公办幼儿园和普惠性民办幼儿园为普惠性幼儿园，应当按照有关规定提供普惠性学前教育服务。

◆ 条文主旨

本条是关于普惠性学前教育资源供给的规定。

◆ 条文释义

据统计，2023 年全国普惠性幼儿园 23.6 万所，全国普惠性幼儿园在园幼儿占比达 90.8%，绝大多数幼儿能在收费合理的普惠性幼儿园就读。为保障适龄儿童接受学前教育，促进学前教育普及普惠安全优质发展，各级人民政府应当采取措施，扩大普惠性学前教育资源供给，提高学前教育质量。

一、扩大普惠性学前教育资源供给

《中共中央 国务院关于学前教育深化改革规范发展的若干意见》明确指出，牢牢把握公益普惠基本方向，坚持公办民办并举，加大公共财政投入，着力扩大普惠性学前教育资源供给。到 2035 年，全面普及学前三年教育，建成覆盖城乡、布局合理的学前教育公共服务体系，形成完善的学前教育管理体制、办园体制和政策保障体系，为幼儿提供更加充裕、更加普惠、更加优质的学前教育。

普惠且有质量的学前教育应主要包括以下要素：

（一）服务提供的可及性

通过社会各方共同努力，提供充裕的学前教育资源，结合本地服务半径、服务人口、交通资源、城镇化进程和适龄人口流动和变化趋势，合理配置教育资源，因地制宜设置幼儿园，补齐短板，特别是村一级幼儿园的设置，真正建成覆盖城乡、布局合理的学前教育公共服务体系，让适龄幼儿在居住地能够方便、就近入园。

（二）服务价格的可承受

政府切实落实投入责任，在充分考虑经济社会发展水平、物价正常增长以及办园成本、社会可承受程度等因素的基础上，适时调整保教收费标准，使学前教育成本得到合理分担，保证普惠性幼儿园得到合理补偿、机构安全平稳运行、保教质量稳步提高。在此前提下，绝大多数幼儿家庭能以承受得起的相对低廉的价格获得服务，家庭经济困难儿童、孤儿和残疾儿童等则在政府资助下获得服务。

（三）服务水平的均等化

均等化不是指简单的平均化，而是指区域内所有幼儿都能公平地获得大致均等的服务。以标准化、法制化为抓手，建立学前教育均衡发展保障机制，均衡配置办园条件、教师、玩教具、图书、园舍等资源，向贫困地区、薄弱环节、重点人群倾斜，循序渐进，首先在县（区）域内实现均衡发展，再逐步实现城乡、区域均衡发展。

（四）服务对象的普惠性

普惠性是相对于选择性而言的，即在现有学前教育体系中，绝大多数幼儿园应该以可负担的成本为所有有需求的适龄幼儿提供基本的、有效的学前教育服务，特别是留守儿童、流动人口子女等困难群体，真正消除身份差异，实现服务对象的"普惠"。普惠性还体现在每个孩子在园期间都能得到公平的对待，都能充分发展自己的潜能和优势。

（五）服务内容和标准的适宜性

学前教育发展要兼顾需要和可能，既尽力而为又量力而行，遵循幼儿教育规律，走"适宜"的发展道路。充分考虑各地发展阶段和财政可承受程度，普惠性幼儿园的办园标准和设施设备配置必须"适宜"，不能盲目追求"高新尖"，提供超出"保基本"范畴、过高标准的服务。教学内容也要是"适宜"的，坚持科学保教，坚持遵循幼儿身心发展规律，以游戏为基本活动，严禁提前教授小学教育内容。

这里的责任主体是各级人民政府，包括国务院、省级人民政府、市级人民政府、县级人民政府以及乡镇人民政府。

二、普惠性幼儿园按照有关规定提供普惠性学前教育服务

普惠性幼儿园包括公办幼儿园和普惠性民办幼儿园。普惠性学前教育服务主要包括，为适龄儿童提供普遍的、公益的、价格合理且有质量保障的保育和教育服务。公办幼儿园和普惠性民办幼儿园都应当按照有关规定提供普惠性学前教育服务。《中华人民共和国学前教育法》《幼儿园管理条例》《幼儿园工作规程》等法律法规对于提供普惠性学前教育服务、收费标准等方面作出了规定，应当依照有关规定执行。比如，本法第二十四条第三款规定，普惠性民办幼儿园接受政府扶持，收费实行政府指导价管理。非营利性民办幼儿园可以向县级人民政府教育行政部门申请认定为普惠性民办幼儿园，认定标准由省级人民政府或者其授权的设区的市级人民政府制定。又如，《幼儿园管理条例》第二十四条第一款规定，幼儿园可以依据本省、自治区、直辖市人民政府制定的收费标准，向幼儿家长收取保育费、教育费。再如，《幼儿园工作规程》第四十六条第二款规定，按照国家和地方相关规定接受财政扶持的提供普惠性服务的国有企事业单位办园、集体办园和民办园等幼儿园，应当接受财务、审计等有关部门的监督检查。

◆ **相关规定**

《中共中央 国务院关于学前教育深化改革规范发展的若干意见》；《幼儿园管理条例》第24条；《幼儿园工作规程》第46条

第二十四条 各级人民政府应当利用财政性经费或者国有资产等举办或者支持举办公办幼儿园。

各级人民政府依法积极扶持和规范社会力量举办普惠性民办幼儿园。

普惠性民办幼儿园接受政府扶持，收费实行政府指导价管理。非营利性民办幼儿园可以向县级人民政府教育行政部门申请认定为普惠性民办幼儿园，认定标准由省级人民政府或者其授权的设区的市级人民政府制定。

◆ **条文主旨**

本条是关于发展普惠性学前教育政府职责的规定。

◆ **条文释义**

发展学前教育关系到亿万儿童健康成长，关系到社会和谐稳定，关系到党和国家事业未来。学前教育是国民教育体系的组成部分，是重要的社会公益事业。新时代学前教育必须坚持公益普惠基本方向，推进学前教育普及普惠安全优质发展。落实各级政府发展普惠性学前教育的主体责任，必须切实履行其保障公平、加大公共财政经费投入力度、进行"兜底"的职责。

一、利用财政性经费或者国有资产等举办或者支持举办公办幼儿园

根据有关资料，学前三年毛入园率在80%以上的国家，财政性教育经费支出学前教育经费占比平均为9.67%；毛入园率在60%—80%的国家，财政性教育经费支出学前教育经费占比平均为7.73%。加强财政性教育经费的投入保障，对于发展普惠性学前教育至关重要。

财政性经费通常是指，政府为了履行公共职能而筹集的资金，包括税收收入、非税收入等。教育部、国家统计局、财政部联合发布的《关于2022年全国教育经费执行情况统计公告》表明，国家财政性教育经费主要包括一般公共预算安排的教育经费，政府性基金预算安排的教育经费，国有及国有控股企业办学中的企业拨款，校办产业和社会服务收入用于教育的经费等。《中华人民共和国教育法》第五十五条规定，国家财政性教育经费支出占国民生产总值的比例应当随着国民经济的发展和财政收入的增长逐步提高。具体比例和实施步骤由国务院规定。全国各级财政支出总额中教育经费所占比例应当随着国民经济的发展逐步提高。利用财政性经费举办公办幼儿园，意味着政府将直接投入资金用于幼儿园的建设、设备购置、师资招聘与培训等方面，以确保公办幼儿园能够正常运转并提供高质量的学前教育服务。根据《教育部、国家统计局、财政部关于加强和完善教育经费统计工作的意见》，2023年，全国教育经费总投入为64595亿元，比上年增长5.3%。其中，全国学前教育经费总投入为5382亿元，比上年增长4.7%。本法第六十条第二款规定，各级人民政府应当优化教育财政投入支出结构，加大学前教育财政投入，确保财政性学前教育经费在同级财政性教育经费中占合理比例，保障学前教育事业发展。

国有资产是指属于国家所有的一切财产和财产权利的总和，是国家所有权的客体。《中华人民共和国宪法》第九条第一款规定，矿藏、水流、森林、山岭、草原、荒地、滩涂等自然资源，都属于国家所有，即全民所有；

由法律规定属于集体所有的森林和山岭、草原、荒地、滩涂除外。第十条第一款规定，城市的土地属于国家所有。学校国有资产一般是指使用财政资金形成的资产，接受调拨或者划转、置换形成的资产，接受捐赠并确认为国有的资产和其他国有资产，具体包括固定资产、流动资产、无形资产和对外投资以及依法认定为学校所有的其他权益等。各级人民政府利用国有资产等举办或者支持举办公办幼儿园，应遵守相关法律法规规定。

依据《中华人民共和国民法典》相关规定，国家机关对其直接支配的不动产和动产，享有占有、使用以及依照法律和国务院的有关规定处分的权利。国家举办的事业单位对其直接支配的不动产和动产，享有占有、使用以及依照法律和国务院的有关规定收益、处分的权利。国家出资的企业，由国务院、地方人民政府依照法律、行政法规规定分别代表国家履行出资人职责，享有出资人权益。属于国家所有的各种财产和财产权利，政府可以利用这些国有资产来举办或者支持举办公办幼儿园，比如将闲置的国有房产改造成幼儿园场地，或者利用国有土地进行幼儿园的建设。这样可以充分盘活国有资产，提高资源利用效率，同时也为社会提供更多的普惠性学前教育资源。

二、依法积极扶持和规范社会力量举办普惠性民办幼儿园

《中华人民共和国宪法》第十九条第四款规定，国家鼓励集体经济组织、国家企业事业组织和其他社会力量依照法律规定举办各种教育事业。《中共中央 国务院关于学前教育深化改革规范发展的若干意见》规定，政府加大扶持力度，引导社会力量更多举办普惠性幼儿园。社会力量的参与能有效扩大普惠性学前教育资源的总量，满足更多家庭对优质普惠学前教育的需求和期待，同时也能激发办园活力与创新，分担政府财政压力。积极支持优质普惠学前教育资源扩容建设，在持续办好公办幼儿园的同时，引导社会力量多举办普惠性幼儿园，加快完善普惠性民办幼儿园认定标准、补助标准及扶持政策。

法律对扶持和规范社会力量举办普惠性民办幼儿园作出了规定。例如，本法第六十三条第二款中规定，省级人民政府制定并落实普惠性民办幼儿园生均财政补助标准。本法第六十四条规定，地方各级人民政府应当通过财政补助、购买服务、减免租金、培训教师、教研指导等多种方式，支持普惠性民办幼儿园发展。《幼儿园工作规程》第四十六条第二款规定，按照国家和地方相关规定接受财政扶持的提供普惠性服务的国有企事业单位办园、集体办园和民办园等幼儿园，应当接受财务、审计等有关部门的监督检查。

三、普惠性民办幼儿园接受政府扶持，收费实行政府指导价管理

普惠性民办幼儿园接受政府扶持，并且其收费实行政府指导价管理，这是为了保障学前教育的公益普惠性质，确保更多家庭能够享受到质量有保障且价格合理的学前教育服务。实行政府指导价管理意味着普惠性民办幼儿园的收费标准不是由幼儿园自行决定，而是需要在政府制定的指导价范围内确定，这有助于防止幼儿园乱收费、高收费，从而减轻家庭的经济负担。同时，实行政府指导价管理也体现了政府对普惠性民办幼儿园的扶持和引导，鼓励其提供更多优质、公平的学前教育服务。

四、普惠性民办幼儿园的认定标准

非营利性民办幼儿园，即举办者不追求投资回报，将幼儿园的盈余用于幼儿园的发展或其他公益目的的民办幼儿园。这类幼儿园如果符合相关条件，可以向县级人民政府教育行政部门提出认定为普惠性幼儿园的申请，从而享受相应的政策扶持和优惠。考虑到各地经济社会发展水平、学前教育资源状况等存在差异，本条第三款规定，省级人民政府或者其授权的设区的市级人民政府有权根据本地实际情况制定具体的认定标准。本法施行前，一些地方已经出台了有关认定标准，例如，《武汉市支持普惠性民办幼儿园发展奖补资金管理办法》第九条规定，各区教育局于每年10月底前依据审核和公示结果，认定普惠性民办幼儿园。审核认定后，普惠性民办幼儿园的法定代表人应与区教育局签订协议书，由区教育局授予"武汉市普惠性民办幼儿园"牌匾。普惠性民办幼儿园要在办园场所醒目位置悬挂牌匾。《三亚市普惠性民办幼儿园认定、奖补和管理暂行办法》第十一条对普惠性民办幼儿园的认定程序作出具体规定：同时具备以下条件的注册民办幼儿园，可向主管教育行政部门申报认定普惠性民办幼儿园：(1)证照齐全、有效，无发生安全责任事故、无通报批评、无违反办园行为等相关记录。(2)办园等级评估达到市三级幼儿园及以上。(3)收费合理合规，并同意与主管教育行政部门签订承诺书，收费行为规范，按规定进行收费公示，无乱收费现象。(4)财务管理规范。独立核算、制度健全、运转良好，幼儿园取得的收入主要用于补偿办园成本，保障保教活动的正常开展，依法开展年度财务审计。(5) 实施科学保教。符合教育部《幼儿园教育指导纲要（试行）》《3—6岁儿童学习与发展指南》文件精神。(6) 教职工配备和工资福利待遇合理。按照国家和省的要求配备教职工，各类从业人员符合岗位任职要求，依法保障幼儿园教职工工资、福利待遇。与教职工签订劳动合同，为教职工依法缴纳"五险"（养老保险、医疗保险、失业保险、工伤保险和生育保险）。本法施行后，各地应当根据权限尽快出台或者完善认定标准。

◆ **相关规定**

《中华人民共和国宪法》第9条、第10条；《中华人民共和国民法典》第255—257条；《中华人民共和国教育法》第55条；《中共中央 国务院关于学前教育深化改革规范发展的若干意见》；《幼儿园工作规程》第46条；《教育部、国家统计局、财政部关于加强和完善教育经费统计工作的意见》

第二十五条 县级以上地方人民政府应当以县级行政区划为单位制定幼儿园布局规划，将普惠性幼儿园建设纳入城乡公共管理和公共服务设施统一规划，并按照非营利性教育用地性质依法以划拨等方式供地，不得擅自改变用途。

县级以上地方人民政府应当按照国家有关规定，结合本地实际，在幼儿园布局规划中合理确定普惠性幼儿园覆盖率。

◆ **条文主旨**

本条是关于幼儿园布局规划的规定。

◆ **条文释义**

从规划和土地供给方面支持学前教育发展，是为了从根本上扩大普惠性学前教育覆盖面，让更多家庭能享受到优质平价的教育服务，是保障教育公平的重要举措。

一、关于幼儿园布局规划

在幼儿园布局规划中，政府应当发挥主导作用。《中共中央 国务院关于学前教育深化改革规范发展的若干意见》中提出，科学规划布局。以县为单位制定幼儿园布局规划，切实把普惠性幼儿园建设纳入城乡公共管理和公共服务设施统一规划。全国学前教育在园幼儿总数于2020年到达峰值4818万人，此后持续下降，2023年降至4093万人。但是，学前教育结构性矛盾依然突出，各地幼儿园学位供需不均，一些地区中心城区入园压力大，优质公办园供不应求。因此，一方面，要充分考虑人口变化和城镇化发展趋势，科学合理分配学前教育资源，统筹县域公办和民办等各类学前教育机构的布局规划，既要保障学前儿童就近入学的现实需求，也要避免扎堆办园造成资源浪费。另一方面，强调将普惠性幼儿园作为公共服务重要组成部分，把普惠性幼儿园与其他城乡公共管理和公共服务设施一同考虑，使幼儿园与周边环境相互协调、功能互补，打造方便快捷的生活圈。同时，借助统一规划的优势，整合资源，提高建设效率，保障幼儿园建设的科学性和合理性。

二、关于普惠性幼儿园的用地政策

本条明确规定普惠性幼儿园"按照非营利性教育用地性质依法以划拨等方式供地"。普惠性幼儿园包括公办幼儿园和普惠性民办幼儿园。其中，公办幼儿园通常以划拨方式供地；普惠性民办幼儿园属于非营利性幼儿园，根据《中华人民共和国民办教育促进法》第五十一条第一款中规定，新建、扩建非营利性民办学校，人民政府应当按照与公办学校同等原则，以划拨等方式给予用地优惠。以划拨等方式供地能有效降低普惠性幼儿园的建设成本，推动更多普惠性幼儿园的建设。同时，为了确保划拨的土地真正用于普惠性幼儿园建设和教育教学活动，防止土地资源被挪作他用，法律强调不得擅自改变用途。如果擅自改变土地用途，应当按照本法第七十七条和有关法律法规规定，承担法律责任。

需要注意的是，划拨是建设普惠性幼儿园取得国有土地使用权的重要方式，不适用于农村土地。在农村建设普惠性幼儿园，应当遵守《中华人民共和国土地管理法》及有关法律法规的规定，履行相应的审批程序。例如，《中华人民共和国土地管理法》第六十一条规定，乡（镇）村公共设施、公益事业建设，需要使用土地的，经乡（镇）人民政府审核，向县级以上地方人民政府自然资源主管部门提出申请，按照省、自治区、直辖市规定的批准权限，由县级以上地方人民政府批准。

三、关于"合理确定普惠性幼儿园覆盖率"

不同地区在人口规模、人口结构、经济发展水平、地理环境等方面存在差异,各地在确定普惠性幼儿园覆盖率时,既要满足广大人民群众对普惠性学前教育的需求,又要能确保资源的有效利用,避免资源浪费。为此,县级以上地方人民政府应当按照国家有关规定,结合本地实际,特别是综合考虑当地适龄儿童的数量及增长趋势、现有幼儿园的数量和分布、财政承受能力等多方面因素,通过科学规划和精准测算确定普惠性幼儿园覆盖率,并以其为指引,逐步扩大普惠性学前教育资源供给。

◆ **相关规定**

《中华人民共和国民办教育促进法》第51条;《中华人民共和国土地管理法》第61条

第二十六条 新建居住区等应当按照幼儿园布局规划等相关规划和标准配套建设幼儿园。配套幼儿园应当与首期建设的居住区同步规划、同步设计、同步建设、同步验收、同步交付使用。建设单位应当按照有关规定将配套幼儿园作为公共服务设施移交地方人民政府,用于举办普惠性幼儿园。

现有普惠性幼儿园不能满足本区域适龄儿童入园需求的,县级人民政府应当通过新建、扩建以及利用公共设施改建等方式统筹解决。

◆ **条文主旨**

本条是关于配套建设幼儿园的规定。

◆ **条文释义**

国家推进普及学前教育,构建覆盖城乡、布局合理、公益普惠、安全优质的学前教育公共服务体系。2018年,《中共中央 国务院关于学前教育深化改革规范发展的若干意见》要求,"……新城开发和居住区建设……应将配套建设幼儿园纳入公共管理和公共服务设施建设规划,并按照相关标准和规范予以建设,确保配套幼儿园与首期建设的居民住宅区同步规划、同步设计、同步建设、同步验收、同步交付使用。配套幼儿园由当地政府统筹安排，办成公办园或委托办成普惠性民办园，不得办成营利性幼儿园。对存在配套幼儿园缓建、缩建、停建、不建和建而不交等问题的，在整改到位之前，不得办理竣工验收"。2019年，《国务院办公厅关于开展城镇小区配套幼儿园治理工作的通知》指出，"教育行政部门要参与小区配套幼儿园规划、建设、验收、移交等各个环节的工作。……自然资源部门要根据国家和地方配建标准，统筹规划城镇小区配套幼儿园，将小区配套幼儿园必要建设用地及时纳入国土空间规划，按相关规定划拨建设用地。住房城乡建设部门要加强对城镇小区配套幼儿园的建筑设计、施工建设、验收、移交的监管落实"。本法落实党中央决策部署，对新建居住区配套建设幼儿园以及普惠性幼儿园的建设等方面作出规定。

关于相关规划和标准，既包括《托儿所、幼儿园建筑设计规范》（JGJ39—2016）（2019年版）、《幼儿园建设标准》（建标175—2016）等幼儿园专用的标准，也包括其他通用的标准，如《建筑设计防火规范》（GB50016—2014）（2018年版）等。在地方层面，各地也有相关标准，例如《天津市民办幼儿园设置标准》《上海市幼儿园管理办法》《上海市幼儿园建设标准》《贵州省城镇小区配套幼儿园建设管理办法（试行）》等。

"五同步（同步规划、同步设计、同步建设、同步验收、同步交付）"是针对新建居住区配套幼儿园建设提出的要求，以保障学前教育资源与居住区建设协调发展。"同步规划"是指在对新建居住区进行整体规划时，就将配套幼儿园的建设纳入其中，统一考虑，使其与居住区的整体规划相适应，满足未来居民子女的入园需求。"同步设计"是指在进行居住区建筑设计的同时开展配套幼儿园的设计工作。"同步建设"是指配套幼儿园与居住区的首期建设工程同时开工建设。"同步验收"是指在居住区首期建设工程竣工后，配套幼儿园与居住区其他建筑一同进行验收，确保配套幼儿园符合相关标准和要求。"同步交付"是指配套幼儿园在通过验收后，与居住区首期建设工程同时交付使用。建设单位将配套幼儿园作为公共服务设施移交给地方人民政府，由政府安排用于举办普惠性幼儿园，既可以由政府出资举办公办幼儿园，也可以由政府委托社会力量举办普惠性民办幼儿园。

关于统筹解决普惠性幼儿园需求问题。普惠性幼儿园旨在为广大儿童提供公益、有质量且收费合理的学前教育服务，当某一区域的普惠性幼儿园不能满足本区域适龄儿童入园需求时，意味着该区域的许多学前儿童可能面临入园难、入园贵的问题，影响学前教育的普及与公平。在这种情况下，县级人民政府应当通过新建、扩建以及利用公共设施改建等方式统筹解决。新建，即规划并建设全新的普惠性幼儿园；扩建，即针对现有的普惠性幼儿园，在空间和条件允许的情况下进行规模扩大；利用公共设施改建，指充分利用区域内闲置或可改造的公共设施，如闲置学校、居民活动中心等，将其改造成符合幼儿园建设标准的教育场所。

◆ **相关规定**

《中共中央 国务院关于学前教育深化改革规范发展的若干意见》

第二十七条 地方各级人民政府应当构建以公办幼儿园为主的农村学前教育公共服务体系，保障农村适龄儿童接受普惠性学前教育。

县级人民政府教育行政部门可以委托乡镇中心幼儿园对本乡镇其他幼儿园开展业务指导等工作。

◆ **条文主旨**

本条是关于农村学前教育的规定。

◆ **条文释义**

本条结合农村实际情况，明确了地方各级人民政府应当构建以公办幼儿园为主的农村学前教育公共服务体系，县级人民政府教育行政部门可以委托乡镇中心幼儿园对本乡镇其他幼儿园开展业务指导。

一、构建以公办幼儿园为主的农村学前教育公共服务体系

与城镇居民家庭相比，农村居民家庭人均收入相对较少，对幼儿园保教收费价格更加敏感，导致农村地区对社会力量办园吸引力不强，现有的学前教育发展基础比较薄弱。但是，作为国民教育体系的组成部分，适龄儿童入园是人民群众的刚性需求，包括农村地区在内的所有适龄儿童都有接受学前

教育的权利。因此，农村地区学前教育事业的高质量发展，更需要发挥政府的主导作用。本法明确规定，构建以公办幼儿园为主的农村学前教育公共服务体系，一方面是保障农村学前儿童平等接受学前教育机会的重要举措，另一方面也是明确要求各级人民政府加大对农村学前教育的财政投入力度，发挥好公办幼儿园保基本、兜底线、引领方向、平抑价格的主渠道作用。

另外，《中共中央 国务院关于实施乡村振兴战略的意见》提出"优先发展农村教育事业""发展农村学前教育"。实施乡村振兴战略是关系全面建设社会主义现代化国家的全局性、历史性任务，教育在乡村振兴中发挥着基础性和先导性作用。以振兴乡村教育赋能乡村振兴，是教育的职责和使命。让农村孩子在家门口接受高质量学前教育，有利于稳住、留住服务乡村发展的人才，符合乡村振兴国家战略的总体要求。

二、委托乡镇中心幼儿园对本乡镇其他幼儿园开展业务指导等工作

《中共中央 国务院关于学前教育深化改革规范发展的若干意见》要求"每个乡镇原则上至少办好一所公办中心园""充分发挥城镇优质幼儿园和农村乡镇中心园的辐射带动作用，加强对薄弱园的专业引领和实践指导"。2021年教育部等九部门印发《"十四五"学前教育发展提升行动计划》，要求"充分发挥乡镇中心幼儿园的辐射指导作用，实施乡（镇）、村幼儿园一体化管理"。2023年教育部等三部门印发《关于实施新时代基础教育扩优提质行动计划的意见》，要求"依托乡镇公办中心园办好村园，实施镇村一体化管理"。每个乡镇至少办好一所公办乡镇中心园，将乡镇中心园建成当地学前教育资源中心，依托乡镇中心园，统筹调配人财物资源，辐射带动周边村园共同发展，是办好农村地区学前教育的有效手段。在具体实施过程中，各地可因地制宜，积极探索一体化管理的具体模式。例如，乡镇中心幼儿园可以发挥其教学资源优势，为本乡镇范围内其他幼儿园提供师资培训、组织业务交流等，帮助推广普及科学正确的保教理念和方式。又如，探索实施乡镇幼儿园集团化办学，将周边村幼儿园作为乡镇中心幼儿园的分园进行统一管理。例如，山东省级层面、江西省芦溪县等地从"党建、办园条件、经费管理、教师队伍建设、保教质量提升、规范监管、质量评价"等方面一体统筹、共建共享，在改善农村幼儿园办园条件、保障教师待遇、全面提升办园水平方面发挥了很大促进作用。

◆ **相关规定**

《中共中央 国务院关于学前教育深化改革规范发展的若干意见》；《"十四五"学前教育发展提升行动计划》；《教育部、国家发展改革委、财政部关于实施新时代基础教育扩优提质行动计划的意见》

第二十八条 县级以上地方人民政府应当根据本区域内残疾儿童的数量、分布状况和残疾类别，统筹实施多种形式的学前特殊教育，推进融合教育，推动特殊教育学校和有条件的儿童福利机构、残疾儿童康复机构增设学前部或者附设幼儿园。

◆ **条文主旨**

本条是关于保障残疾学前儿童接受学前教育的规定。

◆ **条文释义**

本条规定体现了政府对残疾儿童教育的高度重视和责任感，旨在通过统筹实施多种形式的学前特殊教育，推进融合教育以及增设相关学前教育机构等措施，保障残疾学前儿童的受教育权，促进其全面发展。

为有效满足残疾儿童的学前特殊教育需求，进一步推动社会公平与和谐，县级以上地方人民政府应当对本区域内的残疾儿童进行调查和统计，全面掌握其数量、分布情况以及残疾类别（如视力、听力、智力、肢体残疾等）。这些情况是制定学前特殊教育政策的重要依据，有助于确保教育资源精准覆盖到残疾儿童的特殊需求。政府应根据残疾儿童的不同需求，提供多样化的学前教育形式，包括推进融合教育的普及与发展，在特殊教育学校、儿童福利机构以及残疾儿童康复机构中增设学前部或附设幼儿园等。

一、推进融合教育

融合教育是指将普通教育和特殊教育相结合，让所有孩子，无论是否有残疾，都能在同一个学习环境中共同成长。这一理念有助于消除社会对残疾人的偏见与歧视，促进社会的包容性和多样性。本条体现了融合教育的理念，保障有接受相应教育能力的残疾学前儿童有正常化的教育环境，从而使特殊教育与普通教育形成合力。推行融合教育，出发点是保障残疾学前儿童的社会化发展和社会功能改善，同时对于普通学前儿童，融合教育也能帮助他们理解尊重、平等、包容的含义，培养善良、友爱、互助等优秀品质，从而实现残疾学前儿童和普通学前儿童相互成就的"双赢"教育模式。

融合教育的理念在我国多部法律法规中均有体现，例如《中华人民共和国未成年人保护法》第八十六条中规定，各级人民政府应当保障具有接受普通教育能力、能适应校园生活的残疾未成年人就近在普通学校、幼儿园接受教育。此外，《中华人民共和国残疾人保障法》《中华人民共和国无障碍环境建设法》《残疾人教育条例》也对此作了相关规定。

二、推动特殊教育学校和有条件的儿童福利机构、残疾儿童康复机构增设学前部或者附设幼儿园

特殊教育学校在特殊教育方面具有专业的师资和教学经验，增设学前部可以为残疾儿童提供更早期、更系统的特殊教育服务。儿童福利机构和残疾儿童康复机构通常也具备一定的资源和条件，附设幼儿园可以为在这些机构中生活或接受康复治疗的残疾儿童提供接受学前教育的机会。例如，特殊教育学校可以利用自身的专业优势，组建专门的学前教育教师团队，针对残疾儿童的特点开发适合他们的学前教育课程。儿童福利机构可以在现有的场地和设施基础上，进行改造和升级，设立学前部，为机构内的残疾儿童提供学前教育服务，让他们在接受康复治疗的同时，也能获得学前教育的启蒙和培养。各级人民政府应当保障特殊教育学校、幼儿园的办学、办园条件，鼓励和支持社会力量举办特殊教育学校、幼儿园。根据《残疾人教育条例》的有关规定，各级人民政府应当从经费、设备、政策等方面，保障特殊教育学校和有条件的儿童福利机构、残疾儿童康复机构增设学前部或者附设幼儿园。

◆ **相关规定**

《中华人民共和国未成年人保护法》第86条；《中华人民共和国残疾人保障法》第25条、26条；《中华人民共和国无障碍环境建设法》第31条；《残疾人教育条例》第4条、第47条、第49条

> 第二十九条　设立幼儿园，应当具备下列基本条件：
> （一）有组织机构和章程；
> （二）有符合规定的幼儿园园长、教师、保育员、卫生保健人员、安全保卫人员和其他工作人员；
> （三）符合规定的选址要求，设置在安全区域内；
> （四）符合规定的规模和班额标准；
> （五）有符合规定的园舍、卫生室或者保健室、安全设施设备及户外场地；
> （六）有必备的办学资金和稳定的经费来源；
> （七）卫生评价合格；
> （八）法律法规规定的其他条件。

◆ 条文主旨

本条是关于设立幼儿园基本条件的规定。

◆ 条文释义

《中华人民共和国教育法》第二十七条规定，设立学校及其他教育机构，必须具备下列基本条件：有组织机构和章程；有合格的教师；有符合规定标准的教学场所及设施、设备等；有必备的办学资金和稳定的经费来源。本条规定了幼儿园办园基本条件，对于保障规范幼儿园运行、保障学前儿童合法权益、提升保育教育质量、增强社会信任等方面均具有重要意义。具体来说，设立幼儿园应具备以下基本条件：

一、有组织机构和章程

组织机构是指幼儿园内各部门的设置、职责分工以及相互之间的关系等，比如教学管理部门、后勤保障部门等，旨在确保办园各项工作有专门的机构和人员负责。

章程则是幼儿园的运行规则，规定了幼儿园的办园宗旨、教育目标、管理体制、课程设置、经费使用等重大事项，是幼儿园开展一切活动的依据和准则。

二、有符合规定的幼儿园园长、教师、保育员、卫生保健人员、安全保卫人员和其他工作人员

幼儿园园长应具备相应的管理能力、教育背景和经验，能够领导和管理整个幼儿园的工作，制定发展规划，组织教学活动，协调各方关系等。本法第三十八条规定，幼儿园园长由其举办者或者决策机构依法任命或者聘任，并报县级人民政府教育行政部门备案。幼儿园园长应当具有本法第三十七条规定的教师资格、大学专科以上学历、五年以上幼儿园教师或者幼儿园管理工作经历。

教师要符合国家规定的教师资格和学历要求，掌握幼儿教育的专业知识和技能，能够根据幼儿的特点和需求进行教学，促进幼儿的全面发展。本法第三十七条规定，担任幼儿园教师应当取得幼儿园教师资格；已取得其他教师资格并经县级以上地方人民政府教育行政部门组织的学前教育专业培训合格的，可以在幼儿园任教。

保育员负责幼儿的日常生活照料，如饮食、睡眠、卫生等，需要具备相关的保育知识和技能，有耐心和爱心。卫生保健人员要具备专业的卫生保健知识，负责幼儿的健康检查、疾病预防、卫生消毒等工作，保障幼儿的身体健康。安全保卫人员负责幼儿园的安全保卫工作，包括门禁管理、巡逻检查、安全防范等，确保幼儿园的安全环境。

其他工作人员，如后勤人员、财务人员等，也都需要具备相应的专业素质和能力，以保障幼儿园各项工作的顺利开展。

根据本法第四十四条的规定，幼儿园聘任（聘用）园长、教师、保育员、卫生保健人员、安全保卫人员和其他工作人员时，应当向教育、公安等有关部门查询应聘者是否具有虐待、性侵害、性骚扰、拐卖、暴力伤害、吸毒、赌博等违法犯罪记录；发现其有前述行为记录，或者有酗酒、严重违反师德师风行为等其他可能危害儿童身心安全情形的，不得聘任（聘用）。幼儿园发现在岗人员有前款规定可能危害儿童身心安全情形的，应当立即停止其工作，依法与其解除聘用合同或者劳动合同，并向县级人民政府教育行政部门进行报告；县级人民政府教育行政部门可以将其纳入从业禁止人员名单。存在上述有关情形的，不宜作为幼儿园的工作人员。

三、符合规定的选址要求，设置在安全区域内

设立幼儿园的选址需符合国家及地方相关法律法规规章等的要求，以确保幼儿的安全、健康和教育环境。《幼儿园管理条例》第七条规定，举办幼儿园必须将幼儿园设置在安全区域内。严禁在污染区和危险区内设置幼儿园。《湖南省中小学校幼儿园规划建设条例》第十条规定，在中小学校、幼儿园周边一定范围内进行规划建设活动，应当遵守下列规定：（一）周边一千米范围内，不得新建殡仪馆、污水处理厂、垃圾填埋场；（二）周边五百米范围内，不得新建看守所、强制戒毒所、监狱等羁押场所；（三）周边三百米范围内，不得新建车站、码头、集贸市场等嘈杂场所；（四）不得进行其他可能影响中小学校、幼儿园教学秩序和安全的规划建设活动。中小学校、幼儿园选址应当避开地质灾害、洪涝灾害、地震危险地段等危险区域。临坡、切坡建设中小学校、幼儿园应当遵守国家和省有关规定。高压电线、长输天然气管道、输油管道或者市政道路等不得穿越或者跨越中小学校、幼儿园；易燃易爆、剧毒、放射性、腐蚀性等危险物品生产、经营、储存、使用场所或者设施与中小学校、幼儿园的间隔距离应当符合国家和省有关规定。在中小学校、幼儿园周边二百米范围内，不得设立互联网上网服务营业场所、营业性电子游戏室、桌球室、歌舞厅等影响正常教学秩序和青少年身心健康的经营性场所。

安全区域通常指的是远离污染源、危险区域（如易燃易爆场所、高压线等）、交通要道等可能对幼儿安全造成威胁的地方。例如，不能在工厂排放废气、废水的区域附近设置幼儿园，也不能在车流量大且没有完善交通防护设施的道路旁边建设幼儿园。同时，还要考虑周边环境的稳定性，如是否存在地质灾害隐患等，以确保幼儿在园期间的人身安全。《中华人民共和国未成年人保护法》第三十五条第二款规定，学校、幼儿园不得在危及未成年人人身安全、身心健康的校舍和其他设施、场所中进行教育教学活动。

四、符合规定的规模和班额标准

《幼儿园工作规程》第十一条规定："幼儿园规模应当有利于幼儿身心健康，便于管理，一般不超过360人。幼儿园每班幼儿人数一般为：小班（3周岁至4周岁）25人，中班（4周岁至5周岁）30人，大班（5周岁至6周岁）35人，混合班30人。寄宿制幼儿园每班幼儿人数酌减。幼儿园可

以按年龄分别编班，也可以混合编班。"规模方面，不同地区可能会根据当地的人口数量、教育需求等因素制定具体的标准。

五、有符合规定的园舍、卫生室或者保健室、安全设施设备及户外场地

《幼儿园管理条例》第八条规定，举办幼儿园必须具有与保育、教育的要求相适应的园舍和设施。具体来说，园舍应符合相关的建筑设计规范和安全标准，包括教室、活动室、寝室、厨房、卫生间等功能区域，且布局合理、通风采光良好。卫生室或保健室是保障幼儿健康的重要场所，应配备必要的医疗设备和药品，如体温计、听诊器、常用药品等，以便及时处理幼儿的突发疾病和意外伤害。《托儿所幼儿园卫生保健管理办法》第十条规定，托幼机构应当根据规模、接收儿童数量等设立相应的卫生室或者保健室，具体负责卫生保健工作。卫生室应当符合医疗机构基本标准，取得卫生行政部门颁发的《医疗机构执业许可证》。保健室不得开展诊疗活动，其配置应当符合保健室设置基本要求。安全设施设备包括消防设施（如灭火器、消火栓、疏散通道等）、防护设施（如护栏、门窗防护装置等）、监控设备等，以确保幼儿园的消防安全、防止幼儿意外受伤和保障园内的安全秩序。户外场地是幼儿进行户外活动和体育锻炼的重要空间，应具备一定的面积和适宜的场地条件，如铺设安全的地面材料、设置游乐设施和运动器材等，促进幼儿的身体发育和运动能力发展。

六、有必备的办学资金和稳定的经费来源

办学资金是幼儿园开办和初期运营的基础，用于购置教学设备、设施，招聘教职工，进行园舍装修和维护等。比如，需要购买适合幼儿年龄特点的玩具、教具、图书等教学资源，以及支付教职工的工资和福利待遇等。稳定的经费来源则是幼儿园持续发展的保障，确保幼儿园能够正常运转、不断提升教育质量和改善办学条件。经费来源可能包括保育教育收费、政府补贴、社会捐赠、举办者投入等多种渠道。

七、卫生评价合格

幼儿园的卫生条件，包括环境卫生、食品卫生、饮用水卫生等方面，都要符合相关卫生标准和要求。例如，幼儿园的食堂要保持清洁卫生，食品采购、加工、储存等环节要符合食品安全规定；幼儿的饮用水要保证安全、卫生；园内的公共区域和教室等要定期进行清洁和消毒，以防止传染病的传播；卫生评价合格中包含相应的环保要求，如幼儿园室内环境中的甲醛、苯及苯系物等检测结果符合国家要求。

《托儿所幼儿园卫生保健管理办法》第八条第一款规定，新设立的托幼机构，招生前应当取得县级以上地方人民政府卫生行政部门指定的医疗卫生机构出具的符合《托儿所幼儿园卫生保健工作规范》的卫生评价报告。《托儿所幼儿园卫生保健工作规范》对卫生评价标准作出具体规定，例如在环境卫生方面规定：1. 园（所）内建筑物、户外场地、绿化用地及杂物堆放场地等总体布局合理，有明确功能分区。2. 室外活动场地地面应平整、防滑，无障碍，无尖锐突出物。3. 活动器材安全性符合国家相关规定。园（所）内严禁种植有毒、带刺的植物。4. 室内环境的甲醛、苯及苯系物等检测结果符合国家要求。5. 室内空气清新、光线明亮，安装防蚊蝇等有害昆虫的设施。6. 每班有独立的厕所、盥洗室。每班厕所内设有污水池，盥洗室内有洗涤池。7. 盥洗室内有流动水洗手装置，水龙头数量和间距设置合理。在个人卫生方面规定：1. 保证儿童每人每日1巾1杯专用，并有相应消毒设施。寄宿制儿童每人有专用洗漱用品。2. 每班应当有专用的儿童水杯架、饮水设施及毛巾架，标识清楚，毛巾间距合理。3. 儿童有安全、卫生、独自使用的床位和被褥。在食堂卫生方面规定：1. 食堂按照《餐饮服务许可审查规范》建设，必须获得《餐饮服务许可证》。2. 园（所）内应设置区域性餐饮具集中清洗消毒间，消毒后有保洁存放设施。应当配有食物留样专用冰箱，并有专人管理。3. 炊事人员与儿童配备比例：提供每日三餐一点的托幼机构应当达到1∶50，提供每日一餐二点或二餐一点的1∶80。

八、法律法规规定的其他条件

这是一个兜底条款，为适应不同地区、不同情况下的特殊要求或未来可能出现的新情况预留了空间。除上述明确列举的条件外，如果其他法律法规对幼儿园的设立另有规定，也需要满足相应的条件。比如，某些地区可能根据当地的实际情况，要求幼儿园具备一定的信息化建设条件，或者在环保、节能等方面达到特定的标准。

此外，需要注意的是，本法施行后，国务院及其有关部门、地方可能会制定有关学前教育的法规、规章或者修改现行规定，设立幼儿园应当满足有关方面的最新要求。

◆ **相关规定**

《中华人民共和国教育法》第 27 条;《中华人民共和国未成年人保护法》第 35 条;《幼儿园管理条例》第 8 条;《幼儿园工作规程》第 11 条;《托儿所幼儿园卫生保健管理办法》第 10 条;《托儿所幼儿园卫生保健工作规范》

第三十条 设立幼儿园经县级人民政府教育行政部门依法审批、取得办学许可证后,依照有关法律、行政法规的规定进行相应法人登记。

◆ **条文主旨**

本条是关于幼儿园设立程序的规定。

◆ **条文释义**

《中华人民共和国教育法》第二十八条规定,学校及其他教育机构的设立、变更和终止,应当按照国家有关规定办理审核、批准、注册或者备案手续。本条在上述规定的基础上,明确了幼儿园的设立程序:一是经县级人民政府教育行政部门依法审批,二是取得办学许可证,三是依照有关法律、行政法规的规定进行相应法人登记。

一、设立幼儿园应当经有关部门依法审批

《中华人民共和国行政许可法》第二十九条中规定:"公民、法人或者其他组织从事特定活动,依法需要取得行政许可的,应当向行政机关提出申请。"根据本条规定,设立幼儿园应当经有关部门依法审批,属于需要取得行政许可方可从事的特定活动,应当符合《中华人民共和国行政许可法》的有关规定。同时,本法和国务院有关文件对负责幼儿园审批和管理工作的行政机关已作了规定。例如,本法第九条第一款中规定:"县级以上人民政府教育行政部门负责学前教育管理和业务指导工作。"《国务院关于当前发展学前教育的若干意见》中规定:"县级教育行政部门负责审批各类幼儿园,建立幼儿园信息管理系统,对幼儿园实行动态监管。"因此,设立各类幼儿园应当向当地县级人民政府教育行政部门提出申请,提交相关材料,由县级人民政府教育行政部门根据法律、行政法规等规定依法审批。未经审批，不得擅自设立幼儿园。

二、设立幼儿园应当取得办学许可证

《中共中央 国务院关于学前教育深化改革规范发展的若干意见》中规定："幼儿园审批严格执行'先证后照'制度，由县级教育部门依法进行前置审批，取得办园许可证后，到相关部门办理法人登记。"《国务院关于当前发展学前教育的若干意见》中规定："未取得办园许可证和未办理登记注册手续，任何单位和个人不得举办幼儿园。"因此，设立各类幼儿园都应当先取得当地县级人民政府教育行政部门颁发的幼儿园办学许可证。实践中，无论是公办幼儿园还是民办幼儿园，大部分经县级人民政府教育行政部门审批的幼儿园已拥有办学许可证。如有已经县级人民政府教育行政部门审批但未取得办学许可证的幼儿园，应当按照规定限期补办。

幼儿园办学许可证一般应载明下列事项：一是幼儿园的名称、地址、校长或者法定代表人、办学类型等基本信息；二是幼儿园办学的主管部门、证书编号、颁发日期等信息；三是幼儿园办学许可证明的有效期和证明印章等。

三、设立幼儿园应当进行法人登记

幼儿园经审批、取得办学许可证后，还应当依法办理相应登记手续，取得法人资格。根据《中华人民共和国民法典》的规定，我国的法人类型主要分为以下几种：一是营利法人，即以取得利润并分配给股东等出资人为目的成立的法人。包括有限责任公司、股份有限公司和其他企业法人等。二是非营利法人，即为公益目的或者其他非营利目的成立，不向出资人、设立人或者会员分配所取得利润的法人。包括事业单位、社会团体、基金会、社会服务机构等。三是特别法人，即具有特殊性质的法人。包括机关法人、农村集体经济组织法人、城镇农村的合作经济组织法人、基层群众性自治组织法人。

幼儿园经县级人民政府教育行政部门依法审批、取得办学许可证后，根据其办学性质和组织类型，一般可以登记为营利法人和非营利法人。依照《中华人民共和国公司法》《民办非企业单位登记管理暂行条例》《事业单位登记管理暂行条例》等法律、行政法规的规定，营利性民办幼儿园属于营利法人，可以登记为有限责任公司或者股份有限公司，由市场监督管理部门负责法人登记；非营利性民办幼儿园属于非营利法人，应当根据其性质和类型，分别登记为事业单位或者社会服务机构（也称民办非企业单位），分别由机构编制管理机关、民政部门进行相应法人登记。

◆ **相关规定**

《中华人民共和国民法典》第76条、第87条、第96条；《中华人民共和国教育法》第28条；《中华人民共和国行政许可法》第29条；《中共中央 国务院关于学前教育深化改革规范发展的若干意见》；《国务院关于当前发展学前教育的若干意见》

第三十一条 幼儿园变更、终止的，应当按照有关规定提前向县级人民政府教育行政部门报告并向社会公告，依法办理相关手续，妥善安置在园儿童。

◆ **条文主旨**

本条是关于幼儿园变更、终止的规定。

◆ **条文释义**

学前教育法草案审议过程中，有的地方和社会公众提出，实践中有的幼儿园突然关闭，未能妥善安置在园儿童，且拒不退还已缴费用，严重损害学前儿童及其家长的合法权益，应对这类行为予以规范。因此，本条对幼儿园变更、终止作了相关规定，明确幼儿园变更、终止的三个要求：一是按照规定提前向教育行政部门报告并向社会公告；二是依法办理相关手续；三是妥善安置在园儿童。

一、幼儿园的变更、终止的原因

近些年，有的地方出现幼儿园变更或者关停的情况，主要有几个方面的原因：一是近些年出生人口数量持续下降，导致有的幼儿园没有招收到足够数量的孩子，难以维持幼儿园的日常运营；二是由于我国城镇化进程加快，农村幼儿园面临生源减少和人才匮乏的双重压力，有的只能被撤园或者合并；三是由于学前教育行业竞争激烈，有的幼儿园缺乏长远规划和专业经营能力，靠低水平运转获取收益，在"行业内卷"的形势下这些幼儿园丧失竞争力无奈退出市场；四是由于近些年学前教育政策的调整，对幼儿园的软硬件设施、保育教育内容等方面提出了更高的要求，进一步严格幼儿园的准入门槛和日常管理，使得部分幼儿园因无法达标而关停。

此外，有些幼儿园由于负责人变化、房租到期需要另寻地址、办学方向调整等原因，也需要变更名称、地址、法定代表人信息等。

二、幼儿园变更、终止的相关要求

幼儿园的变更或者终止，可能导致其所在区域的学前教育资源出现暂时性短缺，部分幼儿面临"入学难"或者难以就近方便入园的问题。因此，本条规定了幼儿园变更、终止的相关要求。

（一）按照规定提前向教育行政部门报告并向社会公告

本法第九条第一款中规定："县级以上人民政府教育行政部门负责学前教育管理和业务指导工作。"第二十五条中规定："县级以上地方人民政府应当以县级行政区划为单位制定幼儿园布局规划"，"县级以上地方人民政府应当按照国家有关规定，结合本地实际，在幼儿园布局规划中合理确定普惠性幼儿园覆盖率"。第二十六条第一款中规定："新建居住区等应当按照幼儿园布局规划等相关规划和标准配套建设幼儿园。"县级人民政府教育行政部门需要提前了解所在行政区域内各幼儿园的运行情况，确保学前教育资源配置合理、规划布局科学。同时，学前儿童家长和其他社会公众对幼儿园的运行情况也有知情权。因此，本条规定幼儿园变更、终止的，应当按照教育部门规定的有关程序和时间要求，提前向属地县级人民政府教育行政部门报告并向社会公告，确保县级人民政府教育行政部门、学前儿童家长和其他社会公众及时了解幼儿园即将变更、终止的情况，做好相应准备。

（二）依法办理相关手续

《中华人民共和国教育法》第二十八条规定："学校及其他教育机构的设立、变更和终止，应当按照国家有关规定办理审核、批准、注册或者备案手续。"《幼儿园管理条例》第十二条规定："城市幼儿园的举办、停办、由所在区、不设区的市的人民政府教育行政部门登记注册。农村幼儿园的举办、停办，由所在乡、镇人民政府登记注册，并报县人民政府教育行政部门备案。"因此,本条规定幼儿园变更、终止的,应当向县级人民政府教育行政部门依法办理登记、备案等行政手续,以及与学前儿童家长协商办理费用返还、权益赔偿等民事合同有关手续。

(三) 妥善安置在园儿童

幼儿园关闭后会对在园学前儿童产生较大影响,这些在园儿童需要尽快另寻幼儿园接收继续学前教育。此外,学前儿童及其家长选择幼儿园接受保育教育通常会考虑多种因素,例如幼儿园距离家庭所在地的远近、幼儿园的办学特色、保育教育费用、学习生活环境等。而对于需要更换幼儿园的这些学前儿童来说,需要重新适应新的同学、新的老师和新的园所环境,无疑也是一种挑战。因此,本条规定幼儿园变更、终止的,应当妥善安置在园儿童,确保每位幼儿都能顺利地就近转移到其他幼儿园继续接受学前教育。我国其他教育法律中也有类似规定,例如《中华人民共和国民办教育促进法》第五十七条中规定:"民办学校终止时,应当妥善安置在校学生。"

◆ **相关规定**

《中华人民共和国教育法》第 28 条;《中华人民共和国学前教育法》第 9 条、第 25 条、第 26 条;《中华人民共和国民办教育促进法》第 57 条;《幼儿园管理条例》第 12 条

第三十二条 学前教育机构中的中国共产党基层组织,按照中国共产党章程开展党的活动,加强党的建设。

公办幼儿园的基层党组织统一领导幼儿园工作,支持园长依法行使职权。民办幼儿园的内部管理体制按照国家有关民办教育的规定确定。

◆ **条文主旨**

本条是关于学前教育机构中基层党组织的规定。

◆ **条文释义**

本法第四条第一款规定:"学前教育应当坚持中国共产党的领导,坚持

社会主义办学方向，贯彻国家的教育方针。"为加强党对学前教育工作的领导，确保党的教育方针在学前教育领域深入贯彻，确保立德树人根本任务落实到位，确保学前教育始终沿着正确方向发展。本条对幼儿园等学前教育机构中基层党组织建设作了规定：一是基层党组织按照党章开展党的活动，加强党的建设；二是对公办幼儿园和民办幼儿园的内部管理体制作了规定。

一、学前教育机构中的基层党组织的党建活动要求

本条第一款规定旨在加强幼儿园等学前教育机构中的基层党组织的党的建设，强化思想引领，把握社会主义办学方向。其他法律也有类似的规定，例如《中华人民共和国民办教育促进法》第九条规定："民办学校中的中国共产党基层组织，按照中国共产党章程的规定开展党的活动，加强党的建设。"

《中国共产党章程》第三十条第一款规定："企业、农村、机关、学校、医院、科研院所、街道社区、社会组织、人民解放军连队和其他基层单位，凡是有正式党员三人以上的，都应当成立党的基层组织。"因此，学前教育机构符合党章有关规定的条件的，都应当成立基层党组织。同时，《中国共产党章程》第三十二条规定了党的基层组织的基本任务。根据党中央有关精神和本条规定，学前教育机构中的中国共产党基层组织，要按照党章的规定开展党的活动，加强党的建设，紧紧围绕党章赋予基层党组织的基本任务开展工作，全面加强思想建设、组织建设、作风建设、反腐倡廉建设和制度建设，增强政治意识、大局意识、核心意识、看齐意识。

二、幼儿园的内部管理体制

（一）公办幼儿园的内部管理体制

本条第二款中规定，公办幼儿园的基层党组织统一领导幼儿园工作，支持园长依法行使职权。《关于建立中小学校党组织领导的校长负责制的意见（试行）》中规定："实行中小学校党组织领导的校长负责制，必须发挥党组织领导作用，保证校长依法依规行使职权，建立健全党组织统一领导、党政分工合作、协调运行的工作机制……本意见适用于具有独立法人资格且设立党的基层委员会、总支部委员会、支部委员会的公办中小学校（含中等职业学校），公办幼儿园参照执行。"公办幼儿园应全面加强党的领导，加强基层党组织建设，加强学校党建工作。公办幼儿园的基层党组织要把握政治方向,坚持社会主义办学方向,贯彻国家的教育方针,落实立德树人根本任务。同时,公办幼儿园的基层党组织也应当支持幼儿园园长依法行使职权,切实履职尽责。

(二)民办幼儿园的内部管理体制

本条第二款中规定,民办幼儿园的内部管理体制按照国家有关民办教育的规定确定。《中华人民共和国民办教育促进法》第二十条规定:"民办学校应当设立学校理事会、董事会或者其他形式的决策机构并建立相应的监督机制。民办学校的举办者根据学校章程规定的权限和程序参与学校的办学和管理。"第二十二条、第二十五条规定了民办学校理事会或者董事会、校长的职权。同时《中华人民共和国民办教育促进法实施条例》第二十六条中规定,民办学校的理事会、董事会或者其他形式决策机构应当由举办者或者其代表、校长、党组织负责人、教职工代表等共同组成。民办幼儿园应当按照国家有关民办教育的规定确定的内部管理体制,在幼儿园教育中全面贯彻党和国家的教育方针,为培养德智体美劳全面发展的社会主义建设者和接班人奠定基础。

◆ **相关规定**

《中国共产党章程》第 30 条、第 32 条;《中华人民共和国民办教育促进法》第 9 条、第 20 条、第 22 条、第 25 条;《关于建立中小学校党组织领导的校长负责制的意见(试行)》

第三十三条 幼儿园应当保障教职工依法参与民主管理和监督。

幼儿园应当设立家长委员会,家长委员会可以对幼儿园重大事项决策和关系学前儿童切身利益的事项提出意见和建议,对幼儿园保育教育工作和日常管理进行监督。

◆ **条文主旨**

本条是关于幼儿园民主管理和监督的规定。

◆ **条文释义**

本条对幼儿园民主管理和监督作了规定：一是教职工依法参与民主管理和监督；二是设立家长委员会对幼儿园进行监督。

一、教职工依法参与民主管理和监督

幼儿园教职工参与本园的民主管理和监督，既是宪法有关规定和精神的具体体现，也是幼儿园凝聚全体教职工力量，促进幼儿园各项工作高质量发展的有效方式。《幼儿园工作规程》第五十八条规定："幼儿园应当建立教职工大会制度或者教职工代表大会制度，依法加强民主管理和监督。"其他法律法规中也有相关规定，例如《中华人民共和国教育法》第三十一条第三款规定："学校及其他教育机构应当按照国家有关规定，通过以教师为主体的教职工代表大会等组织形式，保障教职工参与民主管理和监督。"《中华人民共和国民办教育促进法》第二十七条第一款规定："民办学校依法通过以教师为主体的教职工代表大会等形式，保障教职工参与民主管理和监督。"此外，《中华人民共和国教师法》第七条关于教师的权利中也规定，教师享有对学校教育教学、管理工作和教育行政部门的工作提出意见和建议，通过教职工代表大会或者其他形式，参与学校的民主管理的权利。

幼儿园保障教职工参与民主管理和监督的方式之一是建立幼儿园教职工代表大会。《学校教职工代表大会规定》第三条、第七条规定：学校教职工代表大会是教职工依法参与学校民主管理和监督的基本形式。学校应当建立和完善教职工代表大会制度。教职工代表大会的职权包括：听取学校章程草案的制定和修订情况报告，提出修改意见和建议；听取学校发展规划、教职工队伍建设、教育教学改革、校园建设以及其他重大改革和重大问题解决方案的报告，提出意见和建议；听取学校年度工作、财务工作、工会工作报告以及其他专项工作报告，提出意见和建议；讨论通过学校提出的与教职工利益直接相关的福利、校内分配实施方案以及相应的教职工聘任、考核、奖惩办法；审议学校上一届（次）教职工代表大会提案的办理情况报告；按照有关工作规定和安排评议学校领导干部；通过多种方式对学校工作提出意见和建议，监督学校章程、规章制度和决策的落实，提出整改意见和建议；讨论法律法规规章规定的以及学校与学校工会商定

二、设立家长委员会对幼儿园进行监督

家长委员会是由学校组织家长，按照一定的民主程序，本着公正、公平、公开的原则，在自愿的基础上，选举出能代表全体家长意愿的在校学生家长组成。《中共中央 国务院关于学前教育深化改革规范发展的若干意见》中规定："充分发挥幼儿园家长委员会作用，推动家长有效参与幼儿园重大事项决策和日常管理。"《幼儿园工作规程》第五十四条规定："幼儿园应当成立家长委员会。家长委员会的主要任务是：对幼儿园重要决策和事关幼儿切身利益的事项提出意见和建议；发挥家长的专业和资源优势，支持幼儿园保育教育工作；帮助家长了解幼儿园工作计划和要求，协助幼儿园开展家庭教育指导和交流。家长委员会在幼儿园园长指导下工作。"教育部等十三部门印发的《关于健全学校家庭社会协同育人机制的意见》中规定："建立健全学校家庭教育指导委员会、家长学校和家长委员会，落实家长会、学校开放日、家长接待日等制度……充分发挥家长委员会的桥梁纽带作用，以多种形式听取家长对学校工作的意见建议；加强家长委员会工作指导，明晰工作职责，完善工作制度，规范工作行为，严格家长通讯群组信息发布管理，严禁以家长委员会名义违规收费。"

因此，本条规定幼儿园应当设立家长委员会，家长委员会可以对幼儿园重大事项决策和关系学前儿童切身利益的事项提出意见和建议，对幼儿园保育教育工作和日常管理进行监督，共同提高幼儿园保育教育质量。同时，家长委员会成员应具有正确教育观念，热心学校教育工作，富有奉献精神，有一定的组织管理和协调能力，善于听取意见、办事公道、责任心强，能赢得其他家长的信赖。

◆ **相关规定**

《中华人民共和国教育法》第 31 条；《中华人民共和国民办教育促进法》第 27 条；《中华人民共和国教师法》第 7 条；《中共中央 国务院关于学前教育深化改革规范发展的若干意见》；《幼儿园工作规程》第 54 条、第 58 条；《学校教职工代表大会规定》第 3 条；《关于健全学校家庭社会协同育人机制的意见》

第三十四条 任何单位和个人不得利用财政性经费、国有资产、集体资产或者捐赠资产举办或者参与举办营利性民办幼儿园。

公办幼儿园不得转制为民办幼儿园。公办幼儿园不得举办或者参与举办营利性民办幼儿园和其他教育机构。

以中外合作方式设立幼儿园，应当符合外商投资和中外合作办学有关法律法规的规定。

◆ **条文主旨**

本条是关于举办幼儿园的限制性规定。

◆ **条文释义**

考虑到学前教育公益普惠的属性定位，本条对举办幼儿园作了限制性规定，同时还规定，以中外合作方式设立幼儿园应符合外商投资和中外合作办学的有关规定。

一、不得利用财政性经费、国有资产、集体资产或者捐赠资产举办或者参与举办营利性民办幼儿园

财政性经费、国有资产、集体资产、捐赠资产都具有一定的公共属性，从不同方面为社会发展和公共事业的推进提供支持和保障。学前教育是重要的公益事业，《中共中央 国务院关于学前教育深化改革规范发展的若干意见》和本法都明确学前教育发展要坚持公益普惠基本方向，因此，财政性经费、国有资产、集体资产或者捐赠资产投入学前教育的目的是促进学前教育事业发展，扩大普惠性学前教育资源供给，而非追求投入回报。营利性幼儿园追求商业利益和盈利目标。如果将以上公共性资产用于举办营利性民办幼儿园，就会偏离其应有的公共服务导向，无法确保公共性资产真正服务于社会大众的公共利益需求，可能造成国有资产、集体资产的流失和滥用，不利于社会公益事业的健康发展。因此，本条明确规定不得利用财政性经费、国有资产、集体资产或者捐赠资产举办或者参与举办营利性民办幼儿园。

二、公办幼儿园不得转制为民办幼儿园

公办幼儿园是利用财政性经费或者国有资产、集体资产等举办的幼儿园，服务于社会公众，发挥着保基本、兜底线、引领方向、平抑收费的主渠道作用。建设高质量的学前教育体系，维护教育的公益性和公平性，稳步增加优质公办学前教育资源供给，规范公办学前教育资源的使用，是让人民群众享受更优质学前教育资源，切实减轻家庭的教育负担，保障适龄儿童接受学前教育权利的重要举措。因此，公办幼儿园既是普惠性学前教育资源的主要组成部分，又是政府主导学前教育发展的重要实践载体。《中共中央 国务院关于学前教育深化改革规范发展的若干意见》还对公办园在园幼儿的占比提出了明确要求。将公办幼儿园转制为民办幼儿园，有可能带来国有资产或集体资产流失、增加家庭教育负担等一系列问题。因此，本条明确规定公办幼儿园不得转制为民办幼儿园。

三、公办幼儿园不得举办或者参与举办营利性民办幼儿园和其他教育机构

公办幼儿园是普惠性学前教育资源的主要组成部分，其资产属于国有资产或集体资产，其目标是服务于人民群众普惠性的学前教育需求，而不是举办或参与举办营利性幼儿园并获得收益。公办幼儿园的发展要坚持公益普惠的基本方向，在确保公办资源不流失、面向社会提供基本公共服务、不增加群众负担的前提下，提高公办园的运转能力，提升幼儿园的保育教育质量，提供更优质、更普惠的学前教育资源供给。公办幼儿园举办或者参与举办营利性民办幼儿园和其他教育机构与公办幼儿园的定位和发展方向不符，且与本条第一款规定的不得利用国有资产、集体资产等举办或者参与举办营利性民办幼儿园的原则相违背，因此，本条予以明确禁止。其中，其他教育机构指的是营利性的幼小衔接机构、培训机构等以营利为目的的教育机构。

四、关于以中外合作方式设立幼儿园

以中外合作方式设立幼儿园，即外国教育机构同中国教育机构在中国境内合作举办以中国公民为主要招生对象的幼儿园。我国现行法律法规允许中外合作办学，也对其进行了较为具体的要求。以中外合作方式设立幼儿园属于中外合作办学的一种形式，在符合本法规定的同时，也应当符合外商投资、中外合作办学的相关法律法规，主要包括《中华人民共和国外商投资法》《中华人民共和国外商投资法实施条例》《中华人民共和国中外合作办学条例》《中华人民共和国中外合作办学条例实施办法》等。

◆ **相关规定**

《中华人民共和国外商投资法》；《中华人民共和国外商投资法实施条例》；《中华人民共和国中外合作办学条例》；《中华人民共和国中外合作办学条例实施办法》

第三十五条 社会资本不得通过兼并收购等方式控制公办幼儿园、非营利性民办幼儿园。

幼儿园不得直接或者间接作为企业资产在境内外上市。上市公司不得通过股票市场融资投资营利性民办幼儿园，不得通过发行股份或者支付现金等方式购买营利性民办幼儿园资产。

◆ **条文主旨**

本条是关于遏制社会资本在学前教育领域过度逐利的限制性规定。

◆ **条文释义**

学前教育是国民教育体系的重要组成部分，是重要的社会公益事业。本条明确了社会资本不得通过兼并收购等方式控制公办幼儿园、非营利性民办幼儿园。幼儿园不得直接或者间接作为企业资产在境内外上市。上市公司不得通过股票市场融资投资营利性民办幼儿园，不得通过发行股份或者支付现金等方式购买营利性民办幼儿园资产。

一、社会资本不得通过兼并收购等方式控制公办幼儿园、非营利性民办幼儿园

《中共中央 国务院关于学前教育深化改革规范发展的若干意见》明确规定，社会资本不得通过兼并收购、受托经营、加盟连锁、利用可变利益实体、协议控制等方式控制国有资产或集体资产举办的幼儿园、非营利性幼儿园。公办幼儿园和非营利性民办幼儿园是提供普惠性学前教育资源的主体，是学前教育公共服务的"基本盘"。如果允许社会资本通过兼并收购等方式控制公办幼儿园和非营利性民办幼儿园，公办幼儿园和非营利性民办园有可能变为社会资本获得利润的工具，形成垄断导致高收费逐利，增加老百姓教育负担。

二、幼儿园不得直接或者间接作为企业资产在境内外上市

上市是企业在资本市场公开募集资金并接受公众监管的重要方式，其股权可在公开市场上自由交易，是企业扩大资金来源的途径之一。尽管上市能够为幼儿园带来资金支持，但上市企业的经营目标必须服从股东对利润和股价增长的要求，必然导致股东利益优先，教育质量向财务报表让位，如提高学费、削减教师薪酬或推出高利润的收费课程等，最终与学前教育作为重要社会公益事业的属性定位相违背。《中共中央 国务院关于学前教育深化改革规范发展的若干意见》明确规定，民办园一律不准单独或作为一部分资产打包上市。公办幼儿园，作为各级人民政府利用财政性经费或者国有资产等举办或者支持举办的幼儿园，不得作为企业资产在境内外上市更是应有之义。因此，本法明确规定，幼儿园，即无论是公办幼儿园还是民办幼儿园，均不得直接或者间接作为企业资产在境内外上市。

三、上市公司不得通过股票市场融资投资营利性民办幼儿园，不得通过发行股份或者支付现金等方式购买营利性民办幼儿园资产

《中华人民共和国民办教育促进法》第三条第一款规定，民办教育事业属于公益性事业，是社会主义教育事业的组成部分。《中共中央 国务院关于学前教育深化改革规范发展的若干意见》明确规定遏制学前教育过度逐利行为。融资是企业资金筹集和配置的行为与过程，按资金融通方式不同可以分为直接融资和间接融资。从根本上讲，融资是企业为了自身发展和经营需要，通过这种配置和筹集资金的手段，实现资源优化和价值的最大化，它的终极目标是指向企业利润以及股东价值回报的最大化。因此上市公司无论是通过融资投资营利性民办幼儿园，还是通过发行股份或者支付现金等方式购买营利性民办幼儿园资产，都可能导致资本追求短期效益、利润最大化而影响幼儿园长期、持续发展。

◆ **相关规定**

《中华人民共和国民办教育促进法》第3条；《中共中央 国务院关于学前教育深化改革规范发展的若干意见》

第四章 教职工

本章是关于幼儿园教职工的规定。幼儿园教职工包括幼儿园园长、教师、保育员、卫生保健人员、安全保卫人员和其他工作人员,是学前教育的重要组成部分,在学前教育中扮演着至关重要的角色。本章对幼儿园教职工的从业资格、职称评聘、工资福利、职业培训等方面作了规定,更好地明确教职工的权利义务。

第三十六条 幼儿园教师应当爱护儿童,具备优良品德和专业能力,为人师表,忠诚于人民的教育事业。

全社会应当尊重幼儿园教师。

◆ **条文主旨**

本条是关于幼儿园教师基本要求和职业地位的规定。

◆ **条文释义**

教师承担着传播知识、传播思想、传播真理的历史使命,肩负着塑造灵魂、塑造生命、塑造人的时代重任,是教育发展的第一资源,是国家富强、民族振兴、人民幸福的重要基石。《中华人民共和国教育法》第三十三条规定:"教师享有法律规定的权利,履行法律规定的义务,忠诚于人民的教育事业。"因此,本条针对学前教育的特点,对幼儿园教师应当遵守的基本要求以及全社会对幼儿园教师的态度等作了规定。

一、对幼儿园教师的基本要求

幼儿园教师是履行幼儿园教育教学工作职责的专业人员,需要经过严格的培养与培训,具有良好的职业道德,掌握系统的专业知识和专业技能。高素质的幼儿园教师队伍是实施高质量学前教育的关键因素。《中华人民共和国教师法》第三条规定:"教师是履行教育教学职责的专业人员,承担教书育人,培养社会主义事业建设者和接班人、提高民族素质的使命。教师应当忠诚于人民的教育事业。"《幼儿园工作规程》第三十九条第一款规定:"幼儿园教职工应当贯彻国家教育方针,具有良好品德,热爱教育事业,尊重和爱护幼儿,具有专业知识和技能以及相应的文化和专业素养,为人师表,忠于职责,身心健康。"

《幼儿园教师专业标准(试行)》中对幼儿园教师的专业素质的基本要求作了规定,包括:一是应当师德为先。热爱学前教育事业,具有职业理想,践行社会主义核心价值体系,履行教师职业道德规范,依法执教。关爱幼儿,尊重幼儿人格,富有爱心、责任心、耐心和细心;为人师表,教书育人,自尊自律,做幼儿健康成长的启蒙者和引路人。二是应当幼儿为本。尊重幼儿权益,以幼儿为主体,充分调动和发挥幼儿的主动性;遵循幼儿身心发展特点和保教活动规律,提供适合的教育,保障幼儿快乐健康成长。三是应当能力为重。把学前教育理论与保教实践相结合,突出保教实践能力;研究幼儿,遵循幼儿成长规律,提升保教工作专业化水平;坚持实践、反思、再实践、再反思,不断提高专业能力。四是应当终身学习。学习先进学前教育理论,了解国内外学前教育改革与发展的经验和做法;优化知识结构,提高文化素养;具有终身学习与持续发展的意识和能力,做终身学习的典范。

《中华人民共和国教育法》第三十三条和《中华人民共和国教师法》第三条中都规定,教师应当忠诚于人民的教育事业。这意味着教师对我们党和国家的教育工作要忠心耿耿,尽心尽力,这不只是教师个人的意愿、行为,也是全党、全社会对教师的共同要求。我国教育的社会主义性质、社会主义道德的基本原则,以及教育在社会主义建设中的地位与作用,决定了教师必须忠诚于人民的教育事业。忠诚于人民教育事业是我国教师职业道德的基本原则,忠诚于人民的教育事业,要求全体教师要忠诚于我们社会主义国家的根本利益,坚定不移地贯彻执行社会主义的教育方针、政策,把青少年一代培育成为有理想、有道德、有文化、有纪律,适应社会发展需要的时代新人。学前教育是终身学习的开端,是国民教育体系的重要组成部分,是重要的社会公益事业。办好学前教育、实现幼有所育,是为老百姓办实事的重大民生工程，关系亿万儿童健康成长，关系社会和谐稳定，关系国家事业的未来。因此，幼儿园教师应当忠诚于人民的学前教育事业，贯彻党和国家教育方针政策，遵守教育法律法规，培养德智体美劳全面发展的新时代学前儿童。

二、全社会应当尊重幼儿园教师

教师是人类历史上最古老的职业之一，也是最伟大、最神圣的职业之一。教师是立教之本、兴教之源，承担着让每个孩子健康成长、办好人民满意教育的重任。新中国成立以来，党和国家高度重视教育事业，建成世界最大规模且有质量的教育体系，保障了亿万人民群众受教育的权利，极大提高了全民族素质，有力推动了经济社会发展。长期以来，广大教师自觉贯彻党的教育方针，教书育人，呕心沥血，默默奉献，为国家发展和民族振兴做出了巨大贡献，赢得了全社会广泛赞誉和普遍尊重。

自古以来，中华民族就有尊师重教、崇智尚学的优良传统。党的十八大以来，习近平总书记围绕尊师重教多次发表重要论述，充分体现了我们党在推进建设教育强国实践中，把尊师重教摆在全局工作中的重要位置，不断深化对尊师重教的当代内涵认识，为加快建设中国特色社会主义教育强国指明了前进方向，提供了根本遵循与行动指南。2024年9月，习近平总书记在全国教育大会上强调，要提高教师政治地位、社会地位、职业地位，加强教师待遇保障，维护教师职业尊严和合法权益，让教师享有崇高社会声望、成为最受社会尊重的职业之一。

《中华人民共和国教育法》第四条第三款、《中华人民共和国教师法》第四条第二款中都规定了全社会应当尊重教师。根据2023年全国教育事业发展统计，全国在独立设置的幼儿园和其他学校附设幼儿班中承担学前教育的专任教师共计307.37万人。这些幼儿园教师在教师岗位上默默奉献、辛勤耕耘，为一批批学前儿童健康快乐成长，养成良好的行为习惯和意志品质付出了心血和汗水。因此，本条第二款强调，全社会应当尊重幼儿园教师，提高幼儿园教师的职业荣誉感和社会地位。

◆ **相关规定**

《中华人民共和国教育法》第4条、第33条；《中华人民共和国教师

法》第 3 条、第 4 条;《幼儿园工作规程》第 39 条;《幼儿园教师专业标准（试行）》

第三十七条 担任幼儿园教师应当取得幼儿园教师资格；已取得其他教师资格并经县级以上地方人民政府教育行政部门组织的学前教育专业培训合格的，可以在幼儿园任教。

◆ **条文主旨**

本条是关于幼儿园教师资质的规定。

◆ **条文释义**

《中华人民共和国教育法》第三十五条规定："国家实行教师资格、职务、聘任制度，通过考核、奖励、培养和培训，提高教师素质，加强教师队伍建设。"《中华人民共和国教师法》第十条第一款规定："国家实行教师资格制度。"根据上述规定，担任幼儿园教师需要具备一定的前提条件。因此，本条根据学前教育发展现状和特点，对担任幼儿园教师的条件规定了两种情形：一是取得幼儿园教师资格；二是取得其他教师资格，并经学前教育专业培训合格。

一、取得幼儿园教师资格的条件

《中华人民共和国教师法》第十条第二款规定："中国公民凡遵守宪法和法律，热爱教育事业，具有良好的思想品德，具备本法规定的学历或者经国家教师资格考试合格，有教育教学能力，经认定合格的，可以取得教师资格。"第十一条中规定："取得幼儿园教师资格，应当具备幼儿师范学校毕业及其以上学历。"《教师资格条例》对幼儿园教师资格考试和资格认定作了详细规定。

1. 幼儿园教师资格考试。《教师资格条例》第九条中规定："教师资格考试科目、标准和考试大纲由国务院教育行政部门审定。教师资格考试试卷的编制、考务工作和考试成绩证明的发放，属于幼儿园、小学、初级中学、高级中学、中等职业学校教师资格考试和中等职业学校实习指导教师资格考试的，由县级以上人民政府教育行政部门组织实施。"第十条规定：

"幼儿园、小学、初级中学、高级中学、中等职业学校的教师资格考试和中等职业学校实习指导教师资格考试，每年进行一次。参加前款所列教师资格考试，考试科目全部及格的，发给教师资格考试合格证明；当年考试不及格的科目，可以在下一年度补考；经补考仍有一门或者一门以上科目不及格的，应当重新参加全部考试科目的考试。"

2. 幼儿园教师资格认定。《教师资格条例》第十三条第一款中规定："幼儿园、小学和初级中学教师资格，由申请人户籍所在地或者申请人任教学校所在地的县级人民政府教育行政部门认定。"第十四条规定："认定教师资格，应当由本人提出申请。教育行政部门和受委托的高等学校每年春季、秋季各受理一次教师资格认定申请。具体受理期限由教育行政部门或者受委托的高等学校规定，并以适当形式公布。申请人应当在规定的受理期限内提出申请。"第十五条规定："申请认定教师资格，应当提交教师资格认定申请表和下列证明或者材料：（一）身份证明；（二）学历证书或者教师资格考试合格证明；（三）教育行政部门或者受委托的高等学校指定的医院出具的体格检查证明；（四）户籍所在地的街道办事处、乡人民政府或者工作单位、所毕业的学校对其思想品德、有无犯罪记录等方面情况的鉴定及证明材料。申请人提交的证明或者材料不全的，教育行政部门或者受委托的高等学校应当及时通知申请人于受理期限终止前补齐。教师资格认定申请表由国务院教育行政部门统一格式。"第十六条规定："教育行政部门或者受委托的高等学校在接到公民的教师资格认定申请后，应当对申请人的条件进行审查；对符合认定条件的，应当在受理期限终止之日起30日内颁发相应的教师资格证书；对不符合认定条件的，应当在受理期限终止之日起30日内将认定结论通知本人。非师范院校毕业或者教师资格考试合格的公民申请认定幼儿园、小学或者其他教师资格的，应当进行面试和试讲，考察其教育教学能力；根据实际情况和需要，教育行政部门或者受委托的高等学校可以要求申请人补修教育学、心理学等课程。教师资格证书在全国范围内适用。教师资格证书由国务院教育行政部门统一印制。"

二、取得其他教师资格担任幼儿园教师的条件

《教师资格条例》第五条第一款中规定："取得教师资格的公民，可以

在本级及其以下等级的各类学校和其他教育机构担任教师。"但由于学前儿童年龄小、保育教育内容具有特殊性等原因,具有初高中或者小学教师资格的教师,不一定能直接够胜任幼儿园教师的岗位工作。实践中,有些取得小学、初级中学、高级中学等教师资格的教师,因各方面原因有去幼儿园任教的意愿,有的地方学前教育专任教师数量也存在缺口。为解决这一现实问题,2012 年,教育部、中央编办、财政部、人力资源社会保障部印发《关于加强幼儿园教师队伍建设的意见》,其中规定:"具有其他学段教师资格证书的教师到幼儿园工作,应在上岗前接受教育部门组织的学前教育专业培训。"这既为具有其他学段教师资格证书的教师到幼儿园工作提供了方式和途径,也从学前教育自身的特殊性方面提出了要求。因此,本次学前教育立法吸收了这项工作经验,明确规定已取得其他教师资格并经县级以上地方人民政府教育行政部门组织的学前教育专业培训合格的,可以在幼儿园任教。

此外,学前教育专业培训由县级以上地方人民政府教育行政部门组织,主要内容包括幼儿身体和心理知识、幼儿安全、常见儿童疾病的预防等各方面。例如,幼儿成长发展规律、幼儿教育理论和实践等方面的内容;幼儿身体健康、儿童安全以及常见儿童疾病的预防与治疗等知识;幼儿的心理特点和发展规律,幼儿心理健康的培养和幼儿行为问题的解决方法;幼儿教育活动的设计与指导,包括游戏、手工制作、绘画等方面的内容;等等。

◆ **相关规定**

《中华人民共和国教育法》第 35 条;《中华人民共和国教师法》第 10 条、第 11 条;《教师资格条例》第 5 条、第 9 条、第 10 条、第 13—16 条;《关于加强幼儿园教师队伍建设的意见》

第三十八条 幼儿园园长由其举办者或者决策机构依法任命或者聘任,并报县级人民政府教育行政部门备案。

幼儿园园长应当具有本法第三十七条规定的教师资格、大学专科以上学历、五年以上幼儿园教师或者幼儿园管理工作经历。

> 国家推行幼儿园园长职级制。幼儿园园长应当参加县级以上地方人民政府教育行政部门组织的园长岗位培训。

◆ **条文主旨**

本条是关于幼儿园园长任命、资质和培训的规定。

◆ **条文释义**

幼儿园园长的教育理念以及专业、管理和领导能力，直接关系幼儿园的办学质量和办学水平，关系幼儿园的生存和发展、成功与失败，关系幼儿的健康成长。因此，本条对幼儿园园长的任命、资质和培训作了规定：一是幼儿园园长由其举办者或者决策机构任命或者聘任并报教育行政部门备案；二是幼儿园园长应当具有相应的教师资格、学历和工作经历；三是国家推行幼儿园园长职级制；四是幼儿园园长应当参加园长岗位培训。

一、幼儿园园长的任命或者聘任

《幼儿园管理条例》第二十三条第二款规定："幼儿园园长由举办幼儿园的单位或个人聘任，并向幼儿园的登记注册机关备案。"《幼儿园工作规程》第四十条第二款规定："幼儿园园长由举办者任命或者聘任，并报当地主管的教育行政部门备案。"《教育部、中央编办、财政部、人力资源社会保障部关于加强幼儿园教师队伍建设的意见》中规定："教育部门办幼儿园园长由县级及以上教育行政部门聘任。企事业单位办、集体办、民办幼儿园园长由举办者按国家和地方相关规定聘任，报当地教育行政部门审核。"由于幼儿园的举办者存在教育部门、国有企业、事业单位、人民团体、街道、村集体、民营企业、个人等多种类型，实践中各类幼儿园园长的任命或者聘任并不完全相同。因此，本条第一款明确，幼儿园园长的任命或者聘任，由幼儿园的举办者或者决策机构依法进行。同时，县级人民政府教育行政部门对本行政区域内的幼儿园具有管理和业务指导职责，因此，幼儿园园长任命或者聘任后，还应当及时向县级人民政府教育行政部门备案。

二、幼儿园园长应当具有相应的教师资格、学历和工作经历

幼儿园园长负责幼儿园的全面工作，对幼儿园的发展和科学开展保育教育具有重要的作用，具有很强的专业性。因此，要对幼儿园园长的任职资格和条件予以严格要求。有关行政法规、部门规章等对幼儿园园长的任职资格和条件作了规定。例如，《幼儿园管理条例》第九条中规定："幼儿园园长、教师应当具有幼儿师范学校（包括职业学校幼儿教育专业）毕业程度，或者经教育行政部门考核合格。"《教育部、中央编办、财政部、人力资源社会保障部关于加强幼儿园教师队伍建设的意见》中规定："建立幼儿园园长任职资格制度。国家制订幼儿园园长专业标准和任职资格标准，提高园长专业化水平。"《全国幼儿园园长任职资格、职责和岗位要求（试行）》中规定："示范性幼儿园和乡镇中心幼儿园园长应具备幼儿师范学校（含职业学校幼教专业）毕业及其以上学历，有五年以上幼儿教育工作经历，并具有小学、幼儿园高级教师职务。其他幼儿园园长应具备幼儿师范学校（含职业学校幼教专业）毕业及以上学历或高中毕业并获得幼儿园教师专业考试合格证书，有一定幼儿教育工作经历，并具有小学、幼儿园一级教师职务。"本法总结实践经验和有关规定，明确幼儿园园长应当具有相应的教师资格，同时具有大学专科以上学历，以及具有五年以上幼儿园教师或者幼儿园管理工作经历。

需要注意的是，幼儿园园长"应当具有本法第三十七条规定的教师资格"，是指在教师资格方面，幼儿园园长与幼儿园教师一样，应当满足本法第三十七条规定的条件，即取得幼儿园教师资格，或者已取得其他教师资格并经县级以上地方人民政府教育行政部门组织的学前教育专业培训合格。

三、幼儿园园长职级制

《中小学校领导人员管理暂行办法》第二十八条规定："加快推行中小学校长职级制改革，拓宽职业发展空间，促进校长队伍专业化建设。"2018年，《中共中央 国务院关于全面深化新时代教师队伍建设改革的意见》再次强调："深化中小学教师职称和考核评价制度改革……推行中小学校长职级制改革，拓展职业发展空间，促进校长队伍专业化建设。"目前，已经有地方开始探索建立幼儿园园长职级制。例如，内蒙古自治区赤峰市人民政府印发《赤峰市创新机制加快学前教育发展意见》，提出"探索实施园长职级制。旗县区政府制定《幼儿园园长职级制实施意见》，按初级园长、中级园长、高级园长、特级园长四个级别进行职级管理"。山西省吕梁市石楼县制定《关于推行中小学校（园）长职级制改革实施方案的通知》，提出

"建立中小学校（园）长职级序列。校（园）长职级设置为三级八档，分别为：一级校（园）长（一、二、三档）、二级校（园）长（一、二、三档）、三级校（园）长（一、二档）"。陕西省安康市汉阴县制定《中小学幼儿园校（园）长职级制改革实施办法》，提出"全县公办学校现任中小学校长和幼儿园园长，职级设置由高到低依次为1级到5级，每级各设一档、二档、三档三个档次，共5级15档。校长职级实施动态管理，实行定期晋升、破格晋升和降职免职制度"。因此，本条第三款中明确国家推行幼儿园园长职级制，激励幼儿园园长干事创业、创先争优，建设高素质、专业化的幼儿园园长队伍。

四、幼儿园园长岗位培训

幼儿园园长岗位培训是幼儿园园长增强专业技能、专业素养和管理能力的重要方式。对此，有关法规、文件对加强幼儿园园长岗位培训作了规定。例如，《幼儿园工作规程》第四十条第一款中规定，幼儿园园长应当取得幼儿园园长岗位培训合格证书。《中小学校领导人员管理暂行办法》第六条中规定，中小学校领导人员应当经过任职资格培训并取得合格证书。确因特殊情况在提任前未达到培训要求的，应当在提任后一年内完成。《中共中央 国务院关于学前教育深化改革规范发展的若干意见》中规定："实行幼儿园园长、教师定期培训和全员轮训制度。"《国务院关于当前发展学前教育的若干意见》中规定："建立幼儿园园长和教师培训体系，满足幼儿教师多样化的学习和发展需求。"《中共中央 国务院关于全面深化新时代教师队伍建设改革的意见》中规定："加大幼儿园园长、乡村幼儿园教师、普惠性民办幼儿园教师的培训力度。"因此，本条第三款中明确幼儿园园长应当参加县级以上地方人民政府教育行政部门组织的园长岗位培训。

◆ **相关规定**

《幼儿园管理条例》第9条；《幼儿园工作规程》第40条；《中共中央 国务院关于学前教育深化改革规范发展的若干意见》；《教育部、中央编办、财政部、人力资源社会保障部关于加强幼儿园教师队伍建设的意见》；《全国幼儿园园长任职资格、职责和岗位要求（试行）》；《中小学校领导人员管理暂行办法》第6条、第28条；《中共中央 国务院关于全面深化

新时代教师队伍建设改革的意见》;《国务院关于当前发展学前教育的若干意见》

第三十九条 保育员应当具有国家规定的学历,并经过幼儿保育职业培训。

卫生保健人员包括医师、护士和保健员,医师、护士应当取得相应执业资格,保健员应当具有国家规定的学历,并经过卫生保健专业知识培训。

幼儿园其他工作人员的任职资格条件,按照有关规定执行。

◆ **条文主旨**

本条是关于幼儿园保育员、卫生保健人员等任职资格条件的规定。

◆ **条文释义**

幼儿园保育员、卫生保健人员等人员是幼儿园教职工队伍的重要组成。按照岗位职责要求,这些人员负责在园幼儿的生活、游戏和学习。鉴于岗位职责要求,需要他们具备相应的专业知识技能,确保每位幼儿得到高质量的照顾、帮助和指导。

一、保育员的任职资格条件

《幼儿园工作规程》规定,幼儿园保育员的主要职责包括负责本班房舍、设备、环境的清洁卫生和消毒工作;在教师指导下,科学照料和管理幼儿生活,并配合本班教师组织教育活动;在卫生保健人员和本班教师指导下,严格执行幼儿园安全、卫生保健制度;妥善保管幼儿衣物和本班的设备、用具;等等。保育员胜任以上岗位职责要求,需具备相应的知识文化和专业能力素养。基于这些考虑,对保育员的任职资格条件提出两方面要求:一是具有国家规定的学历。《幼儿园工作规程》规定,幼儿园保育员应当具备高中毕业以上学历。中学分为初级中学与高级中学(一般简称初中和高中),高中包括普通高中、成人高中、普通中专、成人中专、职业高中、技工学校等,一般为三年制。二是经过幼儿保育职业培训。职业培训是保育员获得专业知识、提升专业素养的重要途径。保育员的培训课程,通常包括基础理论与专业知识培训。基础理论包括：学前教育基本理论、儿童心理学、儿童卫生保健等方面的知识，帮助保育员了解儿童发展特点和规律；法律法规、职业道德等方面的知识，要求保育员学习了解《中华人民共和国未成年人保护法》《中华人民共和国学前教育法》及幼儿园相关规定等，培养保育员关爱儿童、爱岗敬业等职业素养。专业知识培训包括保育技能与教育教学能力培训，涉及生活照料、安全管理、膳食管理、清洁消毒、疾病预防、环境创设、游戏活动组织等方面。此外，实践操作也是保育员培训的必修课程，通过模拟教育、实习经验、案例分析等方式，提高保育员的实际操作能力和问题应对能力。经培训合格后，保育员才能从事幼儿保育工作。

二、卫生保健人员的任职资格条件

幼儿园卫生保健工作是公共卫生的重要领域，是我国儿童保健服务的重要方面。《幼儿园工作规程》《托儿所幼儿园卫生保健工作规范》等文件对幼儿园卫生保健人员的职责作了详细规定。2022年教育部颁布的《幼儿园保育教育质量评估指南》，要求幼儿园按资质要求配备专（兼）职卫生保健人员，认真做好幼儿膳食指导、晨午检和健康观察、疾病预防、幼儿生长发育监测等工作。可以说，卫生保健人员在幼儿园中扮演着重要角色，因此需要对其任职资格条件提出明确要求。

（一）幼儿园医师的任职资格条件

《幼儿园工作规程》规定，幼儿园医师应当取得《医师执业证书》。

执业医师资格证由国家卫生健康委员会统一发放的，该证书也是判定医师是否具有从医资质的重要标准。《中华人民共和国医师法》规定，医师是指依法取得医师资格，经注册在医疗卫生机构中执业的专业医务人员，包括执业医师和执业助理医师；国家实行医师资格考试制度，医师资格考试分为执业医师资格考试和执业助理医师资格考试；医师资格考试成绩合格，取得执业医师资格或者执业助理医师资格，发给医师资格证书；国家实行医师执业注册制度，未注册取得医师执业证书，不得从事医师执业活动。

（二）幼儿园护士的任职资格条件

《幼儿园工作规程》规定，幼儿园护士应当取得《护士执业证书》。根据《护士条例》规定，护士是指经执业注册取得护士执业证书，依照该条例规定从事护理活动，履行保护生命、减轻痛苦、增进健康职责的卫生技术人员。护士执业应当经执业注册取得护士执业证书，护士执业资格考试办法由国务院卫生主管部门会同国务院人事部门制定。护士经执业注册取得《护士执业证书》后，方可按照注册的执业地点从事护理工作。

（三）幼儿园保健员的任职资格条件

关于幼儿园保健员的任职资格条件，《幼儿园工作规程》《托儿所幼儿园卫生保健管理办法》等文件规定，保健员应当具有高中毕业以上学历，并经过当地妇幼保健机构组织的卫生保健专业知识培训，具有托幼机构卫生保健基础知识，掌握卫生消毒、传染病管理和营养膳食管理等技能。根据《托儿所幼儿园卫生保健工作规范》的规定，卫生保健工作内容包括一日生活安排、儿童膳食（膳食管理和膳食营养）、体格锻炼、健康检查（儿童和工作人员的健康检查）、卫生与消毒（环境卫生、个人卫生和预防性消毒）、传染病预防与控制、常见病预防与管理、伤害预防、健康教育、健康信息收集等。有关部门应当围绕以上要求，做好保健员的卫生保健专业知识培训工作。保健员经培训合格后，方能上岗。

此外，除了以上工作人员，幼儿园教职工还包括炊事员、安保人员及后勤服务人员等。这些人员的任职资格条件，按照国家和地方有关规定执行，确保在园幼儿身心健康安全。

◆ **相关规定**

《幼儿园管理条例》第 9 条；《幼儿园工作规程》第 42 条、第 43 条；《托儿所幼儿园卫生保健工作规范》；《幼儿园保育教育质量评估指南》

第四十条 幼儿园教师职务（职称）分为初级、中级和高级。

幼儿园教师职务（职称）评审标准应当符合学前教育的专业特点和要求。

幼儿园卫生保健人员中的医师、护士纳入卫生专业技术人员职称系列，由人力资源社会保障、卫生健康行政部门组织评审。

◆ **条文主旨**

本条是关于幼儿园教职工职务（职称）的规定。

◆ 条文释义

一、幼儿园教师职务（职称）的等级设置

幼儿园教师的职务（职称）等级设置，是关系幼儿园教师队伍建设的重要因素。科学合理的职务（职称）等级设置，将为幼儿园教师职务（职称）晋升奠定制度保障，对于加强幼儿园教师队伍建设，推动幼儿园教师队伍结构优化，吸引和稳定优秀人才长期从事学前教育事业，具有重大意义。2012年，《教育部、中央编办、财政部、人力资源社会保障部关于加强幼儿园教师队伍建设的意见》提出，要完善幼儿园教师职务（职称）评聘制度。2015年，人力资源社会保障部、教育部颁布了《关于深化中小学教师职称制度改革的指导意见》，该意见适用于幼儿园。意见提出要统一职称（职务）等级和名称。初级设员级和助理级；高级设副高级和正高级。员级、助理级、中级、副高级和正高级职称（职务）名称依次为三级教师、二级教师、一级教师、高级教师和正高级教师。这次立法将关于幼儿园教师职称（职务）相关政策规范及实践成果转化为法律规定，从法律层面上对幼儿园教师职务（职称）等级设置作出规定，为幼儿园教师职务（职称）晋升提供法治保障，进一步提升幼儿园教师的社会地位和职业认同感。

二、幼儿园教师职务（职称）评审标准

在学前教育阶段，幼儿园的保育教育内容与中小学等阶段的教育任务内容存在较大区别。2018年，《中共中央 国务院关于学前教育深化改革规范发展的若干意见》提出，各地要根据学前教育特点和幼儿园教师专业标准，完善幼儿园教师职称评聘标准，畅通职称评聘通道，提高高级职称比例。幼儿园教师的职务（职称）评审标准，应当立足幼儿园教师工作实际，相关评价标准符合幼儿园教师工作特点，重点突出幼儿园教师的师德师风、学前教育专业知识和学前教育实际教学能力。

三、幼儿园其他人员的职称评审

职称是专业技术人才学术技术水平和专业能力的主要标志。职称制度是专业技术人才评价和管理的基本制度，对于党和政府团结凝聚专业技术人才、激励专业技术人才职业发展、加强专业技术人才队伍建设具有重要意义。根据人力资源社会保障部、国家卫生健康委、国家中医药局《关于深化卫生专业技术人员职称制度改革的指导意见》规定，卫生专业技术人员职称设初级、中级、高级，初级分设士级和师级，高级分设副高级和正高级；卫生专业技术人员职称划分为医、药、护、技四个专业类别，其中医疗类各级别职称名称分别为医士、医师、主治（主管）医师、副主任医师、主任医师，护理类各级别职称名称分别为护士、护师、主管护师、副主任护师、主任护师。按照《中华人民共和国医师法》和《护士条例》参加医师、护士执业资格考试，取得执业助理医师资格，可视同取得医士职称；取得执业医师资格，可视同取得医师职称；取得护士执业资格，可视同取得护士职称。这次立法明确将幼儿园卫生保健人员中的医师、护士纳入卫生专业技术人员职称系列，有利于促进其职业发展。

中共中央办公厅、国务院办公厅印发《关于深化职称制度改革的意见》提出科学分类评价专业技术人才能力素质。要以职业属性和岗位需求为基础，分系列修订职称评价标准，实行国家标准、地区标准和单位标准相结合，注重考察专业技术人才的专业性、技术性、实践性、创造性，突出对创新能力的评价。《人力资源社会保障部、国家卫生计生委关于进一步改革完善基层卫生专业技术人员职称评审工作的指导意见》指出，要坚持分层分类、科学评价。根据各级医疗卫生机构功能定位和工作特点，分层分类制定评审标准，创新评审方式，不断提高基层卫生人才评审的专业性、针对性和科学性。社会办医疗卫生机构的卫生专业技术人员可参照执行。幼儿园医师、护士的工作职责和工作内容，与在医院、卫生院、社区卫生服务中心等医疗卫生机构工作的医师、护士不同，为保障其职称评审的合法权益，加强幼儿园卫生保健队伍建设，规定幼儿园卫生保健人员中的医师、护士纳入卫生专业技术人员职称系列，由人力资源社会保障、卫生健康行政部门组织评审。为此，各地人力资源社会保障部门、卫生健康行政部门可以结合工作实际，完善评审标准，针对幼儿园医师、护士设置特定的评审内容，引导幼儿园医师、护士在强化服务意识、提高服务质量、突出工作业绩等方面下功夫。

◆ **相关规定**

《中共中央 国务院关于学前教育深化改革规范发展的若干意见》；《中

共中央办公厅、国务院办公厅关于深化职称制度改革的意见》；《教育部、中央编办、财政部、人力资源社会保障部关于加强幼儿园教师队伍建设的意见》；《人力资源社会保障部、国家卫生健康委、国家中医药局关于深化卫生专业技术人员职称制度改革的指导意见》；《人力资源社会保障部、国家卫生计生委关于进一步改革完善基层卫生专业技术人员职称评审工作的指导意见》。

第四十一条 国务院教育行政部门会同有关部门制定幼儿园教职工配备标准。地方各级人民政府及有关部门按照相关标准保障公办幼儿园及时补充教师，并应当优先满足农村地区、革命老区、民族地区、边疆地区和欠发达地区公办幼儿园的需要。幼儿园及其举办者应当按照相关标准配足配齐教师和其他工作人员。

◆ **条文主旨**

本条是关于幼儿园教职工配备的规定。

◆ **条文释义**

科学合理配置幼儿园教职工，是深化新时代教师队伍建设改革，确保幼儿园高质量发展的重要内容。实践中，由于在园幼儿规模较大、地区发展不均衡、幼儿园严控运行成本等原因，有的幼儿园教职工配备不科学、不到位的现象较为突出，成为制约学前教育高质量发展的突出难题。有关部门需根据学前教育特点，结合我国学前教育事业发展情况，科学制定幼儿园教职工配备标准，为幼儿园配足配齐教职工提供制度依据。

一、关于幼儿园教职工配备标准

针对幼儿园师资队伍配备不到位的现象，2010年《国务院关于当前发展学前教育的若干意见》提出，各地根据国家要求，结合本地实际，合理确定生师比，核定公办幼儿园教职工编制，逐步配齐幼儿园教职工。2012年《国务院关于加强教师队伍建设的意见》再次要求幼儿园教师队伍建设要以补足配齐为重点。同年，教育部、中央编办、财政部、人力资源社会保障部颁布了《关于加强幼儿园教师队伍建设的意见》，提出国家出台幼园教师配备标准，满足正常教育教学需求。各地结合实际合理确定公办幼儿园教职工编制，具备条件的省（区、市）可制定公办幼儿园教职工编制标准，严禁挤占、挪用幼儿园教职工编制。企事业单位办、集体办、民办幼儿园按照配备标准，配足配齐教师。2013年，教育部颁布的《幼儿园教职工配备标准（暂行）》指出，幼儿园教职工配备标准是幼儿园办园标准的重要内容，是促进幼儿园教师队伍建设的重要手段。为规范幼儿园办园行为，促进幼儿园教师队伍建设，满足幼儿在园生活、游戏和学习的需要，确保幼儿接受基本的、有质量的学前教育，促进幼儿健康成长，特制定本标准。《幼儿园教职工配备标准（暂行）》主要规定以下内容：

1. 教职工与幼儿的比例。幼儿园教职工包括专任教师、保育员、卫生保健人员、行政人员、教辅人员、工勤人员。幼儿园保教人员包括专任教师和保育员。幼儿园应当按照服务类型、教职工与幼儿以及保教人员与幼儿的一定比例配备教职工，满足保教工作的基本需要。全日制幼儿园全园教职工与幼儿比为1∶5—1∶7，全园保教人员与幼儿比为1∶7—1∶9；半日制幼儿园全园教职工与幼儿比为1∶8—1∶10，全园保教人员与幼儿比为1∶11—1∶13。

2. 专任教师和保育员配备。幼儿园应根据服务类型、幼儿年龄和班级规模配备数量适宜的专任教师和保育员，使每位幼儿在一日生活、游戏和学习中都能得到成人适当的照顾、帮助和指导。全日制幼儿园每班配备2名专任教师和1名保育员，或配备3名专任教师；半日制幼儿园每班配备2名专任教师，有条件的可配备1名保育员。寄宿制幼儿园至少应在全日制幼儿园基础上每班增配1名专任教师和1名保育员。单班学前教育机构，如村学前教育教学点、幼儿班等，一般应配备2名专任教师，有条件的可配备1名保育员。对所辖社区或村级幼儿园（班）负有管理和指导职责的中心幼儿园，应根据实际工作任务和需要增配巡回指导教师。招收特殊需要儿童的幼儿园应根据特殊需要儿童的数量、类型及残疾程度，配备相应的特殊教育教师，并增加保教人员的配备数量。幼儿园应根据当地学前教育发展的实际情况，增设教师岗位类别和数量，满足本园发展和保教工作的需要，并确保在教师进修、支教、病产假等情况下有可供临时顶岗的保教人员。

3. 其他人员配备。6 个班以下的幼儿园设 1 名园长，6—9 个班的幼儿园不超过 2 名园长，10 个班及以上的幼儿园可设 3 名园长。根据《托儿所幼儿园卫生保健工作规范》的规定，配备卫生保健人员。幼儿园应根据餐点提供的实际需要和就餐幼儿人数配备适宜的炊事人员，每日三餐一点的幼儿园每 40—45 名幼儿配 1 名炊事人员，少于三餐一点的幼儿园酌减；在园幼儿人数少于 40 名的供餐幼儿园（班）应配备 1 名专职炊事员。根据国家和地方有关财会工作规定配备财会人员。根据国家和地方有关安保工作规定配备安保人员。幼儿园应根据实际需要配备数量适宜的教职工，积极实行一岗多责，提高用人效益。

同时，《幼儿园教职工配备标准（暂行）》还指出，各地可根据当地经济社会发展水平和学前教育发展的实际情况，制定适合本地的具体实施方案。目前，一些省份已出台公办幼儿园教职工编制标准，通过明确幼儿园班级规模、编制核定比例、专任教师占比等方式，为配备教职工人数提供核定依据。有的地方还规定，根据学前教育事业的发展、幼儿园布局调整和生源变化等情况，适时调整教职工标准，如《广西壮族自治区幼儿园编制标准暂行办法》规定幼儿园人员编制原则上每 3—5 年重新核定一次。

近些年来，幼儿园教师队伍配置水平显著提高。2023 年全国幼儿园的园长和专任教师总数达 334 万人，生师比从 2012 年的 24.9∶1 下降到 2023 年的 13.3∶1，专科以上学历的园长及专任教师占比为 93.1%。可以说，在幼儿园教师配备方面取得了较大进步。但在一些地方，仍然存在部分幼儿园教职工配备不足的现象。随着经济社会发展和人口形势变化，将不断完善相关规定，提高资源供给水平，优化班额和生师比，实现更高水平的资源优化配置。

二、公办幼儿园教师配备

发展学前教育坚持政府主导，以政府举办为主。地方政府及有关部门应当切实履行举办与支持举办公办幼儿园的责任要求。实践中，有的地方由于经费紧张、编制不足等原因，一些公办幼儿园面临教师短缺难题。针对这些现象，这次立法明确规定地方各级人民政府及有关部门按照相关标准保障公办幼儿园及时补充教师。地方各级人民政府及有关部门应当通过增加人员编制、财政资金等方式，为公办幼儿园配足配齐教师提供必要保障，带头落实幼儿园教职工配备标准相关规定，充分发挥公办幼儿园的引领带动作用。实践中，有的地方通过各种方式加大公办幼儿园教师队伍配备力度，如：调剂事业人员编制，完善公办幼儿园教师编制核定，编制空缺范围内加大招聘幼儿教师力度；对中小学现有教师队伍情况进行调查，摸清富余教师数量和基本情况，将适合从事幼儿教育的教职工通过转岗培训，转任到幼儿教师岗位；与幼儿园教师签订长期劳动合同，提高劳动报酬标准，保障教师队伍稳定。

农村地区、革命老区、民族地区、边疆地区和欠发达地区条件较为艰苦，这些地区的学前教育事业发展总体上相对落后，存在公办幼儿园教师短缺问题。为推动这些地区的学前教育能够补齐短板、迎头赶上，迫切需要从各方面给予倾斜保障，将这些地区列为发展学前教育的重点帮扶对象。地方政府及有关部门在配备教师时应当给予倾斜照顾和重点考虑，优先满足以上地区公办幼儿园的教师需求，为当地儿童能够享受高质量学前教育提供支持。

◆ **相关规定**

《国务院关于当前发展学前教育的若干意见》；《国务院关于加强教师队伍建设的意见》；《教育部、中央编办、财政部、人力资源社会保障部关于加强幼儿园教师队伍建设的意见》；《幼儿园教职工配备标准（暂行）》

第四十二条 幼儿园园长、教师、保育员、卫生保健人员、安全保卫人员和其他工作人员应当遵守法律法规和职业道德规范，尊重、爱护和平等对待学前儿童，不断提高专业素养。

◆ **条文主旨**

本条是关于幼儿园教职工义务的规定。

◆ **条文释义**

一、幼儿园教职工应当遵守法律法规和职业道德规范

幼儿园园长、教师、保育员、卫生保健人员、安全保卫人员和其他工作人员的行为，对学前儿童健康成长有着直接影响。相关人员应当立足自身职责岗位，结合在幼儿园工作的特点，恪尽职守、履职尽责，树立良好行为典范，为学前儿童健康成长营造良好环境。幼儿园教职工首先应当深入学习掌握《中华人民共和国未成年人保护法》《中华人民共和国教育法》《中华人民共和国学前教育法》以及幼儿园相关规定等，自觉增强法治意识和法治观念，做到知法守法敬法，确保自身行为符合法律法规规定要求。同时，幼儿园教职工还应当严格遵守职业道德规范，把敬业修德放在重要位置。近年来，中共中央、国务院颁布了《关于全面深化新时代教师队伍建设改革的意见》，有关部门颁布了《关于加强和改进新时代师德师风建设的意见》《新时代幼儿园教师职业行为十项准则》等有关文件，对提升幼儿园教师职业道德提出明确要求。针对幼儿园教师体罚、歧视、侮辱、猥亵、虐待、伤害幼儿等情形，教育部制定了《幼儿园教师违反职业道德行为处理办法》，严格规范幼儿园教师职业行为。除幼儿园教师外，保育员、卫生保健人员、安全保卫人员和其他工作人员也应当按照《幼儿园管理条例》《幼儿园工作规程》等规定的岗位职责，切实遵守相关法律法规和职业道德规范。

二、幼儿园教职工应当尊重、爱护和平等对待学前儿童

（一）幼儿园教职工应当尊重学前儿童

尊重是教育的基础，也是现代教育的基本价值尺度，对幼儿的尊重程度反映了幼儿教师是否拥有正确的师幼观。学前教育是帮助幼儿成长为成熟的、有责任感的、能正确地行使自己权利的合格公民，而非把学前儿童"物化"为大人的附属品，学前儿童作为独立的"人"理应拥有受尊重的基本权利。幼儿园教职工要注重尊重学前儿童的人格尊严，培育学前儿童的自尊心和自信心，保护幼儿的个性与自然本能，帮助学前儿童用积极、乐观、自由、和谐的心态适应环境和生活，而不能过度地干涉、限制学前儿童，迫使他们去适应成人的想法和规则。联合国《儿童权利公约》规定，要尊重儿童的意见，儿童有权对影响到自己的事情自由发表意见，大人应当认真听取、重视并思考儿童的意见；儿童有自由表达想法的权利，有权通过讲话、画画、写作或者其他方式自由地与其他人分享获取的信息、自己的想法和感受等。2001年教育部颁布的《幼儿园教育指导纲要（试行）》也规定，幼儿园教育应尊重幼儿的人格和权利，尊重幼儿身心发展的规律和学习特点，以游戏为基本活动，保教并重，关注个别差异，促进每个幼儿富有个性的发展。此外，还要求教师应成为幼儿学习活动的支持者、合作者、引导者，包括以关怀、接纳、尊重的态度与幼儿交往，耐心倾听，努力理解幼儿的想法与感受，支持、鼓励他们大胆探索与表达；尊重幼儿在发展水平、能力、经验、学习方式等方面的个体差异，因人施教，努力使每一个幼儿都能获得满足和成功；等等。让每一个学前儿童有尊严地度过童年生活，是每一位幼儿园教职工的职业追求。

(二) 幼儿园教职工应当爱护学前儿童

学前儿童在身体发育、心智认识等方面还远不够成熟，难以准确判断周边环境、自身行为等带来的危险性，需要幼儿园教职工时刻关注儿童行为，及时排除危险因素。《幼儿园工作规程》规定，幼儿园应当严格执行国家和地方幼儿园安全管理的相关规定，建立健全门卫、房屋、设备、消防、交通、食品、药物、幼儿接送交接、活动组织和幼儿就寝值守等安全防护和检查制度，建立安全责任制和应急预案。幼儿园的园舍应当符合国家和地方的建设标准，以及相关安全、卫生等方面的规范，定期检查维护，保障安全等。幼儿园教职工还需要注重学前儿童心理健康，对学前儿童给以情感上的支持和行为上的帮助。对于孩子的过失和错误要给予宽容和理解，心平气和、耐心细致地讲清道理，帮助其认识和纠正错误。此外，严禁任何虐待、歧视、体罚和变相体罚、侮辱幼儿人格等损害幼儿身心健康的行为。

(三) 幼儿园教职工应当平等对待学前儿童

要正确认识幼儿园教职工与学前儿童之间的关系。幼儿园教职工在人格上与学前儿童处于平等地位，要站在学前儿童的视角仔细观察孩子的所思所想，与学前儿童建立起良好的互动关系。只有以平等的视角与学前儿童进行交流沟通，才能走进他们内心真实的世界。同时，学前儿童来自不同的家庭环境，他们形成的个性也截然不同。要善于发现不同孩子在不同方面的差异性，不在某一方面培养目标上整齐划一地苛求每一位孩子，帮助满足不同孩子的兴趣需要。这就要求幼儿园教职工对所有孩子一视同仁，不偏袒任何一个孩子，给予每个孩子同等关注、支持和帮助，不让他们感到被忽视或冷落。

三、幼儿园教职工应当不断提高专业素养

学前教育发展不仅要基础设施建设和资金投入，更需要专业素养高的幼儿园教师队伍。幼儿园教职工队伍质量的提升，是实现学前教育事业高质量发展的关键与核心，高素质、专业化的幼儿园教职工队伍是发展高质量学前教育的重要保障。近年来，有关部门颁布系列文件，为帮助提高幼儿园教职工队伍专业素养提供了明确指引和考核标准。例如，2012年教育部颁布《幼儿园教师专业标准（试行）》指出，幼儿园教师是履行幼儿园教育教学工作职责的专业人员，需要经过严格的培养与培训，具有良好的职业道德，掌握系统的专业知识和专业技能；该标准是国家对合格幼儿园教师专业素质的基本要求，是幼儿园教师实施保教行为的基本规范，是引领幼儿园教师专业发展的基本准则，是幼儿园教师培养、准入、培训、考核等工作的重要依据。2015年教育部颁布的《幼儿园园长专业标准》指出，该标准是对幼儿园合格园长专业素质的基本要求，是引领幼儿园园长专业发展的基本准则，是制订幼儿园园长任职资格标准、培训课程标准、考核评价标准的重要依据。此外，教育部印发的《3—6岁儿童学习与发展指南》《幼儿园教育指导纲要》等，明确了幼儿的身心发展特点和规律，对幼儿园孩子应该"学什么""怎么学"和"教什么""怎么教"提出了指导性要求。各地结合实际积极总结经验，不断完善幼儿园教研制度，推动学前教育教研工作制度化、常态化，及时解决教师日常保教实践中的困惑和问题。

◆ **相关规定**

《幼儿园教师专业标准（试行）》；《幼儿园园长专业标准》；《3—6岁儿童学习与发展指南》；《幼儿园教育指导纲要》

第四十三条 幼儿园应当与教职工依法签订聘用合同或者劳动合同，并将合同信息报县级人民政府教育行政部门备案。

◆ **条文主旨**

本条是关于幼儿园与教职工签订聘用合同或者劳动合同的规定。

◆ **条文释义**

一、幼儿园应当与教职工依法签订聘用合同或者劳动合同

幼儿园根据单位性质和招聘情形，选择签订聘用合同或者劳动合同。幼儿园属于事业单位的，依法与教职工签订聘用合同或者劳动合同；幼儿园属于民办非企业单位或者企业的，依法与教职工签订劳动合同。实践中，有的幼儿园存在未依法及时与教职工签订合同的现象，侵犯教职工合法权益。针对这些现象，学前教育法明确规定幼儿园应当与教职工依法签订聘用合同或者劳动合同，便于明确当事人权利义务关系内容。

（一）聘用合同

2002年，原人事部颁布的《关于在事业单位试行人员聘用制度的意见》对聘用合同作了规定。根据该文件规定，事业单位与职工应当按照国家有关法律、政策和该意见的要求，在平等自愿、协商一致的基础上，通过签订聘用合同，明确聘用单位和受聘人员与工作有关的权利和义务。聘用合同由聘用单位的法定代表人或者其委托的人与受聘人员以书面形式订立。聘用合同必须具备下列条款：聘用合同期限、岗位及其职责要求、岗位纪律、岗位工作条件、工资待遇、聘用合同变更和终止的条件、违反聘用合同的责任。经双方当事人协商一致，可以在聘用合同中约定试用期、培训和继续教育、知识产权保护、解聘提前通知时限等条款。聘用单位与受聘人员签订聘用合同，可以约定试用期。聘用合同分为短期、中长期和以完成一定工作为期限的合同，合同期限最长不得超过应聘人员达到国家规定的退休年龄的年限。试用期包括在聘用合同期限内；试用期一般不超过3个月；情况特殊的，可以延长，但最长不得超过6个月；被聘人员为大中专应届毕业生的，试用期可以延长至12个月。聘用单位与受聘人员订立聘用合同时，不得收取任何形式的抵押金、抵押物或者其他财物。2014年，国务院颁布的《事业单位人事管理条例》规定事业单位与工作人员订立的聘用合同，期限一般不低于3年；初次就业的工作人员与事业单位订立的聘用合同期限3年以上的，试用期为12个月。2005年，原人事部办公厅颁布了《事业单位聘用合同（范本）》，可供当事人参考使用。幼儿园与教职工签订聘用合同的，双方按照聘用合同享有权利和承担义务，并按照有关规定处理争议纠纷。

（二）劳动合同

劳动合同是劳动者和用人单位确立劳动关系、明确双方权利和义务的协议。幼儿园与教职工签订劳动合同，应当遵守《中华人民共和国劳动法》《中华人民共和国劳动合同法》等有关劳动法律法规的规定。如：建立劳动关系，应当订立书面劳动合同；已建立劳动关系，未同时订立书面劳动合同的，应当自用工之日起一个月内订立书面劳动合同。劳动合同分为固定期限劳动合同、无固定期限劳动合同和以完成一定工作任务为期限的劳动合同。劳动合同条款内容应当符合相关规定。劳动合同期限三个月以上不满一年的，试用期不得超过一个月；劳动合同期限一年以上不满三年的，试用期不得超过二个月；三年以上固定期限和无固定期限的劳动合同，试用期不得超过六个月。同一用人单位与同一劳动者只能约定一次试用期。试用期包含在劳动合同期限内。劳动合同仅约定试用期的，试用期不成立，该期限为劳动合同期限。劳动合同由用人单位与劳动者协商一致，并经用人单位与劳动者在劳动合同文本上签字或者盖章生效；劳动合同文本由用人单位和劳动者各执一份。幼儿园与教职工签订劳动合同后，双方按照劳动合同约定享有权利和承担义务，并按照有关法律规定处理争议纠纷。

二、幼儿园将合同信息报县级人民政府教育行政部门备案

建立教职工信息备案制度，便于教育行政主管部门及时了解幼儿园教职工合同签订情况，是加强幼儿园用工管理的重要措施，也是维护教职工合法权益的重要手段。《中华人民共和国民办教育促进法实施条例》规定，教育行政部门应当会同有关部门建立民办幼儿园专任教师劳动、聘用合同备案制度。这次立法，将需要备案的范围扩大到所有类型幼儿园的教职工，并明确由县级人民政府教育行政部门接收备案的合同信息。关于需要备案的合同信息内容，一般包括单位名称、法定代表人、招用人数、岗位、姓名、性别、身份证号码、合同起止时间、报酬标准、社会保险缴纳等。各地可根据有关规定、实际需要等合理确定备案信息。

◆ **相关规定**

《中华人民共和国劳动法》；《中华人民共和国劳动合同法》；《关于在事业单位试行人员聘用制度的意见》；《事业单位人事管理条例》

第四十四条 幼儿园聘任（聘用）园长、教师、保育员、卫生保健人员、安全保卫人员和其他工作人员时，应当向教育、公安等有关部门查询应聘者是否具有虐待、性侵害、性骚扰、拐卖、暴力伤害、吸毒、赌博等违法犯罪记录；发现其有前述行为记录，或者有酗酒、严重违反师德师风行为等其他可能危害儿童身心安全情形的，不得聘任（聘用）。

幼儿园发现在岗人员有前款规定可能危害儿童身心安全情形的，应当立即停止其工作，依法与其解除聘用合同或者劳动合同，并向县级人民政府教育行政部门进行报告；县级人民政府教育行政部门可以将其纳入从业禁止人员名单。

有本条第一款规定可能危害儿童身心安全情形的个人不得举办幼儿园；已经举办的，应当依法变更举办者。

◆ **条文主旨**

本条主要是关于幼儿园相关人员从业禁止的规定。

◆ **条文释义**

一、幼儿园招聘教职工时的查询

学前儿童年龄小，自我保护能力、辨别是非的能力、自我控制能力差，容易受到不法侵害或者不良因素的影响，需要给予特殊保护。如《中华人民共和国未成年人保护法》第六十二条第一款规定，密切接触未成年人的单位招聘工作人员时，应当向公安机关、人民检察院查询应聘者是否具有性侵害、虐待、拐卖、暴力伤害等违法犯罪记录；发现其具有前述行为记录的，不得录用。

在总结既有规定和实践经验的基础上，《中华人民共和国学前教育法》对用人单位的查询义务作了进一步规定。主要包括以下方面的内容：1. 查询义务主体。幼儿园对教职工管理负有主体责任，理应承担起查询责任，核实教职工是否存在违法犯罪记录。2. 查询对象。幼儿园招用的园长、教师、保育员、卫生保健人员、安全保卫人员和其他工作人员，都属于被查询对象。3. 查询时间。为避免存在安全隐患，幼儿园应当及时进行查询，在相关人员就任上岗前完成查询工作。4. 查询途径。幼儿园向教育、公安等有关部门提出查询申请，教育、公安等有关部门应当密切配合、相互协作，及时向幼儿园反馈查询结果。目前，最高人民检察院、教育部、公安部已颁布了《关于建立教职员工准入查询性侵违法犯罪信息制度的意见》，规定最高人民检察院、教育部与公安部联合建立信息共享工作机制；教育部负责统筹、指导各级教育行政部门及教师资格认定机构实施教职员工准入查询制度，公安部协助教育部开展信息查询工作，最高人民检察院对相关工作情况开展法律监督。建立健全幼儿园对教职工的查询制度，可进一步借鉴相关实践和制度经验，完善协调机制、扩大查询内容等。5. 查询内容。虐待、性侵害、性骚扰、拐卖、暴力伤害、吸毒、赌博等可能危害儿童身心安全的违法犯罪记录。这些行为的违法犯罪记录，既包括犯罪行为记录，也包括一般违法行为记录。6. 处置结果。经查询发现相关人员存在上述违法犯罪记录的，幼儿园不得聘任（聘用）。此外，有关人员存在酗酒、严重违反师德师风行为等其他可能危害儿童身心安全情形的，一经发现，幼儿园也不得聘任（聘用）。

二、幼儿园对在岗人员可能危害儿童身心安全情形的处置

《中华人民共和国未成年人保护法》第六十二条第二款规定，密切接触未成年人的单位应当每年定期对工作人员是否具有性侵害、虐待、拐卖、暴力伤害等违法犯罪记录进行查询；通过查询或者其他方式发现其工作人员具有上述行为的，应当及时解聘。本法对幼儿园作为用人单位的相关义务作了进一步规定，要求幼儿园发现在岗人员存在本条第一款规定情形的，首先应当立即停止其工作，在第一时间将该在岗人员与学前儿童进行隔离，及时排除安全隐患。同时，幼儿园应当按照《中华人民共和国劳动法》《中华人民共和国劳动合同法》《关于在事业单位试行人员聘用制度的意见》《事业单位人事管理条例》等有关规定，与存在违法犯罪记录的教职工解除聘用合同或者劳动合同，并将有关情况及时向县级人民政府教育行政部门进行报告，便于县级人民政府教育行政部门了解掌握有关情况。

关于从业禁止问题，最高人民法院、最高人民检察院、教育部于2022年颁布了《关于落实从业禁止制度的意见》。该意见指出，依照《中华人民共和国刑法》第三十七条之一的规定，教职员工利用职业便利实施犯罪，或者实施违背职业要求的特定义务的犯罪被判处刑罚的，人民法院可以根据犯罪情况和预防再犯罪的需要，禁止其在一定期限内从事相关职业；其他法律、行政法规对其从事相关职业另有禁止或者限制性规定的，从其规定。这里规定的"其他法律、行政法规"，包括以下内容：依照《中华人民共和国未成年人保护法》第六十二条的规定，实施性侵害、虐待、拐卖、暴力伤害等违法犯罪的人员，禁止从事密切接触未成年人的工作；依照《中华人民共和国教师法》第十四条、《教师资格条例》第十八条规定，受到剥夺政治权利或者故意犯罪受到有期徒刑以上刑罚的，不能取得教师资格；已经取得教师资格的，丧失教师资格，且不能重新取得教师资格。《中华人民共和国学前教育法》立法过程中，基于加强对幼儿园教职工管理、严格保护学前儿童身心健康等方面考虑，进一步规定县级人民政府教育行政部门可以将这类教职工纳入从业禁止人员名单。由于教职工违法犯罪情形不同，可以根据主观恶意程度、社会危害性大小等因素，决定是否将其列入从业禁止人员名单，并确定从业禁止期限等。

三、幼儿园举办者的变更

幼儿园举办者负责幼儿园的设立、运营和管理，有权决定幼儿园重大事项。当幼儿园举办者是个人，且存在本条第一款规定的情形，学前儿童身心安全同样面临安全隐患，因此需要对个人举办幼儿园的资格进行必要限制，明确规定有本条第一款规定可能危害儿童身心安全情形的个人不得举办幼儿园。个人已经举办的，如果有本条第一款规定可能危害儿童身心安全情形，应当依法变更举办者。以上规定，目的在于防患未然，严禁任何可能危害儿童身心安全情形的个人从事学前教育活动。

◆ **相关规定**

《中华人民共和国未成年人保护法》第62条；《最高人民法院、最高人民检察院、教育部关于落实从业禁止制度的意见》

第四十五条 幼儿园应当关注教职工的身体、心理状况。幼儿园园长、教师、保育员、卫生保健人员、安全保卫人员和其他工作人员，应当在入职前和入职后每年进行健康检查。

◆ 条文主旨

本条是关于幼儿园应当关注教职工身心健康的规定。

◆ 条文释义

一、幼儿园应当关注教职工的身体、心理状况

幼儿园教职工的身心健康状况，直接影响到学前儿童的安全和健康。实践中，因教职工身心健康原因导致侵害幼儿权益的行为时有发生。在立法过程中，有的意见提出幼儿园应当加强教职工日常管理，重视教职工身心健康。对此，增加了"幼儿园应当关注教职工的身体、心理状况"的规定。幼儿园在发现教职工身心不适时，要及时安排休息，提供心理疏导、精神慰藉等，让教职工感受到集体的温暖，充分体现出对教职工的人文关怀；同时，确保教职工能够以健康的身心状态投入到工作中，杜绝因教职工健康问题可能带来的安全隐患。

《中华人民共和国精神卫生法》第十五条规定，用人单位应当创造有益于职工身心健康的工作环境，关注职工的心理健康；对处于职业发展特定时期或者在特殊岗位工作的职工，应当有针对性地开展心理健康教育。针对较受关注的幼儿园教职工心理健康问题，可以采取以下措施：定期组织心理健康教育活动，普及心理健康知识，增强教职工的心理健康意识；开展心理咨询服务，帮助教职工应对工作压力和心理问题；改善工作环境，缓解工作压力。

二、幼儿园教职工应当进行健康检查

为确保学前儿童能够在安全环境里健康成长，这次立法明确规定幼儿园园长、教师、保育员、卫生保健人员、安全保卫人员和其他工作人员应当在入职前和入职后每年进行健康检查。健康检查不限于身体健康检查，还可以包括心理健康检查。具体检查项目和内容可以根据实践发展、当地具体情况以及有关方面的具体要求进行安排，既要注意避免过度检查，给幼儿园及其教职工造成过重的负担，又要包含必要的项目，能够保障幼儿

园学前儿童身心健康。检查时间上包括入职前和入职后每年进行健康检查。幼儿园可以建立教职工健康档案，记录健康检查结果、疾病史等信息，便于及时发现相关问题，并相应采取有效措施。

◆ **相关规定**

《中华人民共和国精神卫生法》第 15 条

第四十六条 幼儿园及其举办者应当按照国家规定保障教师和其他工作人员的工资福利，依法缴纳社会保险费，改善工作和生活条件，实行同工同酬。

县级以上地方人民政府应当将公办幼儿园教师工资纳入财政保障范围，统筹工资收入政策和经费支出渠道，确保教师工资及时足额发放。民办幼儿园可以参考当地公办幼儿园同类教师工资收入水平合理确定教师薪酬标准，依法保障教师工资待遇。

◆ **条文主旨**

本条是关于幼儿园教师工资福利的规定。

◆ **条文释义**

教师作为立教之本、兴教之源，是教育发展的第一资源，是建设高质量教育体系的根本力量。依法保障教职工待遇，对于真正体现尊师重教的导向，切实提高教师的政治地位、社会地位和职业地位，从而最终促进教育事业的发展，具有重要意义。国家十分重视依法保障教师工资和福利待遇问题，《中华人民共和国教育法》作出原则性要求，明确国家保护教师的合法权益，改善教师的工作条件和生活条件，提高教师的社会地位，教师的工资报酬、福利待遇，依照法律、法规的规定办理；《中华人民共和国教师法》进一步明确，教师的平均工资水平应当不低于或者高于国家公务员的平均工资水平，并逐步提高。从整体来看，近年来教师的平均工资水平有了大幅度的提高，各地基本实现义务教育教师平均工资收入水平不低于当地公务员平均工资收入水平，中小学教师绩效工资发放有效体现教师工作量和工作绩效，高校教师薪酬分配明确以增加知识价值为导向；福利待遇也有了明显改善，乡村教师生活补助政策惠及中西部22个省份，边远艰苦地区乡村学校教师周转宿舍建设持续推进，以公租房、保障性租赁住房和共有产权住房为主体的住房保障体系逐渐完善。但是，从事学前教育的教师，工资和福利待遇水平仍然偏低，保障程度也较差，与其他学段教师相比差距较为明显。学前教育是终身学习的开端，是国民教育体系的重要组成部分，是受教育者身心发展迅速、对未来影响极其深远的阶段。发展好学前教育是提升国民素质的关键，保障学前教育的高质量必须有高素质且稳定的学前教育教职工队伍，因此必须依法保障学前教育阶段教职工的工资福利待遇。只有教师和工作人员的权益得到充分保障，他们才能全身心地投入学前教育工作中，为幼儿提供更优质的教育和照顾。

一、为教师和其他工作人员提供合理的工资与福利

本条第一款对幼儿园及其举办者提出了明确要求，强调应当按照国家规定，为教师和其他工作人员提供合理的工资与福利。工资是教师和工作人员劳动所得的基本体现，福利则包括津贴、补贴、奖金等，这些共同构成了他们的劳动报酬，有助于提高其生活质量和工作满意度。依法为教师和工作人员缴纳社会保险费，是幼儿园及其举办者的法定责任。社会保险涵盖养老保险、医疗保险、失业保险、工伤保险和生育保险等，为教师和工作人员提供了基本的社会保障，解除其后顾之忧。幼儿园应努力改善教职工的工作条件和生活条件，如提供舒适的办公环境、相应的教学设备，以及必要的生活设施等，这有利于提高他们的工作积极性和效率。原劳动部《关于〈劳动法〉若干条文的说明》（劳办发〔1994〕289号）第四十六条的规定对《中华人民共和国劳动法》中规定的"同工同酬"进行了详细解释。即同工同酬是指用人单位对于从事相同工作，付出等量劳动且取得相同劳绩的劳动者，应支付同等的劳动报酬。无论教师和工作人员的编制、身份等有何差异，均适用本条，这体现了公平原则，有助于激发教职工的工作热情。需特别说明的是，同工同酬不是指绝对的工资一样，是指相同或相近岗位上的劳动者，执行相同的劳动报酬分配制度。

二、政府保障公办幼儿园教师工资

本条第二款进一步强调了政府保障公办幼儿园教师工资的责任。本款明确规定公办幼儿园教师工资纳入县级以上地方人民政府财政保障范围，

即应由政府在教育经费财政拨款中予以保障。现行的教师工资制度是1993年工资改革后实行的工资制度，教师工资总额由固定部分和灵活性部分组成，教师职务等级工资属于工资中的固定部分，主要依据教师工作的能力、责任、水平和劳动的复杂程度而评定的教师职务等级确定，各种津贴性的酬劳属于灵活性部分，根据规定的津贴标准等确定。这两部分收入相互补充，构成教师的基本工资收入。虽然国家高度重视保障教师工资问题，出台了一系列政策，但仍有一些地区存在拖欠公办幼儿园教师工资现象，严重影响了教师的工作和生活。因此，本款强调政府应当"统筹工资收入政策和经费支出渠道，确保教师工资及时足额发放"，即不得拖欠或者挪用，也不得用实物抵扣教师工资，或者向教师摊派推销商品、以货款替代工资。

三、民办幼儿园教师薪酬标准

本条第二款还对民办幼儿园教师薪酬标准作了规定，即民办幼儿园可以参考当地公办幼儿园同类教师工资收入水平合理确定教师薪酬标准。根据《中华人民共和国民办教育促进法》第二十八条和第三十一条的有关规定，民办学校教师与公办学校教师具有同等的法律地位，民办学校应当依法保障教职工的工资、福利待遇和其他合法权益，并为教职工缴纳社会保险费，鼓励民办学校按照国家规定为教职工办理补充养老保险。

◆ **相关规定**

《中华人民共和国教育法》第34条；《中华人民共和国教师法》第25条、第26条、第40条；《中华人民共和国民办教育促进法》第28条、第31条

第四十七条 幼儿园教师在职称评定、岗位聘任（聘用）等方面享有与中小学教师同等的待遇。

符合条件的幼儿园教师按照有关规定享受艰苦边远地区津贴、乡镇工作补贴等津贴、补贴。

承担特殊教育任务的幼儿园教师按照有关规定享受特殊教育津贴。

◆ **条文主旨**

本条是关于幼儿园教师其他待遇的规定。

◆ **条文释义**

一、幼儿园教师享有与中小学教师同等待遇

根据《中华人民共和国教师法》第四十条的规定,中小学教师包括幼儿园教师。理论上,幼儿园教师与其他中小学教师具有同等的法律地位,享受同等待遇。然而实践中,在待遇保障方面,幼儿园教师与其他中小学教师相比往往存在一定差距。一方面,很多人对幼儿园教师的印象还停留在"陪孩子玩"等方面,对于幼儿园教师在启发幼儿潜能、为幼儿长期可持续发展打好基础等方面发挥的重要作用认知不足,幼儿全面发展、习惯养成等教育成果与中小学生的考试成绩相比也更难以量化,幼儿园教师的工作成效不易凸显;另一方面,幼儿园教师的学历要求普遍较中小学教师更低,入职门槛相对较低。此外,大部分中小学教师因属于义务教育教师,也更受重视。

本条第一款关于幼儿园教师与中小学教师享有同等待遇的规定,就是为了破除长期以来社会各界对幼儿园教师的偏见,强调幼儿园教师应得到应有的尊重。通过立法保障幼儿园教师在职称评定、岗位聘任(聘用)等方面与中小学教师享有同等待遇,有助于提升学前教育在整个教育体系中的地位,促进基础教育的均衡发展;有助于吸引更多优秀人才投身学前教育,减少人才流失,加强幼儿园教师队伍建设;有助于拓宽幼儿园教师的职业发展通道,让其感受到自身价值和职业前景,激发其工作动力和专业追求,提高教育教学质量,为学前教育提供稳定的师资支持,促进学前教育的长期稳定发展。

二、符合条件的幼儿园教师享受津贴、补贴

本条第二款规定了幼儿园教师可按规定享受艰苦边远地区津贴、乡镇工作补贴等津贴、补贴。艰苦边远地区和乡镇一般经济发展相对滞后,生活条件和工作条件较为艰苦,办学条件也相对较差。为解决在这些地区工作的教师的实际困难,促进他们更好地服务地区发展,国家出台了一系列法规政策。《中华人民共和国教师法》明确规定,"地方各级人民政府对教师以及具有中专以上学历的毕业生到少数民族地区和边远贫困地区从事教育教学工作的，应当予以补贴"。《中共中央 国务院关于全面深化新时代教师队伍建设改革的意见》强调大力提升乡村教师待遇，"深入实施乡村教师支持计划，关心乡村教师生活。认真落实艰苦边远地区津贴等政策，全面落实集中连片特困地区乡村教师生活补助政策，依据学校艰苦边远程度实行差别化补助，鼓励有条件的地方提高补助标准，努力惠及更多乡村教师"。从全国范围来看，因各地经济发展水平、教育重视程度等不同，津贴、补贴执行情况差异较大。一些地方不仅津贴、补贴标准高且落实好，还配套有其他优惠政策；而一些地方则存在津贴、补贴标准低、发放不及时、范围窄等问题。为此，本法特别强调幼儿园教师也应享有相应的津贴、补贴。目前，部分地方已出台文件明确具体标准，如《贵州省推进教育现代化建设特色教育强省实施纲要（2018—2027年）》规定：以乡镇为单位，按一类、二类、三类边远艰苦地区每月分别给予公办乡村幼儿园教师500元、400元、300元补助。

三、承担特殊教育任务的幼儿园教师享受特殊教育津贴

本条第三款是关于承担特殊教育任务的幼儿园教师享受相应津贴的规定。由于接受特殊教育的学生在身体或者智力等方面存在缺陷，学习上有一定的困难，需要采取相应的教育教学方式方法，对学生给予特殊的关心、照顾。承担特殊教育任务的教师为此承担了更多照顾学生生活、康复和特殊教育辅导的责任，需要付出更多的精力和时间，工作量较普通教师更大、更辛苦，因此他们理应得到更多的报酬。为此，本款规定承担特殊教育任务的幼儿园教师按照有关规定享受特殊教育津贴。1979年教育部发布了《关于盲聋哑中、小学教职工工资待遇问题的复函》，明确盲聋哑中、小学的教员、校长、教导主任除按中小学工资标准评定外，还应按评定等级工资另外加发15%的特殊岗位津贴作为鼓励。原人事部、财政部《关于发给特殊教育学校职工补贴费问题的复函》（人薪函〔1989〕7号）规定，盲、聋哑等特殊教育学校在编正式教职工享受特殊教育津贴，基本工资提高15%，符合条件的特殊教育教师还享受中小学教师基本工资标准提高10%的工资倾斜政策。1994年，原人事部、国家教委《关于印发高等学校、中小学、中等专业学校贯彻〈事业单位工作人员工资制度改革方案〉三个实

施意见的通知》规定，中小学特殊教育津贴为基础工资加职务工资之和的15%。在实施过程中，一些地方将特殊教育津贴在国家规定基础上，上浮5%—15%，有的地方还将特殊教育津贴计入特殊教育教师退休费。上述文件均适用于幼儿园教师。本款的规定使得在特殊教育岗位工作的幼儿园教师享受特殊岗位津贴有了明确的法律保障，对于保障幼儿园教师合法权益有着重要意义，有利于鼓励幼儿园教师承担特殊教育任务，也有利于鼓励幼儿园接收残疾儿童。

◆ **相关规定**

《中华人民共和国教师法》第 26 条、第 27 条、第 40 条

第四十八条 国务院教育行政部门应当制定高等学校学前教育专业设置标准、质量保证标准和课程教学标准体系，组织实施学前教育专业质量认证，建立培养质量保障机制。

省级人民政府应当根据普及学前教育的需要，制定学前教育师资培养规划，支持高等学校设立学前教育专业，合理确定培养规模，提高培养层次和培养质量。

制定公费师范生培养计划，应当根据学前教育发展需要专项安排学前教育专业培养计划。

◆ **条文主旨**

本条是关于师资培养的规定。

◆ **条文释义**

学前教育质量提升的关键是教师队伍质量的提升。国际经验也表明，幼儿园教师质量决定着学前教育的质量，高素质专业化的幼儿园教师队伍是高质量教育和儿童健康发展的重要保障。因此，国家大力推动提升学前教育教师培养质量。

一、国务院教育行政部门在学前教育师资培养方面的职责

本条第一款规定了国务院教育行政部门在学前教育师资培养方面的职责，主要包括：制定高等学校学前教育专业设置标准、质量保证标准和课

程教学标准体系，组织实施学前教育专业质量认证，建立培养质量保障机制。目前，教育部尚未制定高等学校学前教育专业设置标准，主要依据2012年发布的《幼儿园教师专业标准（试行）》来指导高校设置本、专科学前教育专业。贯穿该标准的基本理念是：幼儿为本、师德为先、能力为重和终身学习。基本内容构架包含了专业理念与师德、专业知识和专业能力三个维度。尤其在专业能力方面，体现了幼儿园教育的突出特点和保教工作的基本任务，强调了幼儿园教师所必须具备的良好环境的创设与利用、幼儿一日生活的合理组织与保育、游戏活动的支持与引导、教育活动的恰当计划与实施能力等。目前，高等学校学前教育专业的设置，本科专业一般是报教育部备案，专科专业需报教育部审批。根据《普通高等学校高等职业教育（专科）专业设置管理办法》，专科层次的学前教育专业属于国家控制布点专业，高职院校需通过全国职业院校专业设置管理与公共信息服务平台进行网上申报，经省级教育行政部门上报教育部，由教育部组织专家评议并会同相关行业主管部门审核，通过审核并公布审批结果后才能招生。关于质量保障，教育部于2022年印发《幼儿园保育教育质量评估指南》作为重要的学前教育质量保证标准，旨在深化幼儿园教育改革，推动各地建立健全科学的幼儿园保育教育质量评估体系。《幼儿园保育教育质量评估指南》坚持以促进幼儿身心健康发展为导向，聚焦幼儿园保育教育过程质量，评估内容主要包括办园方向、保育与安全、教育过程、环境创设、教师队伍等5个方面，共15项关键指标和48个考查要点，在评估方式上注重过程评估，强化自我评估，聚焦班级观察。关于课程教学，目前主要依据为教育部于2001年发布的《幼儿园教育指导纲要（试行）》和2012年发布的《3—6岁儿童学习与发展指南》。《幼儿园教育指导纲要（试行）》明确幼儿园教育的性质和根本目的是"为幼儿一生的发展打好基础"；规定幼儿园教育的内容包括健康、语言、社会、科学、艺术等五大领域，各领域都有明确的目标、内容与要求以及指导要点，如健康领域强调幼儿身体健康和心理健康的重要性，培养幼儿良好的生活习惯和基本的生活自理能力等；提出幼儿园教育应尊重幼儿的人格和权利，尊重幼儿身心发展的规律和学习特点等教育原则和要求，倡导以游戏为基本活动形式，注重各领域之间的相互渗透和整合等。《3—6岁儿童学习与发展指南》以为幼儿后继学习和终身发展奠定良好素质基础为目标，以促进幼儿体、智、德、美各方面的协调发展为核心；从健康、语言、社会、科学、艺术五个领域分别描述了幼儿的学习与发展目标，每个领域又按照幼儿学习与发展最基本、最重要的内容划分为若干方面，如健康领域分为身心状况、动作发展、生活习惯与生活能力三个方面，对不同年龄段幼儿的典型表现和发展目标进行了具体描述，为教师和家长提供了清晰的观察和评价幼儿发展的标准；强调要珍视游戏和生活的独特价值，创设丰富的教育环境，合理安排一日生活，最大限度地支持和满足幼儿通过直接感知、实际操作、亲身体验获取知识和经验的需要。

二、省级人民政府在学前教育师资培养方面的职责

本条第二款规定了省级人民政府在学前教育师资培养方面的职责，具体包括：制定学前教育师资培养规划，支持高等学校设立学前教育专业，合理确定培养规模，提高培养层次和培养质量。目前，已有部分省份结合实际出台了相关规划，如《湖南省学前教育发展提升行动计划（2022—2025年）》《浙江省学前教育发展第四轮行动计划（2021—2025年）》《广东省"十四五"学前教育发展提升行动计划》等。

三、公费师范生培养要求

本款第三条对公费师范生培养作出特别规定，强调应当根据学前教育发展需要专项安排学前教育专业培养计划。公费师范生制度是一项旨在为教育领域培养优秀师资的重要制度。2007年，国务院决定在教育部直属师范大学实行师范生免费教育；2018年，"免费师范生"改称为"公费师范生"；2024年起，6所教育部直属师范大学实施本研衔接师范生公费教育。公费师范生在校期间享受"两免一补"，即由中央财政承担学费、住宿费，并发放生活补贴。毕业后，由省级教育行政部门落实教师岗位，保证入编入岗，且在协议规定的服务期内可在学校间流动，有到教育管理岗位工作的机会。2024年起采用"4+2"本硕连读模式，公费师范生本科前三年综合成绩和表现优异者，可免试攻读本校全日制教育硕士研究生。毕业后需到中小学任教6年以上，到城镇学校工作的，应到农村义务教育学校服务至少1年，且任教地点有明确规定，违约需退还已享受的公费教育费用并缴纳违约金。当前学前教育师资存在一定缺口，尤其在一些偏远地区、农村地区，专业的学前教育教师数量不足，难以满足当地学前教育的需求，通过专项培养计划，能够有针对性地为这些地区输送专业人才，缓解师资短缺问题。

◆ **相关规定**

《中华人民共和国教师法》第 18 条、第 19 条

第四十九条 县级以上人民政府教育、卫生健康等有关部门应当按照职责分工制定幼儿园园长、教师、保育员、卫生保健人员等工作人员培训规划，建立培训支持服务体系，开展多种形式的专业培训。

◆ **条文主旨**

本条是关于在职培训的规定。

◆ **条文释义**

本条规定县级以上人民政府教育、卫生健康等有关部门根据职责分工，负责幼儿园不同类型工作人员的培训工作，包括制定培训规划、建立培训支持服务体系、开展多种形式的专业培训等。

一、关于幼儿园园长培训

1996 年，原国家教委陆续发布了《全国幼儿园园长任职资格、职责和岗位要求（试行）》和《关于开展幼儿园园长岗位培训工作的意见》。根据上述文件要求，幼儿园园长的岗位培训，是按照《全国幼儿园园长任职资格、职责和岗位要求（试行）》开展的任职资格培训，主要包括党和国家的教育方针、政策、法规，幼儿教育的基本理论，幼儿园管理，以及国内外幼儿教育改革动向等方面的内容，各地在举办培训时，应参照《全国幼儿园园长岗位培训指导性教学计划（试行草案）》进行安排。

2013 年，教育部印发《关于进一步加强中小学校长培训工作的意见》，对进一步加强含幼儿园园长在内的中小学校长培训工作提出要求，包括各地应当严格执行新任校长持证上岗制度，新任校长或拟任校长必须参加不少于 300 学时的任职资格培训；各地要有计划地面向全体中小学校长开展

任职资格培训、提高培训、高级研修和专题培训；实行5年一周期不少于360学时的在任校长全员培训制度；建立培训学分管理制度，把完成培训学分（学时）和培训考核情况作为校长考核、任用、晋级的必备条件和重要依据。

2014年，教育部启动实施"校长国培计划"，示范引领各地开展中小学校长（含幼儿园园长）培训工作。其中，中西部农村校长培训项目委托中西部各省组织培训，示范性项目由国家层面组织开展。"校长国培计划"示范性项目以"雪中送炭，高端引领，促进改革，示范带动"为宗旨，主要根据任职时间、理论修养、办学经验、管理水平等条件遴选校长，通过专家讲授、案例教学、专题论坛、互动参与、参观考察、学校诊断、返岗实践、行动研究等多种方式，开展四大工程，分层分类施训。一是边远贫困地区农村校长助力工程，主要面向乡镇以下农村中小学校长；二是特殊教育学校校长能力提升工程，主要培训新建特殊教育学校校长；三是卓越校长领航工程，面向全国中小学校长开展高端培训，包括骨干校长高级研修班、优秀校长高级研究班、名校长领航班三个层次；四是培训者专业能力提升工程，面向从事中小学校长培训工作的专职培训机构、高等学校、中小学等单位管理者。

2017年，为推动各地创新乡村校园长培训模式，教育部研究制订了《乡村校园长"三段式"培训指南》《乡村校园长"送培进校"诊断式培训指南》《乡村校园长工作坊研修指南》《乡村校园长培训团队研修指南》等乡村校园长培训指南，推动各地针对乡村校园长发展需求，变单培训模式，提升培训实效。

二、关于幼儿园教师培训

教育部、财政部从2011年起实施"幼儿教师国家级培训计划"，中央财政专项支持农村幼儿园教师培训，采取置换脱产研修、短期集中培训和转岗教师培训相结合方式，对中西部农村幼儿园教师和园长进行有针对性的专业培训。2012年，教育部、中央编办、财政部、人力资源社会保障部印发《关于加强幼儿园教师队伍建设的意见》（教师〔2012〕11号），要求全面落实幼儿园教师专业标准，提高教师专业化水平，实行幼儿园教师5年一周期不少于360学时的全员培训制度，培训经费纳入同级财政预算；

幼儿园按照年度公用经费总额的5%安排教师培训经费；扩大实施幼儿园教师国家级培训计划；加大面向农村的幼儿园教师培养培训力度。

三、关于保育员和卫生保健人员培训

县级以上人民政府教育、卫生健康等有关部门还应当根据职责分工，制定保育员、卫生保健人员等工作人员培训规划，建立培训支持服务体系，开展多种形式的专业培训。例如，根据《托儿所幼儿园卫生保健管理办法》第十三条第一款的规定，托幼机构卫生保健人员应当定期接受当地妇幼保健机构组织的卫生保健专业知识培训。《浙江省学前教育条例》规定，教育行政部门应当会同有关部门制定并实施幼儿园教师、保育员培训计划，组织开展多种形式的免费培训，对农村和偏远山区、海岛地区幼儿园教师、保育员增加培训的频次。

◆ **相关规定**

《中华人民共和国教师法》第18条、第19条、第21条；《托儿所幼儿园卫生保健管理办法》第13条

第五章　保育教育

本章是关于幼儿园实施保育教育的规定。贯彻国家教育方针，按照保育与教育相结合的原则，遵循幼儿身心发展特点和规律，实施德、智、体、美、劳全面发展的保育和教育，与家庭、社区密切配合，促进幼儿身心健康全面和谐发展，是幼儿园的重要任务。为依法保障幼儿园实施科学的保育教育，纠正非科学倾向和做法，本章对幼儿园保育教育的原则、内容、方式、资源使用、家园社协同共育、幼儿园与小学衔接等作了规定。

第五十条　幼儿园应当坚持保育和教育相结合的原则，面向全体学前儿童，关注个体差异，注重良好习惯养成，创造适宜的生活和活动环境，有益于学前儿童身心健康发展。

◆ **条文主旨**

本条是关于幼儿园实施保育教育原则的规定。

◆ **条文释义**

3—6岁学前儿童具有独特的年龄特点和身心发展规律。《中华人民共和国未成年人保护法》第二十六条规定，幼儿园应当做好保育、教育工作，遵循幼儿身心发展规律，实施启蒙教育，促进幼儿在体质、智力、品德等方面和谐发展。本条从学前儿童身心发展特点出发提出了实施保育教育的原则，明确了幼儿园应当坚持保育和教育相结合，面向全体学前儿童，关注个体差异，注重学前儿童良好习惯养成，创造适宜的生活和活动环境等，这对幼儿园实施好保育教育具有重要指导意义。

一、坚持保育和教育相结合

学前儿童语言、认知、社会性发展尚不健全，离不开成人的专业照料和有效支持。幼儿园教育工作应包括保育和教育两方面内容，保育是指为保护和增进幼儿身体、心理健康，增强体质和适应能力，培养良好生活、卫生习惯，促进幼儿生长发育而进行的各种活动。幼儿园教育是指根据党的教育方针和总的培养目标，结合幼儿年龄特点，有目的、有计划、有组织地促进幼儿身心全面和谐发展的活动。幼儿园保育和教育同等重要，相互联系、相互渗透，缺一不可，具有"保中有教，教中有保"的鲜明特点。其中，"保中有教"强调幼儿园保育工作中应当包含教育性因素，"教中有保"强调幼儿园教育工作中应当渗透保育的内容。例如，在日常生活中引导幼儿根据需要自主饮水、盥洗、如厕、增减衣物等，养成良好生活卫生习惯的同时，也提升了幼儿的自理能力；在游戏活动中支持幼儿自主选取、收纳和整理图画书、玩具等，支持幼儿获得分类、合作、动作发展等多方面学习经验的同时，也帮助幼儿养成劳动习惯，增强环保意识、集体责任感。

二、面向全体学前儿童，关注个体差异

本法要求幼儿园"面向全体学前儿童，关注个体差异"，既强调了教育公平性，又注重因材施教，确保每个孩子都能在原有基础上获得最大限度的发展。面向全体，强调的是无论学前儿童性别、家庭背景、身体状况如何，每个幼儿都有权利接受公平的教育。幼儿园应面向全体学前儿童提供教育服务，不得有歧视或偏见，确保每个孩子都能获得平等的教育机会，在组织实施保育教育活动时，要考虑到班级中所有孩子的共同需求和普遍问题，而不是只关注少数孩子或特定群体。关注个体差异，强调的是学前儿童年龄越小，发展差异越大，在性格、兴趣、能力、发展水平等方面各有不同，幼儿园教师应观察和了解每个孩子的兴趣、需求和发展阶段，根据每个孩子的特点和需求因材施教，实施个性化教育，以满足不同孩子的特殊需求，促进每个幼儿的发展。

三、创设适宜环境，注重良好习惯养成

学前阶段是后继学习和终生发展的奠基阶段，学前儿童的行为习惯和个性品质多是在早期形成。本法聚焦儿童早期发展重点，突出强调幼儿园注重良好习惯养成，帮助学前儿童形成良好行为习惯、生活习惯、学习习惯和社会交往习惯，为他们未来的学习和生活打下坚实基础。同时，强调

环境对幼儿的浸润和潜移默化的影响。创设适宜的生活和活动环境，包括幼儿园一日生活的物理环境、心理氛围以及生活制度与常规，也包括幼儿园内游戏场地、体育设施、玩具和教具等游戏活动区域。幼儿园应提供安全、整洁、宽松友好的环境，提供丰富适宜的玩教具材料，创设不同类型的活动区域，激发幼儿探索欲望和学习兴趣，促进幼儿健康生活，快乐成长。

◆ **相关规定**

《中华人民共和国未成年人保护法》第 26 条

第五十一条 幼儿园应当把保护学前儿童安全放在首位，对学前儿童在园期间的人身安全负有保护责任。

幼儿园应当落实安全责任制相关规定，建立健全安全管理制度和安全责任制度，完善安全措施和应急反应机制，按照标准配备安全保卫人员，及时排查和消除火灾等各类安全隐患。幼儿园使用校车的，应当符合校车安全管理相关规定，保护学前儿童安全。

幼儿园应当按照国家有关规定投保校方责任保险。

◆ **条文主旨**

本条是关于幼儿园保护学前儿童安全责任方面的规定。

◆ **条文释义**

本条对幼儿园的安全责任进行了全方位的规定，对责任主体、责任内容、保障措施等方面都作出了明确规定，旨在为学前儿童创造一个安全、健康的学习和生活环境。

一、把保护学前儿童安全放在首位

幼儿园是学前儿童在园期间人身安全的第一责任人，对学前儿童在园期间的人身安全负有保护责任，必须将学前儿童的安全放在所有工作的首位，从管理人员到教职工，都应树立高度的安全意识，将安全工作贯穿于幼儿园保育教育工作的各个环节。幼儿园因管理疏忽或放任发生危害学前儿童身心安全行为，或未依法履行安全保障职责的，将承担相应的法律责任。

二、落实安全责任制相关规定

《中华人民共和国未成年人保护法》第三十五条规定，学校、幼儿园应当建立安全管理制度，对未成年人进行安全教育，完善安保设施、配备安保人员，保障未成年人在校、在园期间的人身和财产安全。《幼儿园工作规程》第十二条规定，幼儿园应当严格执行国家和地方幼儿园安全管理的相关规定，建立健全门卫、房屋、设备、消防、交通、食品、药物、幼儿接送交接、活动组织和幼儿就寝值守等安全防护和检查制度，建立安全责任制和应急预案。本法要求幼儿园落实上述国家相关安全责任制度，建立健全安全管理制度和安全责任制度，包括细化涵盖幼儿园保教工作各方面的安全管理制度，责任到人，落实到岗。特别强调按标准配足配齐安保人员，做到定期进行安全检查，及时发现和消除各种安全隐患，防止安全事故发生。对幼儿园可能出现的安全事故，要求建立应急反应机制，包括制定应急预案，定期进行安全演练，确保一旦发生安全事故，能够迅速有效处理，最大限度地减少损失。此外，《中华人民共和国未成年人保护法》第三十六条规定，使用校车的幼儿园应当建立健全校车安全管理制度，配备安全管理人员，定期对校车进行安全检查，对校车驾驶人进行安全教育，并向未成年人讲解校车安全乘坐知识，培养未成年人校车安全事故应急处理技能。幼儿园一般不使用校车，确须使用的，本法要求必须严格遵守相关的校车安全管理规定，确保校车安全运行，保障幼儿乘车安全。

三、按照国家有关规定投保校方责任保险

校方责任险的购买旨在为幼儿园提供安全保障，当幼儿园因疏忽或过失导致学前儿童人身伤害或财产损失时，保险公司将承担相应的赔偿责任。这种保险不仅覆盖学前儿童在校期间发生的意外伤害事故，还包括与学校教学行为相关联的突发性意外事件。幼儿园投保校方责任险是落实国家相关法律法规的要求，也是保障幼儿安全、维护家长权益的重要举措。通过购买校方责任险，幼儿园可以在发生意外时及时、有效地进行赔付和处理，从而减轻园所赔付的压力，同时增加对孩子的保障。2017年，《国务院办公厅关于加强中小学幼儿园安全风险防控体系建设的意见》提出，学校举办者应当按规定为学校购买校方责任险，义务教育阶段学校投保校方责任险所需经费从公用经费中列支，其他学校投保校方责任险的费用，由各省（区、市）按照国家有关规定执行。各地要根据经济社会发展情况，结合实际合理确定校方责任险的投保责任，规范理赔程序和理赔标准。

◆ 相关规定

《中华人民共和国未成年人保护法》第 35 条、第 36 条；《幼儿园工作规程》第 12 条

第五十二条 幼儿园发现学前儿童受到侵害、疑似受到侵害或者面临其他危险情形的，应当立即采取保护措施，并向公安、教育等有关部门报告。

幼儿园发生突发事件等紧急情况，应当优先保护学前儿童人身安全，立即采取紧急救助和避险措施，并及时向有关部门报告。

发生前两款情形的，幼儿园应当及时通知学前儿童父母或者其他监护人。

◆ 条文主旨

本条是关于幼儿园对受到侵害的学前儿童进行救助的规定。

◆ 条文释义

学前儿童年龄小、自我保护能力弱，在受到侵害或疑似受到侵害时，必须予以特别关注和保护。本条对幼儿园发现学前儿童受到侵害或者遇到突发事件时，应该采取的保护措施进行了明确规定。

一、学前儿童面临危险情形时的处置

《中华人民共和国未成年人保护法》第十一条第二款规定了强制报告制度，即国家机关、居民委员会、村民委员会、密切接触未成年人的单位及其工作人员，在工作中发现未成年人身心健康受到侵害、疑似受到侵害或者面临其他危险情形的，应当立即向公安、民政、教育等有关部门报告。幼儿园作为密切接触未成年人的单位，当然应当履行强制报告义务。

受到侵害，是指已有证据或者情况表明学前儿童已经受到了侵害，包

括身体侵害、心理侵害、性侵害等。疑似受到侵害，是指有迹象或证据表明学前儿童可能遭受了侵害，但尚未得到确凿证据确认的情况；或者虽不确定是否已经造成实际侵害，但有行为对学前儿童人身或财产构成紧迫威胁的情况。其他危险情形，是指其他可能对学前儿童人身安全、身心健康造成威胁或损害的各种情况。学前儿童自我保护能力相对较弱，缺乏对伤害或危险的认知和应对能力。当发现学前儿童遭受侵害和疑似受到侵害时，幼儿园应立即采取行动，如将学前儿童从危险环境中转移出来，或采取其他必要的保护措施，防止侵害行为进一步发生。对于受到侵害的学前儿童，幼儿园应安排专业心理教师或心理咨询师及时进行心理疏导和安抚，帮助他们缓解心理创伤，恢复情绪稳定。同时，应及时向公安、教育等有关部门报告，以便相关部门及时介入，采取进一步措施保护儿童权益。

二、幼儿园发生紧急情况时的处置

突发事件，是指突然发生，造成或可能造成严重社会危害，需要采取应急处置措施予以应对的自然灾害、事故灾害、公共卫生事件和社会安全事件。幼儿园发生突发事件，主要是在园内或者幼儿园组织的园外活动中，由人为原因或者自然灾害引起，具有突发性或者难以预见性，造成或者可能造成师生身体健康严重损害，对保育教育活动以及家庭和社会稳定造成严重影响的事件。对于突发事件，幼儿园应按照《中华人民共和国未成年人保护法》第三十七条中的规定，制定应对突发事件和意外伤害的预案，配备相应设施并定期进行必要的演练。需要特别注意的是，发生突发事件等紧急情况时，应优先保护学前儿童这一最容易受到侵害的群体，立即采取紧急救助和避险措施，最大限度地减少对学前儿童的伤害。同时，应及时向公安、应急、消防、医疗等有关部门报告，以便获得专业救援和支持。

三、及时通知学前儿童父母或者其他监护人

学前儿童的父母或者其他监护人对学前儿童负有保护和教育的法定责任，并代理其进行民事活动。当学前儿童在幼儿园受到侵害或发生突发事件时，幼儿园应及时通知家长或其他监护人，让家长或其他监护人第一时间了解真实情况，包括儿童的安全状况、已采取的保护措施及后续处理计划等，并与他们保持密切沟通，及时向他们通报调查进展和结果。这样做既可保障家长知情权，便于家长及时了解孩子的安全状况，又充分尽到了

幼儿园的责任，并保护幼儿园避免不必要的争议。但需要注意的是，幼儿园根据本条前两款规定，采取保护措施或者紧急救助、避险措施，以及向有关部门报告，并不以通知学前儿童父母或者其他监护人或者征得其同意为前提。

◆ **相关规定**

《中华人民共和国未成年人保护法》第 11 条、第 37 条

第五十三条 幼儿园应当建立科学合理的一日生活制度，保证户外活动时间，做好儿童营养膳食、体格锻炼、全日健康观察、食品安全、卫生与消毒、传染病预防与控制、常见病预防等卫生保健管理工作，加强健康教育。

◆ **条文主旨**

本条是关于幼儿园卫生保健管理工作的规定。

◆ **条文释义**

《中华人民共和国未成年人保护法》第三十四条规定，学校、幼儿园应当提供必要的卫生保健条件，协助卫生健康部门做好在校、在园未成年人的卫生保健工作。卫生保健管理工作直接关系儿童的身心健康，是幼儿园工作的重要组成部分。幼儿园应建立科学合理的一日生活制度和卫生保健制度，为儿童提供一个安全、卫生、有序的生活环境。

一、建立科学合理的一日生活制度

一日生活制度是幼儿园根据学前儿童身心发展规律制定的，保障学前儿童充分休息和活动的一日生活安排，包括学前儿童在幼儿园开展的学习、游戏、生活等所有活动。幼儿园一日生活制度应当科学合理，符合儿童的身心发育特点和规律，结合本地区的季节变化和幼儿园的实际情况，综合考虑儿童的年龄、性别、兴趣爱好、接受能力等因素，并保证一定的户外活动时间。有关法规规章对一日生活制度的安排作出了要求，例如，《幼儿园督导评估办法》要求，一日活动应当安排合理，室内外兼顾；活动过渡衔接顺畅，没有频繁转换、幼儿消极等待等现象发生；每天户外活动不低

于 2 小时（寄宿制幼儿园不得少于 3 小时），其中户外体育时间不少于 1 小时；幼儿单次使用电子产品的时间不宜超过 15 分钟，每天累计不超过 1 小时。《幼儿园保育教育质量评估指南》要求，一日活动安排应当相对稳定合理，并能根据幼儿的年龄特点、个体差异和活动需要做出灵活调整，避免活动安排频繁转换、幼儿消极等待。

二、做好卫生保健管理工作

卫生保健管理工作是幼儿园管理的重要组成部分，主要目的是为儿童创造良好的生活环境，预防控制传染病，降低常见病的发病率，培养健康的生活习惯，保障儿童的身心健康。儿童营养膳食、体格锻炼、全日健康观察、食品安全、卫生与消毒、传染病预防与控制、常见病预防等是对幼儿园在学前儿童日常生活照顾方面的具体要求。幼儿园应根据《托儿所幼儿园卫生保健管理办法》《托儿所幼儿园卫生保健工作规范》《学校食品安全与营养健康管理规定》的相关要求，制定并落实卫生保健工作的各项制度和规范。具体包括：科学制订食谱，提供均衡合理的营养膳食；制订与儿童生理特点相适应的体格锻炼计划，根据儿童年龄特点开展游戏及体育活动，增强体质，提高免疫力；坚持晨午检及全日健康观察，做好常见病的预防，发现问题及时处理，确保儿童身体状况良好；把好食品卫生关和进货验收关，杜绝集体食物中毒事件发生；定期对玩具、餐具、教室等进行清洁和消毒，确保儿童用品的卫生安全；密切与当地卫生保健机构的关系，及时做好免疫和疾病防治工作；建立儿童健康档案，对体弱病幼儿采取特殊护理措施。

三、加强健康教育

幼儿园开展健康教育是提高儿童身体素质和健康水平的重要方式。幼儿园开展健康教育的内容包括膳食营养、心理卫生、疾病预防、儿童安全以及良好行为习惯的培养等。幼儿园应当在生活和游戏中通过多种形式培养学前儿童良好的生活卫生习惯，提高他们的健康意识和自我保护能力。例如，指导幼儿学习和掌握穿脱衣服和鞋袜、洗手洗脸、刷牙、擦鼻涕的正确方法，提醒幼儿保护五官，鼓励幼儿做力所能及的事情，结合实际开展安全教育，教育幼儿远离危险，掌握自救和求救的方法等。此外，幼儿园可以利用家园联系栏、宣传栏、讲座等形式定期向家长宣传卫生保健知识和疾病预防知识，提高家长的健康意识和防病能力，家园合作，共同关注儿童的身心健康问题，为儿童的健康成长创造良好的家庭和社会环境。

◆ 相关规定

《中华人民共和国未成年人保护法》第34条；《幼儿园督导评估办法》；《幼儿园保育教育质量评估指南》；《托儿所幼儿园卫生保健管理办法》；《托儿所幼儿园卫生保健工作规范》

第五十四条 招收残疾儿童的幼儿园应当配备必要的康复设施、设备和专业康复人员，或者与其他具有康复设施、设备和专业康复人员的特殊教育机构、康复机构合作，根据残疾儿童实际情况开展保育教育。

◆ 条文主旨

本条是关于对招收残疾儿童的幼儿园相关要求的规定。

◆ 条文释义

《中华人民共和国教育法》第三十九条规定，国家、社会、学校及其他教育机构应当根据残疾人身心特性和需要实施教育，并为其提供帮助和便利。为了保障残疾儿童在学前教育阶段获得适合的康复和教育支持，确保残疾儿童能享有平等接受教育的权利，促进残疾儿童身心健康发展，本条明确要求招收残疾儿童的幼儿园必须配备必要的设施、设备和人员，或者与相关机构合作，为残疾儿童提供更加包容、平等的教育环境，促进他们的全面发展。

一、招收残疾儿童的幼儿园

幼儿园主要是面向3—6岁学前儿童提供保育教育服务，其教育体系、环境创设、师资配备通常是针对普通儿童的身心发展特点而设计的。2021年，国务院办公厅发布《"十四五"特殊教育发展提升行动计划》，文件明确提出，要"积极发展学前特殊教育，鼓励普通幼儿园接收具有接受普通教育能力的残疾儿童就近入园随班就读"。《中华人民共和国残疾人保障法》第二十五条第三款规定，普通幼儿教育机构应当接收能适应其生活的残疾幼儿。《残疾人教育条例》第七条规定，学前教育机构、各级各类学校及其他教育机构应当依照本条例以及国家有关法律、法规的规定，实施残疾人教育；对符合法律、法规规定条件的残疾人申请入学，不得拒绝招收。本法第十七条进一步明确，普惠性幼儿园应当接收能够适应幼儿园生活的残疾儿童入园，并为其提供帮助和便利。虽然本法中未对非普惠性幼儿园招收残疾儿童作出强制性规定，但是无论是普惠性幼儿园还是非普惠性幼儿园招收残疾儿童的，都要遵守本条规定，履行相应义务。

二、配备必要的康复设施、设备和人员

如要招收能够适应幼儿园生活的残疾儿童入园，应根据残疾儿童的实际情况和特殊需要，按照相关法律法规的要求，对园所进行适当改造，增配必要的康复设施设备，如无障碍设施（坡道、扶手、卫生间等）、肢体康复器械、感统训练器材、言语治疗设备等；配备专业的康复人员，如康复治疗师、特殊教育教师、言语治疗师、心理咨询师等有专业资质的人员，能够对残疾儿童进行观察评估、支持和个别化教育，满足残疾儿童个性化多样化需要。

三、与其他特殊教育机构、康复机构合作

如幼儿园自身资源不足，并受硬件条件或专业能力的限制，无法完全满足残疾儿童的康复需求，应在前期充分调研和沟通了解的基础上，与其他具有康复设施、设备和专业康复人员的特殊教育机构、康复机构建立合作关系，如与特殊教育学校、康复中心、医院的儿童康复科等机构合作，通过签订医教结合服务协议，明确各自的责任分工，定期沟通残疾儿童的康复情况，进而实现资源共享、优势互补，为残疾儿童提供更全面、更专业的康复服务。

四、根据残疾儿童实际情况开展保育教育

儿童主要是在与人、事、物积极互动的过程中实现发展的。对于可以入读普通幼儿园的残疾儿童来说，参与幼儿园的集体生活和游戏活动，是他们实现社会化的重要途径。幼儿园应坚持融合教育理念，通过观察记录、发展量表测评、家访等方式，对不同残疾类型、残疾程度的幼儿制定个性化的保育教育方案，兼顾康复训练和常规学前教育的内容，充分了解每个残疾儿童的具体情况和需求，创设符合残疾儿童和普通孩子共同需要的环

境和材料，最大限度消除障碍，如设置防滑地垫、多感官活动墙等，保障他们参与游戏和生活的权利，使他们与普通儿童一起生活和学习。此外，还要注重在各种活动和游戏中渗透融合教育目标，注重培养残疾儿童的独立生活能力和社会交往技能，让他们在与同龄人的互动中学会合作、分享和表达，促进残疾儿童的全面发展。这种全方位支持体系，既能促进残疾儿童在认知能力、动作协调、情绪管理、社会交往等方面的全面发展，又能让普通孩子在与残疾儿童团结互助、平等交往的过程中培养同理心和包容性。

◆ 相关规定

《中华人民共和国教育法》第39条；《中华人民共和国残疾人保障法》第25条；《残疾人教育条例》第7条

第五十五条 国务院教育行政部门制定幼儿园教育指导纲要和学前儿童学习与发展指南，地方各级人民政府教育行政部门依据职责组织实施，加强学前教育教学研究和业务指导。

幼儿园应当按照国家有关规定，科学实施符合学前儿童身心发展规律和年龄特点的保育和教育活动，不得组织学前儿童参与商业性活动。

◆ 条文主旨

本条是关于科学实施保育和教育活动的规定。

◆ 条文释义

为确保幼儿园保育教育工作的科学性和专业性，本条明确了国务院教育行政部门、地方教育行政部门及幼儿园在保育教育方面的具体职责，强化了中央引领、地方组织、幼儿园实施的工作要求。

一、制定专业标准

国务院教育行政部门负责制定专业标准，为幼儿园开展保育教育工作提供科学指引。《中共中央 国务院关于学前教育深化改革规范发展的若干意见》规定，完善学前教育教研体系。健全各级学前教育教研机构，充实教研队伍，落实教研指导责任区制度，加强园本教研、区域教研，及时解决幼儿园教师在教育实践过程中的困惑和问题。2001年，教育部颁布了《幼儿园教育指导纲要（试行）》，围绕健康、语言、社会、科学、艺术五个领域明确了幼儿园教育目标与教育内容，提出了幼儿园组织实施保育教育的具体要求。2012年，教育部颁布《3—6岁儿童学习与发展指南》，分别对3—4岁、4—5岁、5—6岁三个年龄段末期幼儿应该知道什么、能做什么、大致可以达到什么发展水平提出了合理期望，并根据幼儿的学习与发展目标，提出了促进幼儿学习与发展的教育建议，对学前儿童"如何学"、教师"如何教"作出了具体、有可操作性的指导。这两个文件是指导各地幼儿园保育教育工作的重要依据，在引导各地幼儿园坚持正确方向、树立科学保教理念、实施保教实践工作方面发挥了重要作用。

二、地方教育行政部门组织幼儿园实施保教工作

地方教育行政部门是幼儿园保育教育工作的具体管理者与指导者，一方面，应结合当地实际制定本地幼儿园保育教育管理的具体政策，组织幼儿园推进落实《幼儿园教育指导纲要（试行）》和《3—6岁儿童学习与发展指南》；另一方面，应完善学前教育教研体系，建立健全省、市、县（区）学前教育教研指导网络，引导教研员加强保教过程研究，帮助幼儿园教师解决保育教育实践中的困惑和问题，不断提高教师专业能力。

三、幼儿园应科学开展保育教育

幼儿园实施保育教育是高度专业化的工作，必须尊重规律，讲究科学，这样才能促进儿童身心全面健康协调发展。科学开展保育教育活动，要求幼儿园在国家和地方教育行政部门的指导下，深入贯彻落实《幼儿园教育指导纲要（试行）》和《3—6岁儿童学习与发展指南》，树立科学保育教育观念，尊重幼儿身心发展规律，根据学前儿童年龄特点和兴趣需要，提供丰富适宜的生活和活动环境，满足他们多方面发展的需要，使他们在快乐的童年生活中获得有益于身心发展的经验。

组织学前儿童参加商业性活动与幼儿园作为学前教育机构的定位不一致，而且幼儿园在组织学前儿童参加商业性活动过程中不可避免会忽视儿童的身心健康发展，如幼儿园组织儿童参加商业性活动，需要儿童在时间、体力、精力等方面都要服从活动要求，可能会超出学前儿童承受能力，损害儿童身心健康。此外,过早让儿童接受成人世界社会交往规则甚至功利化的行为,会影响学前儿童对周围世界的认识,不利于形成正确的价值观。从促进儿童健康发展角度,本法规定幼儿园不得组织学前儿童参与商业性活动,对学前儿童权利作出特别保护。

◆ **相关规定**

《中共中央 国务院关于学前教育深化改革规范发展的若干意见》;《幼儿园工作规程》第59条

第五十六条 幼儿园应当以学前儿童的生活为基础,以游戏为基本活动,发展素质教育,最大限度支持学前儿童通过亲近自然、实际操作、亲身体验等方式探索学习,促进学前儿童养成良好的品德、行为习惯、安全和劳动意识,健全人格、强健体魄,在健康、语言、社会、科学、艺术等各方面协调发展。

幼儿园应当以国家通用语言文字为基本保育教育语言文字,加强学前儿童普通话教育,提高学前儿童说普通话的能力。

◆ **条文主旨**

本条是关于幼儿园保育教育方式的规定。

◆ **条文释义**

幼儿园应遵循学前儿童的身心发展规律和年龄特点,科学实施保育教育。《幼儿园工作规程》第二十五条规定了幼儿园教育应当贯彻的原则和要求。《中共中央 国务院关于学前教育深化改革规范发展的若干意见》规定,注重保教结合。幼儿园要遵循幼儿身心发展规律,树立科学保教理念,建立良好师幼关系。本条根据学前儿童的学习方式和特点,明确了幼儿园开展保育教育活动的方式是以儿童的生活为基础,以游戏为基本活动,加强普通话教育,促进学前儿童身心全面和谐发展。

一、以儿童生活为基础,以游戏为基本活动

3—6岁儿童以直觉行动思维为主,其学习是以直接经验为基础,在游戏和日常生活中进行。游戏是幼儿的天性,幼儿在游戏中满足身心各方面发展需要，获得愉悦的情感体验。同时，游戏也是幼儿认识世界、主动探究学习的重要方式。日常生活是幼儿成长发展的基础和重要环境，是幼儿获取新经验的不竭源泉。《幼儿园教育指导纲要（试行）》《幼儿园保育教育质量评估指南》明确要求，幼儿园以游戏为基本活动，要珍视游戏和生活的独特价值，最大限度地支持和满足幼儿通过直接感知、实际操作和亲身体验获取经验的需要。根据学前儿童身心发展规律和已有政策基础，本法强调幼儿园教育应以生活为基础，以游戏为基本活动。在实践中真正落实"以游戏为基本活动"，幼儿园应确保幼儿在一日活动中享有连续、充分的游戏时间，合理安排一日生活，提供丰富适宜的游戏环境和玩教具材料，最大限度地支持幼儿在游戏和生活中主动探究学习。脱离具体生活情境照本宣科的"小学化"教育，靠成人安排控制幼儿游戏活动，都不符合法律精神。

二、促进学前儿童身心全面和谐发展

《幼儿园保育教育质量评估指南》以为幼儿后继学习和终身发展奠定良好素质基础为目标，以促进幼儿体、智、德、美、劳各方面的协调发展为核心，提出了3—6岁各年龄段儿童学习与发展的目标和相应的教育建议。根据《幼儿园教育指导纲要（试行）》规定，幼儿园的教育内容是全面的、启蒙性的，可以相对划分为健康、语言、社会、科学、艺术等五个领域，各领域的内容相互渗透。尽管幼儿园教育内容和学习领域相对划分为五个领域，但学前儿童的身心发展具有整体性，五个学习领域之间应相互渗透与有机整合，共同促进学前儿童全面发展。综合幼儿自身发展特点、社会主义建设者的素质要求及已有政策，本法强调培养幼儿良好的品德和行为习惯，健全人格、强健体魄，促进德智体美劳全面发展。

三、加强学前儿童普通话教育

学前教育阶段是儿童语言发展的关键期，这一阶段儿童的大脑发育迅速，具有学习语言的良好条件。幼儿园加强普通话教育，首先要求幼儿园教师使用国家通用语言文字作为基本教学语言，为幼儿提供学说普通话的榜样和示范，鼓励幼儿模仿学习，经常与学前儿童一起看图书、讲故事，丰富其普通话理解和表达能力。其次，创设自由宽松的普通话学习环境。学前儿童的语言能力是在交流和运用的过程中发展起来的，应鼓励儿童使用普通话与成人、同伴进行交流,让儿童想说、敢说、喜欢说普通话,支持儿童在轻松愉快的氛围中自然而然地掌握普通话。加强普通话教育还可以帮助少数民族地区的学前儿童从小掌握国家通用语言,增强对国家的认同感和归属感,促进民族之间的语言文化交流,推动少数民族地区的经济发展和社会进步。

◆ **相关规定**

《中共中央 国务院关于学前教育深化改革规范发展的若干意见》;《幼儿园工作规程》第 25 条

第五十七条 幼儿园应当配备符合相关标准的玩教具和幼儿图书。

在幼儿园推行使用的课程教学类资源应当经依法审定,具体办法由国务院教育行政部门制定。

幼儿园应当充分利用家庭、社区的教育资源,拓展学前儿童生活和学习空间。

◆ **条文主旨**

本条是关于幼儿园保育教育资源使用的规定。

◆ **条文释义**

玩教具、幼儿图书、课程教学类资源及家庭、社区的教育资源,都是幼儿园开展保育教育活动不可或缺的重要教育资源。本条从资源配置和使用的角度明确幼儿园玩教具、幼儿图书配备须符合相关标准,使用的课程教学类资源应经依法审定,家庭、社区的教育资源应充分用于拓展儿童生活和学习空间。

一、幼儿园玩教具和幼儿图书的配备应符合相关标准

国家高度重视幼儿园玩教具和幼儿图书的配备工作,制定了一系列的标准、政策,明确了具体配备要求。一是强制性标准。如《玩具安全》(GB 6675—2014)、《儿童青少年学习用品近视防控卫生要求》(GB 40070—2021)等强制性国家标准。二是国家政策要求。如《幼儿园工作规程》第十三条和第三十条规定，要保障幼儿安全，玩教具的选购必须符合国家安全标准，材料无毒环保，结构稳定牢固，避免尖锐、易碎等安全隐患。《3—6岁儿童学习与发展指南》要求为幼儿提供一定数量、符合幼儿年龄特点、富有童趣的图画书。《幼儿园保育教育质量评估指南》要求，玩具材料种类丰富，数量充足，以低结构材料为主，能够保证多名幼儿同时游戏的需要。幼儿园配备的图画书应符合幼儿年龄特点和认知水平，注重体现中华优秀传统文化和现代生活特色，富有教育意义。人均数量不少于10册，每班复本量不超过5册，并根据需要及时调整更新。幼儿园应该重视玩教具和图书配备工作，严格落实国家的标准和政策要求，为提升幼儿园保育教育质量奠定物质基础。

二、幼儿园推行使用的课程教学类资源应当经依法审定

幼儿园课程教学类资源，指为幼儿园教师设计开展保育教育活动提供参考的教师指导用书、参考用书及与之配套的资源（文本资源、音视频资源等），具有很强的意识形态属性，承载着学前教育"培养什么人、怎样培养人、为谁培养人"的育人使命，事关国家安全和公共安全，事关能否为培养德智体美劳全面发展的社会主义建设者和接班人奠定基础。《中共中央国务院关于学前教育深化改革规范发展的若干意见》中明确规定，"在幼儿园推行使用的课程教学类资源须经省级学前教育专家指导委员会审核"。各地在课程资源审核方面已经开始了探索，积累了一定的经验。本法进一步强调要对此类资源进行依法审定，是以法治手段强化幼儿园保育教育资源监管的重要体现。

三、幼儿园应充分利用家庭、社区的教育资源

幼儿的成长离不开家庭和社区的影响。《幼儿园教育指导纲要（试行）》明确规定，家庭是幼儿园重要的合作伙伴。应本着尊重、平等、合作的原则，争取家长的理解、支持和主动参与，并积极支持、帮助家长提高教育能力。充分利用自然环境和社区的教育资源，扩展幼儿生活和学习的空间。幼儿园应该与家庭、社区密切合作，综合利用各种教育资源，为幼儿的发展创造良好的条件。

◆ **相关规定**

《中共中央 国务院关于学前教育深化改革规范发展的若干意见》；《幼儿园工作规程》第13条、第30条

第五十八条 幼儿园应当主动与父母或者其他监护人交流学前儿童身心发展状况，指导家庭科学育儿。

父母或者其他监护人应当积极配合、支持幼儿园开展保育和教育活动。

◆ **条文主旨**

本条是关于幼儿园与学前儿童家长协同共育的规定。

◆ **条文释义**

幼儿园和学前儿童家长都是实施保育教育、促进学前儿童健康成长和全面发展的责任主体。本条从幼儿园和学前儿童家庭如何实现主体协同的视角，明确了幼儿园如何开展家园沟通，为家长提供科学育儿指导，以及家长如何配合幼儿园开展保育教育活动。

一、幼儿园应主动为家长科学育儿提供指导

《中华人民共和国家庭教育促进法》第三十九条规定，中小学校、幼儿园应当将家庭教育指导服务纳入工作计划，作为教师业务培训的内容。《幼儿园工作规程》第五十二条规定，幼儿园应当主动与幼儿家庭沟通合作，为家长提供科学育儿宣传指导，帮助家长创设良好的家庭教育环境，共同担负教育幼儿的任务。幼儿园主动与家长沟通，为家长提供科学育儿指导，是幼儿园的法定义务。幼儿园密切家园沟通，既能向家长传播科学育儿知识，帮助家长解决育儿实际问题，又能引导家长理解教师工作对幼儿成长的价值，尊重教师的专业性，积极参与并支持幼儿园的工作，对形成家园共育合力，具有不可替代的重要作用。幼儿园应该积极利用入园离园的随机交流、家访、家长会、家长公开日、家委会等机会与家长沟通。此外，还可以根据需要，与家长进行一对一的专门沟通，重点向家长介绍儿童在园生活和学习情况、幼儿园的保育教育工作开展情况等，并从专业角度对

幼儿在园期间的行为表现进行专业分析，帮助家长理解幼儿在园获得的学习经验，为家长引导和支持儿童的发展提供具体建议。

二、学前儿童家长应配合支持幼儿园保育教育工作

《中华人民共和国教育法》第五十条第二款规定，未成年人的父母或者其他监护人应当配合学校及其他教育机构，对其未成年子女或者其他被监护人进行教育。《中华人民共和国家庭教育促进法》第十九条规定，未成年人的父母或者其他监护人应当与中小学校、幼儿园、婴幼儿照护服务机构、社区密切配合，积极参加其提供的公益性家庭教育指导和实践活动，共同促进未成年人健康成长。法律中明确规定了父母或者其他监护人在家校协同方面的法定义务。

本法作为规范学前教育阶段教育行为的特别法，进一步强调了家长要支持幼儿园开展保育和教育活动，明确了家长在实施家庭教育、促进儿童健康成长过程中的主体责任。家长要积极参加幼儿园开展的家长学校、家长开放日、家长会等家园沟通活动，了解学前儿童在园生活和学习情况、幼儿园保育教育活动情况。主动与教师分享儿童在家中的情绪、身心状况、同伴交往等日常表现，结合儿童的身心发展特点，共同分析出现的问题，探讨解决办法，加深双向沟通和了解。根据幼儿园提供的科学育儿指导策略，树立科学的育儿理念，掌握正确的家庭教育方法，提高家庭教育的能力。在日常生活中，应对儿童多陪伴、多关爱、多沟通，进行积极的亲子互动，建立良好的亲子关系。家长还应遵守幼儿园的各项规章制度，如接送时间、着装要求、用药登记、安全规定等，确保孩子能够安全、有序地参与幼儿园生活和活动，促进孩子的健康成长。

◆ **相关规定**

《中华人民共和国家庭教育促进法》第 19 条、第 39 条；《中华人民共和国教育法》第 50 条；《幼儿园工作规程》第 52 条

第五十九条 幼儿园与小学应当互相衔接配合，共同帮助儿童做好入学准备和入学适应。

> 幼儿园不得采用小学化的教育方式，不得教授小学阶段的课程，防止保育和教育活动小学化。小学坚持按照课程标准零起点教学。
>
> 校外培训机构等其他任何机构不得对学前儿童开展半日制或者全日制培训，不得教授学前儿童小学阶段的课程。

◆ **条文主旨**

本条是关于幼儿园教育与小学教育衔接的规定。

◆ **条文释义**

推进幼儿园教育与小学教育科学衔接，是促进儿童健康成长和可持续发展的必然要求。《中共中央 国务院关于学前教育深化改革规范发展的若干意见》中规定，开展幼儿园"小学化"专项治理行动，坚决克服和纠正"小学化"倾向，小学起始年级必须按国家课程标准坚持零起点教学。本条依据学前儿童和初入学儿童身心发展规律和年龄特点，明确了幼儿园和小学应当共同推进科学衔接，防止和纠正幼儿园教育"小学化"，并对校外培训机构招收学前儿童开展半日制或全日制培训、教授小学阶段课程作出禁止性规定。

一、幼儿园与小学应科学衔接

幼儿园与小学科学衔接，主要体现在共同帮助儿童做好入学准备和入学适应上。本法在《教育部关于大力推进幼儿园与小学科学衔接的指导意见》的基础上，进一步强化了推进幼儿园与小学科学、深度衔接的法律保障。幼儿园和小学应坚持双向衔接，共同把握《关于进一步减轻义务教育阶段学生作业负担和校外培训负担的意见》《义务教育课程方案和课程标准（2022年版）》《幼儿园教育指导纲要（试行）》《3—6岁儿童学习与发展指南》《教育部关于大力推进幼儿园与小学科学衔接的指导意见》等政策精神要求，坚持儿童为本，关注儿童发展的整体性、连续性、可持续性，协同做好入学准备和适应教育。幼儿园要将入学准备教育渗透于幼儿园三年保育教育工作的全过程，同时，也要根据大班幼儿即将进入小学的特殊需要，围绕社会交往、自我调控、规则意识、专注坚持等进入小学所需的关键素质，实施有针对性的入学准备教育。小学要强化衔接意识，将入学适应教育作为深化义务教育课程教学改革的重要任务，纳入一年级教育教学计划，教育教学方式与幼儿园教育相衔接。小学一年级上学期作为幼小衔接适应期，实施与幼儿园相衔接的入学适应教育，合理安排一年级课程内容，改革教育教学方式，强化以儿童为主体的探究性、体验式学习。

二、幼儿园应防止和纠正"小学化"倾向

幼儿园教育"小学化"指幼儿园违背幼儿身心发展规律和幼儿园教育规律，采用机械、强化、高强度训练等方法提前教授小学课程的教育行为，主要表现为教学方式、行为规范、教育环境等方面的"小学化"。例如，以课堂教学取代游戏作为主要手段，用小学生的行为守则来制约幼儿，以及更多采取集中授课和直接传递的教学方式等。这些错误倾向和做法，对幼儿身心健康发展和学前教育质量提升造成了多方面的不良影响。本法从保护儿童身心健康发展出发，强调教育行政部门、教研部门、幼儿园和家长应该合力纠正"小学化"倾向。在《教育部关于规范幼儿园保育教育工作防止和纠正"小学化"现象的通知》《教育部办公厅关于开展幼儿园"小学化"专项治理工作的通知》等政策基础上，本法进一步明确幼儿园教育"小学化"是法律明令禁止的办学行为，应做好预防和纠正。根据本法第七十九条规定，幼儿园如果存在"小学化"的教育行为，将视具体情节采取责令限期改正、没收违法所得或停止办学等方式进行处罚。

值得注意的是，防止与纠正"小学化"的同时，还需做好幼小衔接，帮助儿童做好入学适应和入学准备。因此，幼儿园阶段的学前教育并非一概禁止涉及小学阶段的教程内容，而是应当根据学前儿童的年龄特点和认知能力，采取有别于小学阶段的游戏化教学方式，如通过角色扮演、场景模拟等方式锻炼幼儿的精细动作，进行必要的书写准备，提高阅读能力等，更好地帮助学前儿童提前适应小学阶段的教育内容。

三、幼儿园外的任何机构不得"幼儿园化""小学化"

《关于进一步减轻义务教育阶段学生作业负担和校外培训负担的意见》明确规定，不得开展面向学龄前儿童的线上培训，严禁以学前班、幼小衔接班、思维训练班等名义面向学龄前儿童开展线下学科类（含外语）培训。但并未对除幼儿园外的其他各类机构半日制和全日制托管明确作出限制性

规定。长期以来，为规避严格的幼儿园监管，部分培训机构在师资、场地、空间、设施设备等方面达不到国家办园要求，却以半日或全日托管名义招收学前儿童，长时间集中安排教授识字、写字、算术等小学课程内容，严重损害儿童的身心健康，扰乱了幼儿园办园秩序。针对这一问题，本法单独对包括校外培训机构在内的各类其他机构作出了特别的限制性规定，具有重要的现实意义。

◆ **相关规定**

《中共中央 国务院关于学前教育深化改革规范发展的若干意见》；《关于进一步减轻义务教育阶段学生作业负担和校外培训负担的意见》

第六章　投入保障

本章着重对学前教育投入保障进行了规定。经费投入是学前教育普及普惠安全优质发展的基础，为了确保持续且有效的投入，本章明确了国家投入学前教育的机制，并且强调了各级政府的投入责任。

第六十条　学前教育实行政府投入为主、家庭合理负担保育教育成本、多渠道筹措经费的投入机制。

各级人民政府应当优化教育财政投入支出结构，加大学前教育财政投入，确保财政性学前教育经费在同级财政性教育经费中占合理比例，保障学前教育事业发展。

◆ **条文主旨**

本条是关于学前教育投入机制的规定。

◆ **条文释义**

本条结合学前教育非义务教育的性质特点，明确了以政府投入为主、家庭合理负担和社会多渠道筹措经费相结合的投入机制，并且要求各级政府优化投入支出结构，确定财政性学前教育经费在财政性教育经费中的比例，以保障学前教育健康发展。

一、明确学前教育投入机制

《中华人民共和国教育法》第五十四条第一款规定，国家建立以财政拨款为主、其他多种渠道筹措教育经费为辅的体制，逐步增加对教育的投入，保证国家举办的学校教育经费的稳定来源。2019 年，国务院办公厅印发《教育领域中央与地方财政事权和支出责任划分改革方案》，明确指出学前教育实行以政府投入为主、受教育者合理分担、其他多种渠道筹措经费的投入机制。一方面，本法强化政府对学前教育投入的主体责任。学前教育是国民教育体系的重要组成部分，是重要的社会公益事业，政府必须在学前教育投入中发挥主要作用。2020年经合组织国家政府承担学前教育成本的比例均值为85.8%，2022年我国财政投入占学前教育总投入的比例为58%，以政府投入为主发展学前教育成为世界各国发展学前教育的主流趋势。另一方面，由于学前教育并未纳入义务教育，在强调以政府投入为主的同时，本法提出家长分担、社会多渠道筹措经费。对家庭分担要合理，应当充分考虑家庭经济状况和支付能力，确保家庭不会因为费用过高而承受过大压力，确保儿童不因无法承担学费而丧失接受学前教育的机会。对社会投入，包括但不限于民办幼儿园举办者投入、境内外社会各界及个人对教育的资助和捐赠资金，多种渠道补充幼儿园经费。

建立政府、家庭和社会共同参与，共同分担学前教育成本的投入机制，有利于调动社会各界支持学前教育发展的积极性，为学前教育提供资金支持，保障学前教育持续健康发展。

二、加大学前教育财政投入

持续加大投入是学前教育发展的根本保障。十年来，中央财政累计安排支持学前教育发展资金超过2460亿元。地方财政不断加大投入力度，2023年全国财政性学前教育经费达到3150亿元，比2011年的416亿元增长6.6倍，财政性学前教育经费占比从2011年的2.2%提高到2023年的6.3%。虽然学前教育财政投入总体上有了大幅提高，但部分地方投入不足，一些省份财政性学前教育投入占财政性教育投入的比例甚至不足5%，幼儿园日常运转十分困难。学前教育投入与世界教育强国还有较大差距（目前经合组织成员国家平均约为11%，学前三年毛入园率80%以上的国家，财政性学前教育经费占比平均为9.67%）。综合考虑学前教育发展实际和建设高质量学前教育体系的需求，本法强调优化教育财政投入支出结构，确保财政性学前教育经费在同级财政性教育经费中占合理比例，为持续加大学前教育财政投入，保障学前教育事业健康发展作出了制度安排。

◆ **相关规定**

《中华人民共和国教育法》第54条;《教育领域中央与地方财政事权和支出责任划分改革方案》

第六十一条 学前教育财政补助经费按照中央与地方财政事权和支出责任划分原则,分别列入中央和地方各级预算。中央财政通过转移支付对地方统筹给予支持。省级人民政府应当建立本行政区域内各级人民政府财政补助经费分担机制。

◆ **条文主旨**

本条是关于学前教育财政补助经费保障的规定。

◆ **条文释义**

财政补助是指中央或地方人民政府向其他政府部门、机构、企事业单位或个人提供的资金援助。这种援助是通过财政预算拨款的方式实施,旨在支持特定领域的发展、改善公共服务、促进经济社会发展等。学前教育普及普惠安全优质发展离不开有力的经费保障,而学前教育财政补助经费是学前教育经费中最重要的部分。因此,本条对学前教育财政补助经费保障作了规定:一是按照财政事权和支出责任划分原则分别列入中央和地方各级预算;二是中央财政通过转移支付对地方统筹给予支持;三是省级人民政府建立本行政区域内各级人民政府财政补助经费分担机制。

一、学前教育财政补助经费应当分别列入中央和地方各级预算

中央和地方各级人民政府都要承担起学前教育财政投入的责任。2019年5月,国务院办公厅印发的《教育领域中央与地方财政事权和支出责任划分改革方案》明确指出:"学前教育、普通高中教育、职业教育、高等教育等其他教育,实行以政府投入为主、受教育者合理分担、其他多种渠道筹措经费的投入机制,总体为中央与地方共同财政事权,所需财政补助经费主要按照隶属关系等由中央与地方财政分别承担。"从管理体制上,学前教育实行"国务院领导、省市统筹、以县为主、乡镇支持"的管理体制。与之相应,中央政府承担领导和协调的角色,通过实施转移支付的方式,为各地学前教育发展提供支持，引导地方高质量发展，发挥中央财政的激励、引导、支持作用。省级政府应当根据中央的指导和本地区的实际情况，建立本行政区域内各级人民政府学前教育财政补助经费分担机制，发挥省级财政的统筹作用，健全投入机制，明确分担责任。县级政府需要根据县域内学前教育的发展安排必要的资金，县级财政承担投入主体责任。有条件的乡镇要对辖区内的幼儿园给予支持。此外，《中华人民共和国预算法》第十三条规定："经人民代表大会批准的预算，非经法定程序，不得调整。各级政府、各部门、各单位的支出必须以经批准的预算为依据，未列入预算的不得支出。"政府是学前教育事业费用的主要承担者。为保证学前教育有稳定的财政经费来源，本条强调学前教育财政补助经费要按照中央与地方财政事权和支出责任划分原则，分别列入中央和地方各级预算，推动各级政府充分考虑学前教育发展需要，为学前教育健康发展提供可持续的经费支持。

二、明确中央财政通过转移支付对地方统筹给予支持

《教育领域中央与地方财政事权和支出责任划分改革方案》明确规定："中央财政通过转移支付对地方统筹给予支持。"财政转移支付制度的目的是使贫困地区能够达到全国性基本公共服务水准，即全国基本公共服务标准均等化。根据《中央对地方专项转移支付管理办法》第二条的规定，中央对地方专项转移支付，是指中央政府为实现特定的经济和社会发展目标无偿给予地方政府，由接受转移支付的政府按照中央政府规定的用途安排使用的预算资金。专项转移支付预算资金来源包括一般公共预算、政府性基金预算和国有资本经营预算。同时，《中央对地方专项转移支付管理办法》第四条规定："财政部是专项转移支付的归口管理部门，中央主管部门和地方政府按照职责分工共同做好专项转移支付管理工作。财政部负责拟定专项转移支付总体管理制度，制定或者会同中央主管部门制定具体专项转移支付的资金管理办法；审核专项转移支付设立、调整事项；组织实施专项转移支付预算编制及执行；组织开展专项转移支付绩效管理和监督检查等工作。财政部驻各地财政监察专员办事处（以下简称专员办）按照工作职责和财政部要求，开展专项转移支付有关预算监管工作。中央主管部门协同财政部制定具体专项转移支付的资金管理办法；协同财政部具体管理专项转移支付。地方政府有关部门根据需要制定实施细则，并做好组织实施工作。"从管理体制上，学前教育实行"国务院领导、省市统筹、以县为主、乡镇支持"的管理体制，因此中央财政重在激励、引导、支持，通过转移支付方式加大对地方支持。

三、明确省级人民政府建立财政补助经费分担机制

当前，学前教育财政投入责任主要在县级，由于各地经济水平差异较大，部分经济薄弱地区难以负担学前教育投入，需要省级层面加强倾斜支持。因此，本条强调省级人民政府应当建立本行政区域内各级人民政府财政补助经费分担机制。具体来说，省级人民政府要注重发挥统筹作用，健全投入机制，明确分担责任。例如，省级人民政府要根据各地经济状况以及实际需求，对省、市、县等各级人民政府的支出责任进行划分，特别是要明确省和市级政府在学前教育投入上的责任和投入比例，并建立动态调整机制，加大对薄弱地区的转移支付力度，不断缩小城乡区域发展差距，确保辖区内不同地区均衡发展。同时，县级财政也要承担投入主体责任，根据县域内学前教育发展需要安排必要的资金，有条件的乡镇要对辖区内的幼儿园给予支持，多方共同为学前教育提供充足的经费保障。

◆ **相关规定**

《中华人民共和国预算法》第 13 条；《教育领域中央与地方财政事权和支出责任划分改革方案》；《中央对地方专项转移支付管理办法》第 2 条、第 4 条

第六十二条 国务院和省级人民政府统筹安排学前教育资金，重点扶持农村地区、革命老区、民族地区、边疆地区和欠发达地区发展学前教育。

◆ **条文主旨**

本条是关于对薄弱地区发展学前教育予以资金扶持的规定。

◆ **条文释义**

革命老区、民族地区、边疆地区和欠发达地区也称"老少边穷地区"。由于经济基础薄弱，财政投入不足等各方面原因，农村地区、革命老区、

民族地区、边疆地区和欠发达地区的学前教育发展水平相对滞后。党中央、国务院历来高度重视薄弱地区学前教育发展。2010年《国务院关于当前发展学前教育的若干意见》明确指出，"中央财政设立专项经费，支持中西部农村地区、少数民族地区和边疆地区发展学前教育和学前双语教育"。2018年《中共中央 国务院关于学前教育深化改革规范发展的若干意见》再次明确要求，"中央财政继续安排支持学前教育发展资金，支持地方多种形式扩大普惠性资源，深化体制机制改革，健全幼儿资助制度，重点向中西部农村地区和贫困地区倾斜"。2023年5月29日，习近平总书记在中央政治局就建设教育强国进行第五次集体学习时强调，"把促进教育公平融入到深化教育领域综合改革的各方面各环节，缩小教育的城乡、区域、校际、群体差距，努力让每个孩子都能享有公平而有质量的教育"。自2011年以来，我国中央财政支持学前教育发展专项资金，绝大部分用于倾斜支持中西部农村地区、革命老区、民族地区、边疆地区、欠发达地区，有效支持了弱势地区扩大普惠性学前教育资源供给，完善体制机制，提高保教质量。

同时，法律法规等相关文件也对支持薄弱地区学前教育等事业发展作了规定。例如，《中华人民共和国预算法》第三十九条规定："中央预算和有关地方预算中应当安排必要的资金，用于扶助革命老区、民族地区、边疆地区、贫困地区发展经济社会建设事业。"《中华人民共和国教育法》第十八条第一款规定："国家制定学前教育标准，加快普及学前教育，构建覆盖城乡，特别是农村的学前教育公共服务体系。"财政部、教育部印发的《支持学前教育发展资金管理办法》（财教〔2021〕73号）第十条第一款规定："省级财政、教育部门在分配支持学前教育发展资金时，应当结合本地区年度重点工作和省级财政安排相关资金，加大省级统筹力度，重点向农村地区、革命老区、边疆地区、民族地区和脱贫地区倾斜。要做好与发展改革部门安排基本建设项目等各渠道资金的统筹和对接，防止资金、项目安排重复交叉或缺位。"

近十年来，中西部和农村学前教育快速发展，学前教育在区域、城乡差距明显缩小。每个乡镇基本办有一所公办中心园，大村独立办园、小村联合办园，基本满足了老百姓在家门口的入园愿望。各地政府也积极发挥省级财政的统筹作用。例如，新疆维吾尔自治区自2010年起以南疆四地州为重点，加快普及学前教育，加大经费投入力度，逐步保障南疆全域和北疆农村学前三年适龄幼儿免费入园，创新实施"嵌入式建园"模式（在塔什库尔干县等地，幼儿园建到牧民定居点）；甘肃省全面推进乡（镇）村幼儿园一体化管理，并通过优质园结对帮扶的带队活动帮助农村园提质，引导1000多所城区优质园结对帮扶近3000多所农村园和民办园，促进每个乡镇办好1所公办园。

学前教育是国民教育体系的组成部分，是重要的社会公益事业，为进一步构建覆盖城乡、布局合理、公益普惠、安全优质的学前教育公共服务体系，本法强调扶持弱势地区发展学前教育。因此，在总结相关规定和实践经验的基础上，本条明确规定，国务院和省级人民政府统筹安排学前教育资金，重点扶持农村地区、革命老区、民族地区、边疆地区和欠发达地区发展学前教育，有效补足这些薄弱地区学前教育投入短板问题，促进这些地区的学前教育事业发展。

◆ **相关规定**

《中华人民共和国预算法》第39条；《中华人民共和国教育法》第18条；《国务院关于当前发展学前教育的若干意见》；《中共中央 国务院关于学前教育深化改革规范发展的若干意见》；《支持学前教育发展资金管理办法》

第六十三条 地方各级人民政府应当科学核定普惠性幼儿园办园成本，以提供普惠性学前教育服务为衡量标准，统筹制定财政补助和收费政策，合理确定分担比例。

省级人民政府制定并落实公办幼儿园生均财政拨款标准或者生均公用经费标准，以及普惠性民办幼儿园生均财政补助标准。其中，残疾学前儿童的相关标准应当考虑保育教育和康复需要适当提高。

有条件的地方逐步推进实施免费学前教育，降低家庭保育教育成本。

◆ 条文主旨

本条是关于普惠性学前教育经费保障机制的规定。

◆ 条文释义

一、科学核定普惠性幼儿园办园成本

幼儿园办园成本包括教职工的工资福利支出、设施设备购置、图书及玩具配备、日常运营维护等费用，也包括幼儿园的基础设施建设与更新等长期投资。科学核定办园成本是合理确定财政补助和收费政策的前提，目前很多地方未考虑普惠性幼儿园运行成本，简单确定生均财政补助和收费标准，造成普惠性幼儿园经费投入不足，低水平、低质量运转。针对这一问题，本法强调科学核定普惠性幼儿园办园成本，旨在推动各地以确保基本办园质量为标准，围绕园舍场地、设施设备、教职工配备等必备条件确定办园成本项目，核算所需成本支出，真实反映幼儿园日常运转的经费需求，既有效解决普惠性幼儿园经费不足运转困难，也避免公共经费的浪费。

二、统筹制定财政补助和收费政策，合理确定分担比例

普惠性幼儿园办园经费来源主要包括保教费收入和财政补助。要确保普惠性幼儿园有稳定的经费来源维持正常运转，必须统筹制定财政补助和收费政策。党的二十届三中全会要求"健全人口发展支持和服务体系""有效降低生育、养育、教育成本"，落实党中央、国务院决策部署，积极回应人民群众期盼，在统筹考虑财政补助和收费政策过程中，要合理确定政府和家庭分担比例，尽可能提高财政补助经费的比例，降低家庭缴费的比例，扭转家庭负担过重的现状。如浙江要求政府与家庭分担学前教育的比例不得低于6∶4，有效保障财政投入，减轻家庭教育负担。

三、制定普惠性幼儿园生均财政补助标准

制定普惠性幼儿园生均财政补助标准，按标准对普惠性幼儿园给予财政补助，意味着政府对普惠性幼儿园有稳定的财政投入，对保障普惠性幼儿园健康运转具有重要意义。对公办园，本法要求制定公办园生均财政拨款标准或生均公用经费标准。2023年教育部等三部门《关于实施新时代基础教育扩优提质行动计划的意见》明确"各地公办园生均公用经费标准原则上应于2024年达到600元/年·人"，对公办园生均公用经费标准提出了

底线要求，引导各地提高并落实国家标准。目前各地均制定公办园生均公用经费标准。对民办园，本法要求制定普惠性民办园生均财政补助标准，各地目前也都制定了相应标准，但普遍偏低且落实不到位。下一步，各地应进一步加大对普惠性民办园支持力度，依法提高并落实生均财政补助标准。同时加强普惠性民办园财政补助经费使用管理，如北京要求普惠性幼儿园用于人员经费支出比例占保教费收费收入和财政生均定额补助收入之和的比例原则上不低于70%。

四、提高残疾学前儿童的财政拨款标准

本法第十七条第一款规定，普惠性幼儿园应当接收能够适应幼儿园生活的残疾儿童入园，并为其提供帮助和便利。第二十八条中规定，要统筹实施多种形式的学前特殊教育，推进融合教育，推动特殊教育学校和有条件的儿童福利机构、残疾儿童康复机构增设学前部或者附设幼儿园。招收能够适应幼儿园生活的残疾儿童入园，是保障残疾儿童接受学前教育权利、提高其适应社会和生存发展能力的重要举措。但特殊儿童需要专门的康复照护人员（如幼儿园教师、特教教师、医师、康复治疗师等）、较高的师生比、特别设计的环境、个别化的保育教育等，对其进行保育教育的生均成本要明显高于普通学前教育的生均成本。目前义务教育阶段特殊儿童的生均公用经费标准为每生每年7000元以上，考虑到学前特殊儿童保育教育的特殊性，参照其他学段，本法要求幼儿园招收特殊儿童，应适当提高生均财政补助标准，实践中如江苏规定各地学前特殊教育生均公用经费可按同地同学段标准的8倍以上支付。

五、有条件的地方逐步推进实施免费学前教育

实施免费学前教育，有助于消除因经济差异造成的教育不公平，对保障适龄儿童受教育权益，提高全民族素质具有重要作用，也是国际上学前教育事业发展的主流趋势。党的二十大报告提出，强化学前教育普惠发展。党的二十届三中全会决定要求，探索逐步扩大免费教育范围，健全学前教育保障机制。2025年，"逐步推行免费学前教育"首次写进国务院政府工作报告，成为政府工作的重点。随着各级政府持续加大学前教育财政投入力度，家庭负担比例逐步降低，在条件允许的情况下，实施免费学前教育，既顺应国际发展趋势，履行了庄严的国际承诺，也适应当前推动建设生育友好型社会的要求。从现实情况来看，我国各地财政情况差异较大，短时间内大范围推行免费学前教育，不太可行。在确保学前教育高质量发展的情况下，各地可以根据当地情况，在部分地区、部分群体、限定期限内逐步推行，逐渐降低家庭负担，有序推进免费学前教育工作。

◆ **相关规定**

《教育部、国家发展改革委、财政部关于实施新时代基础教育扩优提质行动计划的意见》

第六十四条 地方各级人民政府应当通过财政补助、购买服务、减免租金、培训教师、教研指导等多种方式，支持普惠性民办幼儿园发展。

◆ **条文主旨**

本条是关于地方政府支持普惠性民办幼儿园发展的规定。

◆ **条文释义**

党的二十大报告提出，强化学前教育普惠发展。近年来，国家大力推进学前教育普及普惠工作。根据《2023年全国教育事业发展统计公报》，我国民办幼儿园14.95万所，其中，大多数为普惠性民办幼儿园。这些普惠性民办幼儿园是我国普惠性学前教育的重要组成部分，为推进我国学前教育普及普惠发展发挥了重要作用。但与此同时，普惠性民办幼儿园也存在发展不平衡不充分问题，办学质量、条件保障参差不齐，成为学前教育高质量发展的短板。促进民办普惠性幼儿园发展既是幼儿园自身的责任，也是各级人民政府的责任。政府支持民办普惠幼儿园发展，对于提高学前教育质量、补齐民生保障短板、实现幼有优育的美好愿望具有重要意义。

地方各级人民政府支持民办普惠幼儿园发展的方式主要包括以下几类：

一、财政补助

给予民办普惠幼儿园财政补助，是地方各级人民政府支持民办普惠幼儿园发展的重要方式。非营利性民办幼儿园向县级人民政府教育行政部门申请认定为普惠性民办幼儿园后，收费实行政府指导价管理，同时政府对其给予一定的扶持。本法第六十三条中规定，地方各级人民政府应当科学核定普惠性幼儿园办园成本，以提供普惠性学前教育服务为衡量标准，统筹制定财政补助和收费政策，合理确定分担比例；省级人民政府制定并落实普惠性民办幼儿园生均财政补助标准。目前，多数地方都已经制定了有关普惠性民办幼儿园的认定、扶持和管理规定，明确了补助标准。例如，《广东省普惠性民办幼儿园认定、扶持和管理办法》规定，省财政统筹中央和省级学前教育相关奖补资金，结合各地普惠性民办幼儿园的学位数量、办园质量和扶持、管理工作情况进行分配。各地级以上市和县（市、区）要采取切实有效的措施扶持普惠性民办幼儿园发展，对普惠性民办幼儿园参照全省公办幼儿园生均公用经费财政拨款标准给予经费补助，鼓励有条件的地区适当提高补助标准。《深圳市普惠性幼儿园管理办法》规定，各区应当对普惠性幼儿园给予经费扶持，逐步实现每生每年不低于6000元的标准。各区可根据财力情况，分年度逐年提高生均补助标准。为鼓励普惠性民办幼儿园提升等级等次，提高教职工待遇，改善办园条件，提升办园质量，充分体现财政资金与高质量的学前教育发展水平相适应的激励导向作用，一些地方还建立差别化的等级生均经费拨款制度，按等级分类扶持。例如，深圳市《光明区普惠性民办幼儿园认定、扶持和管理办法》规定，一级普惠性民办幼儿园每生每年补贴6500元，二级普惠性民办幼儿园每生每年补贴6000元，三级普惠性民办幼儿园每生每年补贴5500元。

此外，一些地方还通过发放房屋租金补助、对考核优秀的普惠性民办幼儿园发放综合奖补等方式，给予普惠性幼儿园财政补助，促进普惠性民办幼儿园有质量、可持续发展。例如，《西安市促进普惠性民办幼儿园规范提升实施方案》提出，鼓励支持普惠性民办园晋升办园等级，对成功创建省级示范园、市一级园的创建园和帮扶园分别给予15万元、5万元一次性补助；鼓励普惠性民办园特色多元发展，对成功创建市级家园共育示范基地、游戏改革试点幼儿园的园所给予5万元一次性补助。

二、购买服务

政府购买服务，是指各级国家机关将属于自身职责范围且适合通过市场化方式提供的服务事项，按照政府采购方式和程序，交由符合条件的服务供应商承担，并根据服务数量和质量等因素向其支付费用的行为。2019

年，财政部制定《政府购买服务管理办法》，规范政府购买服务行为，促进转变政府职能，改善公共服务供给。根据《政府购买服务管理办法》第九条的规定，政府购买服务的内容包括政府向社会公众提供的公共服务以及政府履职所需辅助性服务，具体范围和内容实行指导性目录管理。一些地方将普惠性幼儿园服务、教育服务、课题研究服务等纳入政府购买服务指导性目录。当地政府根据购买内容及市场状况、相关供应商服务能力和信用状况等因素，通过公平竞争择优确定普惠性民办幼儿园承接相应的服务，通过政府购买服务项目资金支持普惠性民办幼儿园发展。

三、减免租金

根据本法规定，新建居住区等应当按照幼儿园布局规划等相关规划和标准配套建设幼儿园。建设单位应当按照有关规定将配套幼儿园作为公共服务设施移交地方人民政府，用于举办普惠性幼儿园。使用配套幼儿园举办普惠性民办幼儿园的，可以减免其租金。

四、培训教师

教师是立教之本、兴教之源，有高质量的教师，才会有高质量的教育。教师队伍素质直接决定着幼儿园的办学能力和办学水平。因此，政府要采取各种形式，加强对普惠性民办幼儿园的教师培训，提高保育教育水平，促进普惠性民办幼儿园的发展。例如，有的地方明确规定保障普惠性民办幼儿园在师资培训方面与公办幼儿园享有同等待遇，有的地方定期开展普惠性民办幼儿园教师队伍培训，有的地方给予幼儿园开展师资培训的专项补助经费。

五、教研指导

教研工作是保障学前教育质量的重要支撑。《"十四五"学前教育发展提升行动计划》提出，坚持教研为幼儿园教育实践服务，为教师专业发展服务，为教育管理决策服务。加强学前教育教研工作，遴选优秀园长和教师充实教研岗位，每个区县至少配备一名学前教育专职教研员，形成一支专兼结合的高素质专业化学前教研队伍。完善教研指导责任区、区域教研和园本教研制度，实现各类幼儿园教研指导全覆盖。教研人员要深入幼儿园保教实践，了解教师专业成长需求，分类制定教研计划，确定教研内容，及时研究解决教师保教实践中的困惑和问题。充分发挥城镇优质幼儿园和乡镇中心幼儿园的辐射指导作用，推动区域保教质量整体提升。

除上述措施外，地方各级人民政府还可以根据有关规定和当地情况，采取其他有效措施，如对普惠性民办园实行居民生活类用水、用电、用气、用热（城镇集中供热）价格，帮助降低办园成本等，支持普惠性民办幼儿园发展。

◆ **相关规定**

《政府购买服务管理办法》第9条

第六十五条 国家建立学前教育资助制度，为家庭经济困难的适龄儿童等接受普惠性学前教育提供资助。

◆ **条文主旨**

本条是关于学前教育资助制度的规定。

◆ **条文释义**

教育资助是重要的保民生、暖民心工程，事关教育公平和民生福祉。近年来，国家持续提高资助水平，从体制机制上保障"不让一个学生因为家庭经济困难而失学"。学前教育是国民教育体系的重要组成部分，建立学前教育资助制度，能够有效解决家庭经济困难儿童的入园问题，是保障学前儿童依法平等接受学前教育的重要举措，也是推进普及学前教育的现实要求。

一、学前教育资助制度主要情况

2011年，《财政部、教育部关于建立学前教育资助制度的意见》要求，从2011年秋季学期起建立学前教育资助政策体系，具体资助方式和资助标准由省级政府自行制定。中央财政根据地方出台的资助政策、经费投入及实施效果等因素，予以奖补。多年来，按照"地方先行、中央补助"原则，各级人民政府对在普惠性幼儿园接受学前教育的家庭经济困难儿童、孤儿和残疾儿童，特别是建档立卡家庭儿童、低保家庭儿童、特困救助供养儿童进行资助。据《中国学生资助发展报告（2023年）》显示，2023年，全国共资助学前教育幼儿703.23万人次，占在园幼儿总数的17.18%，资助金额 94.95 亿元。

二、资助对象

学前教育资助制度主要是为家庭经济困难的适龄儿童等接受普惠性学前教育提供资助，因此主要资助对象是在普惠性幼儿园就读的家庭经济困难儿童。家庭经济困难儿童认定是学前教育资助的基础性工作。为进一步提高资助精准度，确保资助政策有效落实，2018 年教育部等六部门发布《关于做好家庭经济困难学生认定工作的指导意见》，将家庭经济困难学生认定工作的对象确定为本人及其家庭的经济能力难以满足在校期间的学习、生活基本支出的学生，要求有关部门坚持实事求是、客观公平。根据上述指导意见，学前教育阶段的家庭经济困难儿童认定要从客观实际出发，以家庭经济状况为主要认定依据，统一认定标准和认定尺度，确保公平公正。一是要坚持定量评价与定性评价相结合。既要建立科学的量化指标体系，进行定量评价，也要通过定性分析修正量化结果，更加准确、全面地了解学前儿童的实际情况。二是坚持公开透明与保护隐私相结合。既要做到认定内容、程序、方法等透明，确保认定公正，也要尊重和保护学生隐私。三是坚持积极引导与自愿申请相结合。既要引导学前儿童家长主动利用国家资助保障适龄儿童接受学前教育，也要充分尊重个人意愿，遵循自愿申请的原则。

家庭经济困难儿童的认定依据包括：（一）家庭经济因素。主要包括家庭收入、财产、债务等情况。（二）特殊群体因素。主要指是否属于建档立卡贫困家庭儿童、最低生活保障家庭儿童、特困供养儿童、孤残儿童、烈士子女、家庭经济困难残疾儿童及残疾人子女等情况。（三）地区经济社会发展水平因素。主要指当地经济发展水平、城乡居民最低生活保障标准，幼儿园收费标准等情况。（四）突发状况因素，如遭受重大自然灾害、重大突发意外事件等情况。（五）个人消费因素，如消费金额、结构等是否合理。（六）其他影响家庭经济状况的有关因素，如家庭负担、劳动力及职业状况等。

家庭经济困难儿童认定工作原则上每学年进行一次，每学期按照家庭经济困难儿童的实际情况进行动态调整。工作程序一般应包括提前告知、个人申请、学校认定、结果公示、建档备案等环节。各地、各校可根据实际情况制定具体的实施程序。

三、资助方式和资助标准

学前教育资助的主要方式是减免惠普性幼儿园保教费用。根据各地情况，具体标准有所不同。例如，《天津市学前教育资助金管理办法》规定，学前教育资助金主要用于受助儿童在园补助，原则上每生每年资助 1500 元。资助对象所在幼儿园全年收取保育费（保教费）低于 1500 元的，按实际收费标准予以补助。《内蒙古自治区财政厅、内蒙古自治区教育厅关于建立学前教育资助制度的通知》提出，对按照《内蒙古自治区家庭经济困难学生认定工作实施办法（2021 修订）》认定的家庭经济困难的儿童，按照困难程度和相应资助标准，每生每年减免保教费 2000 元或 1000 元。幼儿园经批准的保教费收费标准高于资助标准的，可以按规定继续向幼儿家庭收取差额部分；幼儿园经批准的保教费收费标准低于资助标准的，按保教费收费标准据实补助。

除按照相应标准减免普惠性幼儿园保教费用，各地可根据实际情况自行制定针对家庭经济困难的学前儿童的其他资助政策。

四、工作要求

各级人民政府以及教育、财政等相关部门要依照相关规定，根据职责分工加强学前教育资助管理工作，坚持公平、公正的原则，严把资格审查关，严禁弄虚作假，既要确保资助信息真实可靠，又要统筹安排学前教育资助金所需资金，确保及时足额到位。对学前教育资助金，依照有关规定专款专用，不得截留、挤占或挪用，并接受有关部门的检查和监督。对于截留、挤占或挪用资金，弄虚作假套取资金等行为，将按照《财政违法行为处罚处分条例》等有关规定予以处理。

◆ **相关规定**

《财政违法行为处罚处分条例》

第六十六条 国家鼓励自然人、法人和非法人组织通过捐赠、志愿服务等方式支持学前教育事业。

◆ **条文主旨**

本条是关于鼓励通过捐助、志愿服务等方式支持学前教育事业的规定。

◆ **条文释义**

百年大计，教育为本。学前教育关系亿万儿童健康成长，越来越受到国家和社会的关注和重视。发展学前教育，需要政府的投入和支持，也离不开社会各界的广泛支持。为学前教育提供捐赠、志愿服务是自然人、法人和非法人组织支持学前教育事业的重要方式。

一、鼓励对学前教育事业进行捐赠

《中华人民共和国公益事业捐赠法》对自然人、法人或者其他组织自愿无偿向依法成立的公益性社会团体和公益性非营利的事业单位捐赠财产的行为作出了具体规定。该法第十条第一款规定"公益性社会团体和公益性非营利的事业单位可以依照本法接受捐赠"，并在第三款中将公益性非营利的事业单位界定为"依法成立的，从事公益事业的不以营利为目的的教育机构、科学研究机构、医疗卫生机构、社会公共文化机构、社会公共体育机构和社会福利机构等"。为鼓励自然人、法人或者非法人组织对公益事业进行捐赠，《中华人民共和国公益事业捐赠法》第四章中规定，公司和其他企业向公益性社会团体和公益性事业单位捐赠财产的，依照法律、行政法规的规定享受企业所得税方面的优惠；自然人和个体工商户依照本法的规定捐赠财产用于公益事业，依照法律、行政法规的规定享受个人所得税方面的优惠；境外向公益性社会团体和公益性非营利的事业单位捐赠的用于公益事业的物资，依照法律、行政法规的规定减征或者免征进口关税和进口环节的增值税。捐赠财产支持学前教育事业发展的公民、法人和非法人组织可以依照上述规定享受相应的税收优惠。除税收方面的优惠外，国家对向学前教育事业捐赠的捐赠者还可以依法进行表彰，以鼓励更多的组织和个人向他们学习，形成积极向学前教育捐赠的社会氛围。

需要注意的是，捐赠是一种民事行为，只要当事人是自愿的、意思表示是真实的，既可以向公办幼儿园进行捐赠，也可以向民办幼儿园进行捐赠；既可以向非营利性民办幼儿园进行捐赠，也可以向营利性民办幼儿园进行捐赠，但面向营利性民办幼儿园的捐赠行为不适用《中华人民共和国公益事业捐赠法》的规范，无法享受相关税收优惠。

此外，根据《中华人民共和国慈善法》第三条的规定，自然人、法人和非法人组织以捐赠财产或者提供服务等方式，自愿开展的促进教育事业发展的公益活动，属于慈善活动。捐赠人可以通过慈善组织进行捐赠支持学前教育事业的发展，也可以直接向受益人，如幼儿园或者学前儿童进行捐赠，并依法享受税收优惠。企业慈善捐赠支出超过法律规定的准予在计算企业所得税应纳税所得额时当年扣除的部分，允许结转以后三年内在计算应纳税所得额时扣除；境外捐赠用于慈善活动的物资，依法减征或者免征进口关税和进口环节增值税。

二、鼓励为学前教育事业提供志愿服务

自然人、法人和非法人组织可以通过志愿服务等方式支持学前教育事业。志愿服务，是指志愿者、志愿服务组织和其他组织自愿、无偿向社会或者他人提供的公益服务。根据《志愿服务条例》第十一条和第二十三条的规定，国家鼓励和支持具备专业知识、技能的志愿者提供专业志愿服务。志愿者可以参与志愿服务组织开展的与学前教育相关的志愿服务活动，也可以自行依法开展相关的志愿服务活动。但需要注意的是，开展专业志愿服务活动，应当执行国家或者行业组织制定的标准和规程。法律、行政法规对开展志愿服务活动有职业资格要求的，志愿者应当依法取得相应的资格。为鼓励志愿者开展志愿服务，对在志愿服务事业发展中做出突出贡献的志愿者、志愿服务组织，由县级以上人民政府或者有关部门按照法律、法规和国家有关规定予以表彰、奖励。国家鼓励企业和其他组织在同等条件下优先招用有良好志愿服务记录的志愿者。公务员考录、事业单位招聘可以将志愿服务情况纳入考察内容。县级以上地方人民政府可以根据实际情况采取措施，鼓励公共服务机构等对有良好志愿服务记录的志愿者给予优待。

◆ **相关规定**

《中华人民共和国公益事业捐赠法》第 10 条；《中华人民共和国慈善法》第 3 条；《志愿服务条例》第 11 条、第 23 条

第七章　监督管理

本章是关于学前教育领域监督管理方面的规定。为加强对幼儿园监管，提升幼儿园管理规范化水平，提高学前教育质量，本章规定了各级人民政府及有关部门在学前儿童及幼儿园安全、幼儿园收费管理和经费使用、学前经费预算管理和审计监督、信息公开、教育督导、质量评估等方面的监管责任。

第六十七条　县级以上人民政府及其有关部门应当建立健全幼儿园安全风险防控体系，强化幼儿园周边治安管理和巡逻防控工作，加强对幼儿园安全保卫的监督指导，督促幼儿园加强安全防范建设，及时排查和消除安全隐患，依法保障学前儿童与幼儿园安全。

禁止在幼儿园内及周边区域建设或者设置有危险、有污染的建筑物和设施设备。

◆ **条文主旨**

本条是关于学前儿童和幼儿园安全方面的监管规定。

◆ **条文释义**

安全是学前教育的基础防线。截至2023年底，全国共有各级各类学校49.83万所，其中幼儿园共27.44万所，数量占比已超50%。幼儿园安全问题尤其受到全社会广泛关注。加强幼儿园安全监管，是保障学前儿童健康成长、全面发展的前提和基础，关系广大学前儿童及教职工的人身安全，关系亿万家庭幸福和社会和谐稳定。为进一步加强幼儿园安全工作，本法对各级人民政府及其有关部门监管职责作了规定。

一、建立健全幼儿园安全风险防控体系

2017年印发的《国务院办公厅关于加强中小学幼儿园安全风险防控体系建设的意见》，要求针对影响中小学和幼儿园安全的突出问题、难点问题，进一步整合各方面力量，加强和完善相关制度、机制，深入改革创新，加快形成党委领导、政府负责、社会协同、公众参与、法治保障，科学系统、全面规范、职责明确的安全风险预防、管控与处置体系，切实维护师生人身安全，保障校园平安有序，促进社会和谐稳定。上述意见对完善幼儿园安全风险预防体系、健全幼儿园安全风险管控机制、完善幼儿园安全事故处理和风险化解机制、强化领导责任和保障机制等作了详细规定。

二、强化幼儿园周边治安管理和巡逻防控工作

上下学等时段，幼儿园周边容易出现道路拥堵、人员聚集的情况，强化幼儿园周边治安管理和巡逻防控工作，防范和遏制恶性事件发生，维护广大群众生命财产安全，营造安全有序的良好环境，尤为重要。实践中，各地强化幼儿园周边治安管理和巡逻防控工作的内容主要包括以下几个方面：一是设立警务室或治安岗亭，落实警务责任并认真开展巡逻守护工作，提高快速反应能力，及时应对处置学校的报警求助；二是按要求设置专门警力开展巡逻，维护校园周边治安秩序、道路交通秩序；三是将幼儿园纳入网格化巡逻巡查；四是组织开展群防群治工作；五是定期梳理整治幼儿园周边治安乱点，解决突出治安问题；六是对辖区幼儿园安保工作进行全面督导检查；等等。

一些地方还制定了关于学校安全的地方性法规，结合当地情况对学校幼儿园周边治安管理问题作了规定。例如，《湖北省学校安全条例》中要求县级以上人民政府公安机关应当将校园及周边治安纳入社会治安防控体系，建立校园及周边治安形势研判、信息互通共享、联动应急处置工作机制，及时排查校园周边安全隐患；在校园周边安装视频监控装置，将校园及周边安防视频监控系统和紧急报警装置接入本系统监控和报警平台；等等。

三、加强对幼儿园安全保卫的监督指导

县级以上人民政府及其有关部门应加强对幼儿园安全保卫的监督指导，督促幼儿园加强安全风险防范建设。幼儿园既要建立健全完备的安全管理和责任制度体系，依照相关标准配足安保人员，对火灾等安全隐患做到及

时排查和消除，又要构建全覆盖的安全风险防控体系，健全风险评估和预防制度，针对紧急突发事件具有相应的风险评估能力和预警行动方案，避免出现在园儿童遭受侵害、疑似受到侵害等危险状况。

四、禁止在幼儿园内及周边区域建设或者设置有危险、有污染的建筑物和设施设备

在幼儿园内及周边区域建设或者设置有危险、有污染的建筑物和设施设备，将对幼儿园安全造成极大的隐患。为确保学前儿童及幼儿园安全，本法明确规定禁止在幼儿园内及周边区域建设或者设置有危险、有污染的建筑物和设施设备。《幼儿园建设标准》第十二条中规定，幼儿园选址取决于地质、地貌、环境、交通、能源（水源、电源等）等主要条件，同时要考虑各种复杂自然因素的影响。为保证具有安全、安静、卫生的育人环境，幼儿园应避免噪声、烟尘、异味的干扰和污水、废气、粉尘的污染。应避开地震危险地段、可能发生地质灾害地段（如山体崩塌、滑坡、泥石流、地面塌陷、地裂缝、地面沉降等）、其他不安全地带（如悬崖边、崖底、风口、行洪沟口等）。为保证幼儿的健康成长，幼儿园的位置应与不利于幼儿身心健康的社会环境保持适宜的距离，并应远离物理、化学污染源。

需要注意的是，为构建有利于幼儿健康成长的和谐环境，除本法上述规定外，其他法律法规等也对幼儿园设施、场所安全以及周边区域营业场所设置等作了规定。例如，《中华人民共和国未成年人保护法》中规定，幼儿园周边不得设置营业性娱乐场所、酒吧、互联网上网服务营业场所等不适宜未成年人活动的场所，不得设置烟、酒、彩票销售网点；幼儿园不得在危及未成年人人身安全、身心健康的校舍和其他设施、场所中进行教育教学活动。

◆ **相关规定**

《国务院关于加强中小学幼儿园安全风险防控体系建设的意见》；《中小学幼儿园安全防范工作规范（试行）》

第六十八条 省级人民政府或者其授权的设区的市级人民政府根据办园成本、经济发展水平和群众承受能力等因素，合理确定公办幼儿园和非营利性民办幼儿园的收费标准，并建立定期调整机制。

县级以上地方人民政府及有关部门应当加强对幼儿园收费的监管，必要时可以对收费实行市场调节价的营利性民办幼儿园开展成本调查，引导合理收费，遏制过高收费。

◆ **条文主旨**

本条是关于幼儿园收费的规定。

◆ **条文释义**

学前教育是国民教育的重要组成部分，是重要的社会公益事业。目前，我国学前教育实行政府投入为主、家庭合理负担保育教育成本、多渠道筹措经费的投入机制，有条件的地方逐步推进实施免费学前教育。未实施免费学前教育的地方，幼儿园按照规定向在园儿童收取保育教育费，对在幼儿园住宿的学前儿童收取住宿费。为促进学前教育事业发展，维护学前儿童及其家长、幼儿园的合法权益，本条对合理确定公办幼儿园和非营利性民办幼儿园的收费标准、加强收费监管等作了规定。

一、合理确定公办幼儿园的收费标准

目前，公办幼儿园保教费标准，由省级教育行政部门根据当地城乡经济发展水平、办园成本和群众承受能力等实际情况提出制定或调整意见，经省级价格主管部门、财政部门审核后，三部门共同报省级人民政府审定。制定或调整公办幼儿园住宿费标准，由当地教育行政部门提出意见，报当地价格主管部门会同财政部门审批。提出制定或调整公办幼儿园保教费标准意见时，应提交下列材料：（一）申请制定或调整收费标准的具体项目；（二）现行收费标准和申请制定的收费标准或拟调整收费标准的幅度，以及年度收费额和调整后的收费增减额；（三）申请制定或调整收费标准的依据和理由；（四）申请制定或调整收费标准对幼儿家长负担及幼儿园收支的影响；（五）价格主管部门、财政部门要求提供的其他材料。

公办幼儿园保教费标准根据年生均保育教育成本的一定比例确定。保育教育成本包括以下项目：教职工工资、津贴、补贴及福利、社会保障支出、公务费、业务费、修缮费等正常办园费用支出。不包括灾害损失、事故、经营性费用支出等非正常办园费用支出。公办幼儿园住宿费标准按照实际成本确定，不得以营利为目的。

二、合理确定非营利性民办幼儿园的收费标准

《中华人民共和国民办教育促进法》第三十八条中规定，民办学校收取费用的项目和标准根据办学成本、市场需求等因素确定，向社会公示，并接受有关主管部门的监督。非营利性民办学校收费的具体办法，由省、自治区、直辖市人民政府制定。本法在上述规定的基础上，根据学前教育阶段的特殊性，对非营利性民办幼儿园的收费标准如何确定作了进一步规定，由省级人民政府或者其授权的设区的市级人民政府根据办园成本、经济发展水平和群众承受能力等因素合理确定。非营利性民办幼儿园中的普惠性民办幼儿园，接受政府扶持，其收费实行政府指导价管理。

三、加强收费监管

各级人民政府价格、教育、财政部门应加强对幼儿园收费的管理和监督检查，督促幼儿园建立健全收费管理制度，自觉执行国家制定的幼儿园教育收费政策。对违反国家教育收费法律、法规、政策等规定的行为，要依据《中华人民共和国价格法》《价格违法行为行政处罚规定》等法律法规以及行政事业性收费管理制度的相关规定严肃查处。

四、引导营利性民办幼儿园合理收费

根据《中华人民共和国民办教育促进法》第三十八条，营利性民办幼儿园的收费标准，实行市场调节，由幼儿园自主决定。实践中，有的民办营利性幼儿园收费高昂，但相关费用使用情况不透明，或者未能提供相应标准的服务。因此，县级以上地方人民政府及有关部门必要时可以对收费实行市场调节价的营利性民办幼儿园开展成本调查，引导合理收费，遏制过高收费。

◆ 相关规定

《中华人民共和国民办教育促进法》第 38 条；《中华人民共和国民办教育促进法实施条例》第 42 条

第六十九条 幼儿园收取的费用应当主要用于保育和教育活动、保障教职工待遇、促进教职工发展和改善办园条件。学前儿童伙食费应当专款专用。

幼儿园应当执行收费公示制度，收费项目和标准、服务内容、退费规则等应当向家长公示，接受社会监督。

幼儿园不得违反有关规定收取费用，不得向学前儿童及其家长组织征订教学材料，推销或者变相推销商品、服务等。

◆ **条文主旨**

本条是关于幼儿园收费的规定。

◆ **条文释义**

学前教育属于非义务教育，幼儿园可以向入园幼儿园收取一定费用，收费的标准、用途应当遵守国家和地方有关规定，不得随意收取费用，也不得随意变更收费用途或者挪作他用。

一、幼儿园收取费用的用途

根据本法第六十条的规定，学前教育实行政府投入为主、家庭合理负担保育教育成本、多渠道筹措经费的投入机制。幼儿园可向入园幼儿收取保育教育费（以下简称保教费）、住宿费、伙食费、服务性收费和代收费。其中，保教费是幼儿园向幼儿提供保育、教育服务而收取的费用。住宿费是寄宿制幼儿园向在园住宿的幼儿提供住宿及看管服务而收取的费用。伙食费是幼儿园为在园幼儿提供膳食服务收取的费用。服务性收费是幼儿园为在园幼儿提供保教服务以外的、由幼儿家长自愿选择的服务而收取的费用，如延时服务费、校车服务费等。代收费是幼儿园为方便幼儿在园学习和生活，在幼儿家长自愿的前提下，为提供服务的单位代收的费用，如体检费、园服费等。关于幼儿园收费的种类，因 2011 年由国家发展改革委、教育部、财政部联合印发的《幼儿园收费管理暂行办法》没有对伙食费进行规范要求和明确归类，各地出台的幼儿园收费地方标准对此进行了各种探索，如河北省将伙食费、代收费和服务型收费分别规范；北京市将伙食费并入代办服务性收费；陕西省将伙食费作为服务性收费的一种与代收费

(体检费、保险费)并列。

根据本条规定，无论是非营利性幼儿园还是营利性幼儿园，幼儿园收取的费用都应当主要用于保育和教育活动、保障教职工待遇、促进教职工发展和改善办园条件。其中，学前儿童伙食费应当专款专用。之所以对幼儿园收取费用的用途作出明确规定，是因为学前教育是公益事业，从保护学前儿童身心健康的角度出发，在任何情况下幼儿园都不应当成为牟利的工具。即使是营利性幼儿园，其办园的初衷和目的也不应当是谋取高利润回报，所收取的费用应当主要用于提高保育教育质量，而不是作为投资回报进行分配。同时，根据本法第六十八条的规定，幼儿园所收取的费用应当与其办园成本相匹配，因此当然应当主要用于保育教育活动、教职工工资待遇、园所条件改善等用途。

二、幼儿园应当执行收费公示制度

收费公示制度是对幼儿园收费进行社会监督的重要途径。目前，我国教育领域严格执行教育收费公示制度，各级各类学校都应当建立健全规范化的收费公示动态管理制度，未经公示不得收费。幼儿园也同样应当执行收费公示制度，一方面，督促幼儿园确定和执行合理的收费标准，防止过高收费；另一方面，督促幼儿园严格收费管理，不得以各种名目乱收费。收费公示的内容包括收费项目和标准、服务内容、退费规则等收费相关的关键内容，公示的内容应当清楚、明确，不得用词模糊、含糊易混；同时，公示收费的内容应当依法依规，不得将越权收费、超标准收费、自立项目收费等乱收费行为通过公示"合法化"。遇有政策调整或其他情况变化时，幼儿园要及时更新公示的有关内容。

收费公示的方式包括在幼儿园门口或园内张贴纸质版公示、设置电子屏、在幼儿园网站上进行公示等方式。公示的地点应当醒目，便于社会公众查询。公示的对象是家长和其他社会公众。家长是幼儿园收费的利益直接相关方，最有动力和能力对幼儿园收费进行监督。因此，幼儿园需要确保其收费向家长公示，对违反规定的乱收费、按规定应公示而未公示的收费，或公示内容与规定政策不符的，幼儿家长有权向有关部门举报。同时，收费公示作为社会监督的重要方式，依据教育收费管理的相关规定，收费相关内容也应当向家长以外的其他社会公众公示，便于社会公众进行监督。

三、幼儿园不得违规收费

目前,《幼儿园管理条例》《幼儿园收费管理暂行办法》等行政法规、部门规章对幼儿园收费作了明确要求,各地也出台了幼儿园收费管理的地方性法规、规章和规范性文件,对幼儿园收费的项目、标准等进行了详细而具体的规定。幼儿园收费应当严格按照相关规定执行,不得超出规定的项目、标准收取费用。例如,以开办实验班、特色班、兴趣班、亲子班、蒙氏班等特色教育为名向家长另行收取费用,收取与幼儿入园挂钩的赞助费、支教费、捐资助学费、建设费、教育成本补偿费等,以安全设备升级、配备保安人员为由向幼儿家长另行收费等。

学前教育不属于义务教育,保育教育活动中需要使用的教学材料由幼儿园自行购买,幼儿教育所需幼儿图书画册、教具、手工操作材料、玩具及耗材等购买开支在计算保教费时已经作为其成本予以考虑,也即向幼儿所收取的保教费中已包含开展保育教育活动所需要的教学材料的费用。因此,幼儿园不得另行组织向学前儿童及其家长征订教学材料,重复收取费用。此外,根据本条规定,幼儿园也不得向学前儿童及其家长推销或者变相推销商品、服务。主要考虑是,幼儿园推销或者变相推销商品、服务,必然从所推销的商品或者服务中赚取利润。为了获取利润,可能推销不适宜学前儿童的商品或者服务,即使是有益于学前儿童的商品和服务,幼儿园加以推销或者变相推销,从中谋取利益,也与学前教育属于公益性事业的定位相违背,因此本条明确规定禁止这类行为。

◆ **相关规定**

《幼儿园收费管理暂行办法》第 3 条、第 11 条、第 12 条、第 17 条、第 20 条

第七十条 幼儿园应当依法建立健全财务、会计及资产管理制度,严格经费管理,合理使用经费,提高经费使用效益。

幼儿园应当按照有关规定实行财务公开,接受社会监督。县级以上人民政府教育等有关部门应当加强对公办幼儿园的审计。

> 民办幼儿园每年应当依法进行审计，并向县级人民政府教育行政部门提交经审计的财务会计报告。

◆ 条文主旨

本条是关于幼儿园经费管理和财务公开的规定。

◆ 条文释义

财务管理是幼儿园内部管理的重要组成部分，是开展保育教育活动的基础，幼儿园应当加强对其内部财务活动的管理，同时，应当通过审计等手段确保其依法依规进行。

一、幼儿园的经费管理

财务、会计制度是以货币为主要计量形式，对单位的财务活动和经营状况进行记账、算账、报账，为单位和其他利害关系人定期提供单位财务信息而形成的制度。《中华人民共和国会计法》等法律以及财政部等有关部门出台了财务会计相关的各项规定，幼儿园应当根据其性质，严格按照有关规定建立健全相关制度。例如，如果幼儿园属于事业单位，应当依据财政部出台的《事业单位财务规则》《政府会计制度——行政事业单位会计科目和报表》等建立健全财务、会计制度；如果幼儿园属于民办非企业单位，则应当依据《民间非营利组织会计制度》《财政部关于对明确民办非企业单位财务管理制度等问题的函》等建立健全财务、会计制度；如果幼儿园属于企业，则应当依照财政部《企业财务通则》《企业会计准则——基本准则》等建立健全财务、会计制度。

资产是指单位依法直接支配的各类经济资源，包括流动资产、固定资产、在建工程、无形资产等。幼儿园的资产可能来源于财政投入、举办者投入、社会捐赠、在园幼儿所缴纳的费用等，不同性质幼儿园的具体资产来源也有所不同。幼儿园的资产管理关系幼儿园开展的保育教育活动质量，关系幼儿园的长远发展，关系依法管理使用国有资产，幼儿园应当按照资产管理的有关规定，建立健全幼儿园内部的资产管理制度，加强资产管理，合理配置和有效利用资产，防止资产流失。

幼儿园经费是幼儿园运营和发展的基础，幼儿园需要对其收入和支出进行有效的管理和控制，以维持幼儿园财务稳定和可持续发展。根据本法第六十条第一款的规定，学前教育实行政府投入为主、家庭合理负担保育教育成本、多渠道筹措经费的投入机制。因此，幼儿园的经费来源包括财政投入，举办者所投入的各项非财政性资金，社会捐赠的财物，幼儿园收取的保教费等。无论哪种经费来源，幼儿园都应当加强经费管理，严格规范使用经费，从促使幼儿园稳定健康发展的角度合理使用该经费，降低不必要的运营成本，避免浪费，提高经费的使用效益。

二、幼儿园的财务公开和审计

幼儿园财务公开，接受审计和社会监督，是提高幼儿园财务管理规范化的重要方式，国家和地方有关规定对幼儿园财务公开提出了明确要求。例如，《事业单位财务规则》第六十二条规定，事业单位应当建立健全内部控制制度、经济责任制度、财务信息披露制度等监督制度，依法公开财务信息；《呼和浩特市教育系统财务公开指导意见》明确了依当地规定实行财务公开的内容、方式、流程等。各类幼儿园均应当根据有关要求，依法将幼儿园的财务信息向社会公开，接受社会监督。

审计有助于提高幼儿园财务管理的规范性和透明度，督促幼儿园依法合规运营。教育行政部门及公办幼儿园属于审计机关的审计监督对象。根据《中华人民共和国审计法》的规定，被审计单位应当加强对内部审计工作的领导，按照国家有关规定建立健全内部审计制度。教育部于2020年出台《教育系统内部审计工作规定》，对依法属于审计机关审计监督对象的各级教育行政部门、学校和其他教育事业单位、企业等的内部审计工作作了明确要求，教育行政部门及审计机关应当按照相关要求加强对公办幼儿园的审计。如果公办幼儿园属于其他部门的，有关部门也应当按照有关规定加强其审计工作。

除加强对公办幼儿园的审计外，民办幼儿园每年也应当依法委托会计师事务所对年度财务报告进行审计，并向县级人民政府教育行政部门提交经审计的财务会计报告。非营利性民办园需审计收支合规性，营利性民办园需按《中华人民共和国公司法》进行财务审计并公示。民办幼儿园审计以财务会计报告审计为主，但部分地区（如深圳）要求对普惠性民办园进行专项资金绩效审计，具体工作需结合地方政策要求开展。财务会计报告是反映该单位某一特定日期财务状况和某一会计期间经营成果、现金流量的文件。《中华人民共和国会计法》等法律法规对财务会计报告的编制等作了详细规定，民办幼儿园应当按照要求编制财务会计报告，并由注册会计师对财务会计报告进行审计，注册会计师及其所在的会计师事务所出具的审计报告应当随同财务会计报告一并提供给县级人民政府教育行政部门。审计报告需包括资产负债表、收支明细表、现金流量表及附注，并由注册会计师签字确认，注明审计意见类型。

◆ **相关规定**

《幼儿园管理条例》第 24 条；《事业单位财务规则》第 62 条

第七十一条 县级以上人民政府及其有关部门应当建立健全学前教育经费预算管理和审计监督制度。

任何单位和个人不得侵占、挪用学前教育经费，不得向幼儿园非法收取或者摊派费用。

◆ **条文主旨**

本条是关于学前教育经费管理的规定。

◆ **条文释义**

学前教育经费是学前教育稳定、可持续发展的支撑，只有对学前教育经费进行严格管理和监督，才能保证学前教育经费在学前教育事业中发挥最大效益，才能促使学前教育健康发展。

一、建立健全学前教育经费预算管理和审计监督制度

学前教育经费来源包括国家财政性教育经费、民办幼儿园的举办者投入、捐赠收入等，其中国家财政性教育经费是学前教育经费的重要来源，即幼儿园取得的所有属于财政性质的经费，包括一般公共预算安排的教育经费、政府性基金预算安排的教育经费、国有及国有控股企业办学中的企业拨款等。因此，本条对政府及其有关部门的学前教育经费管理和审计监督专门作了规定，县级以上人民政府及其有关部门应当建立健全学前教育经费预算管理和审计监督制度。

预算体现国家的战略和政策，反映政府的活动范围和方向，是推进国家治理体系和治理能力现代化的重要支撑，是宏观调控的重要手段。根据《中华人民共和国预算法》的规定，政府的全部收入和支出都应当纳入预算。该法同时对预算编制、审查和批准、执行等权限和程序作了明确规定，包含学前教育经费在内的政府收支应该严格按照《中华人民共和国预算法》《中华人民共和国预算法实施条例》等法律法规的要求，做好预算管理工作。目前，学前教育与小学教育、初中教育、普通高中教育支出在《政府收支分类科目》中共同属于"基础教育"，各级预算编制、审查、批准和执行时也按此统一执行。

审计，是指审计机关依法独立检查被审计单位的会计凭证、会计账簿、财务会计报告以及其他与财政收支、财务收支有关的资料和资产，监督财政收支、财务收支真实、合法和效益的行为。我国实行审计监督制度。国务院各部门和地方各级人民政府及其各部门的财政收支，国有的金融机构和企业事业组织的财务收支，以及其他依照本法规定应当接受审计的财政收支、财务收支，依法接受审计监督。审计机关对前述财政收支或者财务收支的真实、合法和效益，依法进行审计监督。学前教育经费的收支依法属于审计监督的范围，由审计机关依照法律规定的职权和程序，进行审计监督。

二、不得侵占、挪用学前教育经费，不得向幼儿园非法收取或者摊派费用

各类学前教育经费有其规定用途，应当严格按照要求支出，任何单位和个人不得侵占、挪用。例如，支持学前教育发展资金，即中央财政用于支持学前教育发展的转移支付资金，其管理办法明确该资金现阶段主要用于支持地方补足普惠性资源短板，支持地方健全普惠性学前教育经费投入机制，支持地方巩固幼儿资助制度，支持地方提高保教质量。严禁将资金用于平衡预算、偿还债务、支付利息、对外投资等支出，不得从资金中提取工作经费或管理经费。各级财政、教育部门及其工作人员、申报使用补助资金的部门、单位及个人存在违法违规行为的，依法责令改正；对负有责任的领导人员和直接责任人员依法给予处分。《中华人民共和国预算法》第九十三条中也规定，各级政府及有关部门、单位违反预算法规定，改变预算支出用途的，责令改正，对负有直接责任的主管人员和其他直接责任人员依法给予降级、撤职、开除的处分。

学前教育是公益事业，而非商业活动，其收入应当主要用于学前教育活动本身，而不能成为幼儿园自身或者其他单位、个人的牟利手段。如果有关单位、个人非法向幼儿园收取或者摊派费用，幼儿园只能通过巧立名目、超标准收费，或者压缩保育教育活动开支、降低办园条件等方式应对，而这必然损害学前儿童家庭的经济利益，影响学前儿童获取更优质的学前教育。因此，本条明确禁止任何单位和个人向幼儿园非法收取或者摊派费用。

◆ **相关规定**

《中华人民共和国预算法》；《中华人民共和国预算法实施条例》；《中华人民共和国审计法》

第七十二条 县级人民政府教育行政部门应当建立健全各类幼儿园基本信息备案及公示制度，利用互联网等方式定期向社会公布并更新政府学前教育财政投入、幼儿园规划举办等方面信息，以及各类幼儿园的教师和其他工作人员的资质和配备、招生、经费收支、收费标准、保育教育质量等方面信息。

◆ **条文主旨**

本条是关于幼儿园基本信息备案及公示制度的规定。

◆ **条文释义**

建立信息公示制度是现代化治理的重要监管手段，本条对建立健全幼儿园基本信息备案及公示制度，以及信息公示内容等作了具体规定，以确保学前教育管理公开、公正、透明。

一、建立健全幼儿园基本信息备案及公示制度

幼儿园基本信息备案及公示制度，即将幼儿园的基本信息提交教育行政部门备案，并将经过审核的相关信息向社会公众公示，便于社会公众查询和监督。社会公众，尤其是学前儿童家长了解附近区域的幼儿园基本信

息，使其能够为学前儿童就近选择合适的幼儿园，同时，也能防止缺少办学资质的幼儿园鱼目混珠、非法招生。《中共中央 国务院关于学前教育深化改革规范发展的若干意见》要求各地建立幼儿园基本信息备案及公示制度，充分利用互联网等信息化手段，向社会及时公布并更新幼儿园教职工配备、收费标准、质量评估等方面信息，主动接受社会监督。2020年教育部出台的《县域学前教育普及普惠督导评估办法》，将"落实幼儿园基本信息备案及公示制度"作为"政府保障情况"的指标和标准。目前，很多地方已经建立了幼儿园基本信息备案及公示制度，通常做法是，县级教育行政部门要求所辖行政区域内的各类幼儿园按照要求将需要公示的基本信息提交教育行政管理部门备案，经教育行政管理部门审核后进行统一公示，也可同时由幼儿园自行公示。备案的基本信息，一般包括幼儿园法定名称、地址、性质、规模、普惠情况、园长、教职工配备等基本情况，以及收费项目、标准等；最常见的公示方式是在县级人民政府或者教育行政部门的官方网站上统一公示。

二、信息公示内容

根据本条规定，向社会公布的幼儿园信息主要包括两部分内容，一是政府学前教育财政投入、幼儿园规划举办等方面信息。政府学前教育财政投入、幼儿园规划举办等信息体现当地政府当前及未来一段时期内对学前教育发展的财政、土地等方面的支持，涉及社会公众的切身利益。根据《中华人民共和国政府信息公开条例》的规定，这类信息属于行政机关应当主动公开的政府信息范围，由制作该信息的行政机关负责公开，一般是教育行政部门。主动公开的政府信息应当通过政府公报、政府网站或者其他互联网政务媒体、新闻发布会以及报刊、广播、电视等途径予以公开；在国家档案馆、公共图书馆、政务服务场所设置政府信息查阅场所，并配备相应的设施、设备，为公民、法人和其他组织获取政府信息提供便利。本条只列举了学前教育财政投入和幼儿园规划举办两类信息，但不意味着只需要向社会公开这两类政府信息，根据《中华人民共和国政府信息公开条例》的规定，包括学前教育相关的政策、措施及其实施情况等在内的信息，都应当主动向社会公开。

二是各类幼儿园的教师和其他工作人员的资质和配备、招生、经费收支、收费标准、保育教育工作等方面信息。幼儿园教师资质等基本信息，能够体现该幼儿园的办园条件、师资力量等，可以供学前儿童家长选择幼儿园时参考，同时，也有利于社会公众对幼儿园办园情况进行监督。这类信息在幼儿园办园过程中时常会发生变更，为便于教育行政部门和社会公众监督，各地一般要求幼儿园定期将上述信息提交教育行政部门备案，在地方人民政府或者教育行政部门官方网站统一公布上述信息的同时，幼儿园也向社会公众公布上述信息。

◆ **相关规定**

《中共中央 国务院关于学前教育深化改革规范发展的若干意见》；《县域学前教育普及普惠督导评估办法》第 7 条；《中华人民共和国政府信息公开条例》第 19—21 条、第 23—25 条

第七十三条 县级以上人民政府教育督导机构对学前教育工作执行法律法规情况、保育教育工作等进行督导。督导报告应当定期向社会公开。

◆ **条文主旨**

本条是关于学前教育工作教育督导的规定。

◆ **条文释义**

教育督导制度是国家的基本教育制度，《中华人民共和国教育法》第二十五条规定，国家实行教育督导制度和学校及其他教育机构教育评估制度。学前教育阶段同样适用教育督导制度，通过开展教育督导，保证学前教育法律、法规、规章和国家方针、政策的贯彻执行，引导幼儿园树立科学保教理念、规范办园行为、提升保教质量，推动学前教育普及普惠安全优质发展，更好满足人民群众对幼有优育的美好期盼，为培养德智体美劳全面发展的社会主义建设者和接班人奠定坚实基础。

一、教育督导机构对学前教育工作进行督导

教育督导由国务院教育督导机构和县级以上地方人民政府负责教育督导的机构（统称教育督导机构）开展，其中，国务院教育督导机构承担

全国的教育督导实施工作,制定教育督导的基本准则,指导地方教育督导工作;县级以上地方人民政府负责教育督导的机构承担本行政区域的教育督导实施工作。在对幼儿园的督导中,教育部教育督导局负责统筹指导,依据国家有关法律法规和政策文件,制定统一的督导评估指标及工作程序,根据省级幼儿园督导评估报告和相关数据信息形成国家督导评估报告,对各地工作开展情况进行检查指导;省级教育督导部门对全省(区、市)幼儿园督导评估工作进行抽查,督促市、县两级教育督导部门按要求开展工作;地市级教育督导部门负责对县级幼儿园督导评估工作进行抽查、监督和指导,督促各县(市、区)及时研究解决督导评估工作中发现的问题;县级教育督导部门负责具体组织实施辖区内幼儿园督导评估工作。

根据本条规定,县级以上人民政府教育督导机构对学前教育工作执行法律法规情况、保育教育工作等进行督导。一方面,县级以上人民政府教育督导机构要对学前教育工作中落实学前教育方面的法律、法规、规章和国家教育方针、政策进行督导。例如,党中央、国务院重大教育决策部署落实情况,包括办学标准执行、教育投入落实和经费管理、教师编制待遇、教育扶贫等;本法及相关法律法规涉及学前教育方面规定的落实情况等。另一方面,县级以上地方人民政府教育督导机构要对本行政区域内幼儿园的保育教育工作进行督导。根据教育部出台的《幼儿园督导评估办法》,幼儿园督导评估内容主要包括办园方向、保育与安全、教育过程、环境条件、队伍建设、内部管理等6个方面,共18项指标35项基本要求,民办园附加完善法人治理、履行出资义务、规范经费管理、遏制过度逐利4项指标。对幼儿园进行督导,县级教育督导部门要根据被实地督导评估幼儿园的实际,有针对性地组建专业化的督导评估组,评估组应包括学前教育行政人员、教研人员和优秀园长(或骨干教师)等,主要采取现场观察、座谈访谈、问卷调查、资料查阅和数据分析等方法,通过日常自评、实地督导、结果反馈、问题整改和及时复查的程序进行。

二、督导报告应当定期向社会公开

督导报告由教育督导机构形成,在教育督导结束后向本级人民政府提交,并按照要求向社会公开,县级以上地方人民政府负责教育督导的机构还应当将督导报告报上一级人民政府教育督导机构备案。教育督导报告主要包括三部分内容，一是督导过程，即教育督导机构开展督导工作情况，包括实施督导的机构、时间、对象、事项、内容、方式及督导人员等；二是督导意见，即被督导单位针对督导事项采取的措施、工作进展及成效，督导中发现的问题，以及相应的整改建议；三是整改情况，即被督导单位根据督导意见进行整改、落实、问责的情况。

督导报告是对被督导单位及其主要负责人进行考核、奖惩的重要依据，也是教育行政部门制定学前教育政策、加强幼儿园管理的重要参考。教育督导报告分为专项督导报告、综合督导报告和年度督导报告。专项督导报告是教育督导机构就《教育督导条例》规定的一项或者几项督导事项，对被督导单位实施专项督导后形成的督导报告；综合督导报告是教育督导机构就《教育督导条例》规定的所有督导事项，对被督导单位实施综合督导后形成的督导报告；年度督导报告是教育督导机构根据一个年度内实施专项督导和综合督导的情况，总结形成的督导报告。专项督导报告应当在督导结束后7日内向社会发布；综合督导报告应当在督导结束后15日内向社会发布；年度督导报告应当在次年一月底前向社会发布。教育督导报告一般通过政府网站、报刊、广播、电视等便于公众知晓的方式发布，必要时可召开新闻发布会对外发布。

◆ **相关规定**

《中华人民共和国教育法》第 25 条；《教育督导条例》；《幼儿园督导评估办法》

第七十四条 国务院教育行政部门制定幼儿园保育教育质量评估指南。省级人民政府教育行政部门应当完善幼儿园质量评估标准，健全幼儿园质量评估监测体系，将各类幼儿园纳入质量评估范畴，并向社会公布评估结果。

◆ **条文主旨**

本条是关于幼儿园保育教育质量评估的规定。

◆ **条文释义**

本条明确了国务院教育行政部门和省级人民政府教育行政部门在幼儿园保育教育质量评估方面的职责和要求，国务院教育行政部门负责制定标准、明确方向，省级人民政府教育行政部门负责标准的具体组织实施，旨在通过制定和完善评估指南、标准，建立监测体系，提升幼儿园保教质量，保障儿童接受优质学前教育的权利。

一、制定幼儿园保教质量评估指南

幼儿园质量评估具有鲜明的"指挥棒"和"风向标"的作用，决定着幼儿园保育教育发展方向，影响着学前教育质量提升。《中共中央 国务院关于学前教育深化改革规范发展的若干意见》和《深化新时代教育评价改革总体方案》都明确要求，国家制定幼儿园保教质量评估指南，各省（区、市）完善幼儿园质量评估标准。经过连续实施三期行动计划，学前教育实现了基本普及目标，迈入全面普及和高质量发展的新阶段，迫切需要加强幼儿园保教质量评估，发挥好质量评估的引领、诊断、改进和激励作用，引导各类幼儿园树立正确的质量观，科学实施保育教育。但当前各地幼儿园保教质量评估普遍存在"重结果轻过程、重硬件轻内涵、重他评轻自评"等倾向，急需要国家层面确定幼儿园保育教育应该具备的最重要、最核心的关键要素，对幼儿园质量评估评什么、怎么评，提出明确指引，强化科学导向，加强规范引导。2022 年，教育部印发《幼儿园保育教育质量评估指南》，从评估指导思想、基本原则、评估主体、评估内容、评估方式、组织实施等各方面作出具体规定，构建起了系统全面的评估指标体系，既为各地开展幼儿园保教质量评估提供了明确方向和科学指引，也为各地结合本地实际深化幼儿园评价改革，以评促建留下了空间。

二、开展幼儿园保教质量评估

《幼儿园保育教育质量评估指南》要求"各省（区、市）要结合实际，完善本地质量评估具体标准""确保评估工作有效实施"。省级人民政府教育行政部门是本省学前教育质量的管理者，负责幼儿园质量评估标准的制定和组织实施。本法强调要注重各类幼儿园都纳入评估体系，防止出现个别幼儿园游离于评估监管之外，影响整体学前教育质量的提高。同时，强调面向社会公开评估结果，发挥社会对幼儿园质量评估的监督作用，确保质量评估公平公正，确保幼儿园质量不断提高。

一是支持各类幼儿园开展自评探索。引导教师在保教实践中研究幼儿、积累经验、发现问题、持续改进，建立专业自我成长机制。引导幼儿园管理者研究：是否为教师创设接纳、支持性的工作氛围，是否相信教师有自我反思提高的能力，是否在尊重教师的前提下提供真正的专业引领等。同时，建立自评协同支持机制。各级教研部门要扎根实践，深入幼儿园与教师一起进行班级观察，着力研究如何支持教师自评反思改进。教育行政部门进一步调整改革本地幼儿园保教管理规定，坚决取缔幼儿教材，不组织特色课程、优质课、教学能手等评比活动，尽量减少对幼儿园不必要的干扰，为幼儿园专心自评、踏实开展保教工作创造条件。

二是完善评估标准。结合前期幼儿园自评探索经验，检视、修改本地现有的评估标准，删减束缚幼儿园自评，或无益于保教实践改进的形式化指标内容，深入研究如何有效考查师幼互动、环境创设和教育行为、活动组织、家园共育等过程性质量评估内容；逐步将幼儿园保育教育质量评估工作与已经开展的其他评估工作统筹实施，避免重复评估，切实减轻基层和幼儿园负担。

三是加强评估人员专业能力建设。评估人员应该逐步具备看得懂保教实践、能够引导支持保教实践的专业水准，能够用欣赏的眼光看待幼儿园的发展变化，肯定幼儿园教师自身的积极努力，并能针对发现的不足，提供解决思路或建设性意见，推动教师自我反思、自我改进。坚决避免重结果轻过程和重硬件轻内涵的倾向和形式主义。

◆ 相关规定

《中共中央 国务院关于学前教育深化改革规范发展的若干意见》；《深化新时代教育评价改革总体方案》；《幼儿园保育教育质量评估指南》

第八章　法律责任

本章共 8 条规定，对地方各级人民政府和有关部门及其工作人员、居住区建设单位、幼儿园、幼儿园教师或者其他工作人员以及其他主体违反学前教育法的行为，结合违法情形、情节严重程度、危害后果等因素规定了相应的法律责任。特别是明确了有关主体未按照规定提供普惠性幼儿园建设用地、未将新建居住区配套幼儿园举办为普惠性幼儿园等行为应当承担的法律责任。

第七十五条　地方各级人民政府及有关部门有下列情形之一的，由上级机关或者有关部门按照职责分工责令限期改正；情节严重的，对负有责任的领导人员和直接责任人员依法给予处分：

（一）未按照规定制定、调整幼儿园布局规划，或者未按照规定提供普惠性幼儿园建设用地；

（二）未按照规定规划居住区配套幼儿园，或者未将新建居住区配套幼儿园举办为普惠性幼儿园；

（三）利用财政性经费、国有资产、集体资产或者捐赠资产举办或者参与举办营利性民办幼儿园，或者改变、变相改变公办幼儿园性质；

（四）未按照规定制定并落实公办幼儿园生均财政拨款标准或者生均公用经费标准、普惠性民办幼儿园生均财政补助标准；

（五）其他未依法履行学前教育管理和保障职责的情形。

◆ **条文主旨**

本条是关于地方各级人民政府及有关部门违反本法规定的法律责任的规定。

◆ **条文释义**

本法对地方各级人民政府以及自然资源、住房建设和财政等部门的职责作出了具体规定，地方各级人民政府及有关部门违反相关规定的，将承担相应的法律后果。

一、违法情形

一是未按照规定制定、调整幼儿园布局规划，或者未按照规定提供普惠性幼儿园建设用地。本法第二十五条第一款规定，县级以上地方人民政府应当以县级行政区划为单位制定幼儿园布局规划，将普惠性幼儿园建设纳入城乡公共管理和公共服务设施统一规划，并按照非营利性教育用地性质依法以划拨等方式供地，不得擅自改变用途。近些年，我国学前教育实现了历史性跨越发展，普及水平大幅提高。以2023年的数据为例，2023年全国幼儿园数为27.44万所，在园幼儿数4093万人；其中全国普惠性幼儿园数为23.6万所，在园幼儿数3717万人，普惠性幼儿园覆盖率达到90.8%，比2016年（2016年开始统计该指标）提高23.5个百分点。因此，若县级以上人民政府未能依据人口动态发展情况，制定并调整幼儿园布局规划，必将导致学前教育资源的失衡和浪费。此外，还明确县级以上地方人民政府应对普惠性幼儿园的用地依法予以保障。普惠性幼儿园本身不以营利为目的，具有公益性质，政府供地可以有效控制办园成本、减轻办园压力，这是坚持以人民为中心发展学前教育，促进学前教育普及普惠发展，推动学前教育改革发展成果更多更公平惠及全体人民的必然要求。

二是未按照规定规划居住区配套幼儿园，或者未将新建居住区配套幼儿园举办为普惠性幼儿园。本法第二十六条规定，新建居住区等应当按照幼儿园布局规划等相关规划和标准配套建设幼儿园。配套幼儿园应当与首期建设的居住区同步规划、同步设计、同步建设、同步验收、同步交付使用。建设单位应当按照有关规定将配套幼儿园作为公共服务设施移交地方人民政府，用于举办普惠性幼儿园。现有普惠性幼儿园不能满足本区域适龄儿童入园需求的，县级人民政府应当通过新建、扩建以及利用公共设施改建等方式统筹解决。本法在幼儿园的规划布局上要求，在农村构建以公办幼儿园为主的学前教育公共服务体系，在城镇首期建设的居住区"同步规划、同步设计、同步建设、同步验收、同步交付使用"配套幼儿园。因此，在城镇化水平不断提升、城镇人口大幅增加的时代背景下，县级以上地方人民政府在制定、调整城镇幼儿园布局规划时应当将针对新建居住区规划举办的配套幼儿园的性质明确为普惠性幼儿园，考虑城镇居住区人口数量、分布、年龄结构等因素，科学规划居住区配套的幼儿园，否则，有关人民政府及有关部门的领导人员和直接责任人员应当承担相应的法律责任。

三是利用财政性经费、国有资产、集体资产或者捐赠资产举办或者参与举办营利性民办幼儿园，或者改变、变相改变公办幼儿园性质。本法第三十四条规定，任何单位和个人不得利用财政性经费、国有资产、集体资产或者捐赠资产举办或者参与举办营利性民办幼儿园。公办幼儿园不得转制为民办幼儿园。本法明确发展学前教育以政府举办为主，扩大普惠性学前教育资源供给，禁止任何单位追求营利目的，利用财政性经费、国有资产、集体资产或者捐赠资产举办或参与举办营利性民办幼儿园或者改变公办幼儿园性质，偏离学前教育公益普惠的基本方向。

四是未按照规定制定并落实公办幼儿园生均财政拨款标准或者生均公用经费标准、普惠性民办幼儿园生均财政补助标准。本法第六十三条中规定，地方各级人民政府应当科学核定普惠性幼儿园办园成本，以提供普惠性学前教育服务为衡量标准，统筹制定财政补助和收费政策，合理确定分担比例。省级人民政府制定并落实公办幼儿园生均财政拨款标准或者生均公用经费标准，以及普惠性民办幼儿园生均财政补助标准。本法为促进学前教育普及普惠发展，规定学前教育实行政府投入为主、家庭合理负担保育教育成本、多渠道筹措经费的投入机制。制定并落实公办幼儿园的生均财政拨款标准、生均公用经费标准以及普惠性民办幼儿园的生均财政补助标准，是确保政府投入的重要举措，也是普惠性幼儿园举办和发展的基本支撑。各级人民政府若未能按照规定制定并落实上述标准，将直接影响普惠性幼儿园的生存发展，应当承担相应的法律责任。

五是其他未依法履行学前教育管理和保障职责的情形。本项为兜底性规定。学前教育实行国务院领导、省级人民政府和设区的市级人民政府统筹、县级人民政府负主体责任、乡镇人民政府和街道办事处支持的管理体制。县级以上人民政府教育行政部门负责学前教育的管理和业务指导工作，县级以上人民政府卫生健康行政部门、疾病预防控制部门按照职责分工负责监督指导幼儿园卫生保健工作。县级以上人民政府其他有关部门在各自职责范围内负责学前教育管理工作。本法在多处规定了各级人民政府及有关部门的管理和保障职责，为避免遗漏，本条第五项作出兜底性规定，以确保地方各级人民政府及有关部门所有不依法履行学前教育管理和保障职责的行为都应承担相应的法律责任。

二、法律责任

一是责令限期改正。地方各级人民政府及其有关部门出现本条所列的违法行为的，上级机关或者有关部门要按照责任分工要求责任单位限期整改。例如，上级机关或者有关部门要求责任单位补足幼儿园布局规划、纠正幼儿园性质、按规定落实生均财政补助标准等。

二是情节严重的，对负有责任的领导人员和直接责任人员依法给予处分。情节严重，既包括违法行为性质恶劣，又包括行为造成严重后果，如出现重大人员伤亡、造成严重社会影响等情况。负有责任的领导人员和直接责任人员是公务员的，根据《中华人民共和国公务员法》第六十三条，处分决定机关（指任免机关或者监察机关）认为对公务员应当给予处分的，应当在规定的期限内，按照管理权限和规定的程序作出处分决定。本条规定的负有责任的领导人员和直接责任人员不属于公务员，但属于《中华人民共和国监察法》第十五条规定的人员范围的，依据《中华人民共和国公职人员政务处分法》中的规定给予政务处分。处分的种类有：警告、记过、记大过、降级、撤职、开除。对公职人员的同一违法行为，监察机关和公职人员任免机关、单位不得重复给予政务处分和处分。此外，直接责任人员不属于《中华人民共和国监察法》第十五条规定的人员范围，但属于事业单位工作人员的，按照《事业单位工作人员处分规定》进行处分。对事业单位工作人员处分的种类有：警告、记过、降低岗位等级和开除。

◆ 相关规定

《中华人民共和国公务员法》第61—63条；《中华人民共和国监察法》

第15条;《中华人民共和国公职人员政务处分法》;《事业单位工作人员处分规定》

第七十六条 地方各级人民政府及教育等有关部门的工作人员违反本法规定,滥用职权、玩忽职守、徇私舞弊的,依法给予处分。

◆ **条文主旨**

本条是关于地方各级人民政府及教育等有关部门的工作人员违反本法规定的法律责任的规定。

◆ **条文释义**

本条是兜底性条款。本条的违法主体是地方各级人民政府及教育等有关部门的具体工作人员。有关部门包括教育部门、卫生健康部门、疾病预防控制部门以及住房建设部门等。本条着重提出了教育部门工作人员的违法责任。地方各级人民政府及教育等有关部门的工作人员应当按照规定的权限和程序做好相应的工作,确保地方各级人民政府及有关部门履行本法规定的各项职责。

一、违法情形

地方各级人民政府及教育等有关部门的工作人员的违法行为具体包括:1. 滥用职权。滥用职权是指国家机关工作人员故意做出职权范围之外的行为,未能按照法律规定决定、处理其无权决定、处理的事项,或者违反法律规定处理公务,致使学前儿童的合法权益受到损害的行为。2. 玩忽职守。玩忽职守是指国家机关工作人员对自己的本职工作严重不负责,违反规章制度,违反法律规定,不履行或者不认真履行法律规定的职权,使学前儿童的合法权益受到损害的行为。3. 徇私舞弊。徇私舞弊是指国家机关工作人员利用职务便利,为个人私情或牟取利益,主观故意违反规章制度和法律规定,做出违法行为或决定,或者利用职务之便包庇、隐瞒、掩饰违法行为。这些行为所产生的后果都会使学前儿童合法权益、人民的利益乃至国家利益遭受损害,也将损害学前教育事业的长远发展。

二、法律责任

地方各级人民政府及教育等有关部门的工作人员多数属于依法履行公职的人员。根据《中华人民共和国公务员法》的相关规定，以及《中华人民共和国公职人员政务处分法》第二条、《中华人民共和国监察法》第十五条的规定，对公务员的违法行为适用《中华人民共和国公务员法》进行处分，对公办的教育、科研、文化、医疗卫生、体育等单位中从事管理的人员，根据《中华人民共和国公职人员政务处分法》的有关规定给予政务处分；不属于《中华人民共和国监察法》第十五条规定的人员范围，属于事业单位工作人员的，适用《事业单位工作人员处分规定》。事业单位中从事管理的人员适用《中华人民共和国公职人员政务处分法》规定的六种处分种类，包括警告、记过、记大过、降级、撤职和开除；事业单位中其他人员适用《事业单位工作人员处分规定》，执行四种处分种类，包括警告、记过、降低岗位等级和开除。

◆ **相关规定**

《中华人民共和国公务员法》第 61 条、第 62 条；《中华人民共和国公职人员政务处分法》第 2 条；《中华人民共和国监察法》第 15 条；《事业单位工作人员处分规定》第 2 条、第 4 条

第七十七条 居住区建设单位未按照规定建设、移交配套幼儿园，或者改变配套幼儿园土地用途的，由县级以上地方人民政府自然资源、住房和城乡建设、教育等有关部门按照职责分工责令限期改正，依法给予处罚。

◆ **条文主旨**

本条是关于居住区建设单位违反本法规定的法律责任的规定。

◆ **条文释义**

这一规定对城镇居住区配套幼儿园建设单位未遵守本法规定应承担的法律责任予以明确。本法规定，新建居住区等应当按照幼儿园布局规划等相关规划和标准配套建设幼儿园。配套幼儿园应当与首期建设的居住区同

步规划、同步设计、同步建设、同步验收、同步交付使用。建设单位应当按照有关规定将配套幼儿园作为公共服务设施移交地方人民政府，用于举办普惠性幼儿园。

一、违法情形

一是居住区建设单位未按照规定建设配套幼儿园。例如，居住区建设单位未能按照县级以上地方人民政府以县级行政区划为单位制定的幼儿园布局规划建设幼儿园，或者未能与首期建设的居住区同步建设配套幼儿园，或者在建设幼儿园的过程中，未能严格按照《托儿所、幼儿园建筑设计规范》等行业标准建设符合行业标准规模的幼儿园。

二是居住区建设单位建成幼儿园后，未按照规定移交幼儿园。如，建设单位在配套幼儿园建成后，未能按规定将配套幼儿园作为公共服务设施移交地方人民政府，由地方人民政府用于举办普惠性幼儿园。

三是居住区建设单位擅自改变配套幼儿园的土地用途，如改为商业用途等。居住区建设单位在建设配套幼儿园时的土地用途，已经过自然资源主管部门批准审核，因而不能擅自改变配套幼儿园的土地用途，这是保障适龄儿童就近入园的权益，完善公共服务设施的必然要求。

二、监管主体

县级以上地方人民政府自然资源、住房和城乡建设、教育等有关部门，在各自的职责分工内联合监管。例如，自然资源主管部门负责建设用地规划许可的审批，教育行政部门负责接手移交的配套幼儿园，并对配套幼儿园的举办情况、保教质量、资质能力等进行动态监管。

三、法律责任

（一）责令限期改正。责令限期改正是指要求违法行为人履行法定义务，停止违法行为，并结合实际情况在一定的期限内消除不良后果。例如，实践中有开发商未能按照约定时间移交配套幼儿园，致使居住区适龄儿童无法就近上幼儿园。对此，教育部门、住房和城乡建设部门和属地政府有权要求开发商在合理的期限内完成移交工作，对已挪作他用的可采取有效措施予以收回。对存在配套幼儿园缓建、缩建、停建、不建和建而不交等问题的，在整改到位之前，不得办理竣工验收。

（二）处罚。县级以上地方人民政府自然资源、住房和城乡建设、教育等部门在各自的职责范围内,对居住区建设单位建设、移交幼儿园的行为有具体规定,若居住区建设单位出现违法行为的,由相关部门责令限期改正,依据具体的法律法规进行相应处罚。例如,《中华人民共和国土地管理法》第八十一条中规定,不按照批准的用途使用国有土地的,由县级以上人民政府自然资源主管部门责令交还土地,处以罚款。《中华人民共和国土地管理法实施条例》第五十九条规定,依照《中华人民共和国土地管理法》第八十一条的规定处以罚款的,罚款额为非法占用土地每平方米 100 元以上 500 元以下。针对居住区建设单位改变配套幼儿园土地用途的违法情形,可以适用上述法律法规的相关规定。此外,对于未能按规定移交配套幼儿园的,且有关部门责令限期移交仍未移交的,自然资源、住房和城乡建设、教育等有关部门有权依照相关规定给予处罚。

◆ 相关规定

《中华人民共和国土地管理法》第 81 条;《幼儿园建设标准》第 9 条;《托儿所、幼儿园建筑设计规范》;《中华人民共和国土地管理法实施条例》第 59 条

第七十八条 擅自举办幼儿园或者招收学前儿童实施半日制、全日制培训的,由县级人民政府教育等有关部门依照《中华人民共和国教育法》、《中华人民共和国民办教育促进法》的规定予以处理;对非法举办幼儿园的单位和个人,根据情节轻重,五至十年内不受理其举办幼儿园或者其他教育机构的申请。

◆ 条文主旨

本条是关于擅自举办幼儿园或者招收学前儿童实施半日制、全日制培训的法律责任的规定。

◆ 条文释义

实践中,一些单位和个人未经批准擅自举办幼儿园或提供学前儿童的培训服务,不仅扰乱了正常的教育秩序,还对学前儿童的身心健康和安全构成威胁。对此,本条明确了法律责任,是在已有法律规定的基础上,对

非法举办幼儿园的单位和个人规定了更为严厉的法律后果，有利于促进幼儿园等学前教育机构规范合法运营，从而提升学前教育质量，满足学前儿童的多样化需求。

一、违法情形

一是擅自举办幼儿园。本法针对举办幼儿园的行为作出了详细的规定。本法第二十九条规定设立幼儿园应当具备的基本条件：（一）有组织机构和章程；（二）有符合规定的幼儿园园长、教师、保育员、卫生保健人员、安全保卫人员和其他工作人员；（三）符合规定的选址要求，设置在安全区域内；（四）符合规定的规模和班额标准；（五）有符合规定的园舍、卫生室或者保健室、安全设施设备及户外场地；（六）有必备的办学资金和稳定的经费来源；（七）卫生评价合格；（八）法律法规规定的其他条件。本法第三十条规定，设立幼儿园经县级人民政府教育行政部门依法审批、取得办学许可证后，依照有关法律、行政法规的规定进行相应法人登记。因而，任何单位和个人举办幼儿园都应符合本法对幼儿园举办的实体要求和程序要求，不得擅自举办。

二是招收学前儿童实施半日制、全日制培训。本法第五十九条第三款中规定，校外培训机构等其他任何机构不得对学前儿童开展半日制或者全日制培训。实践中存在单位或个人未举办实体幼儿园，不以幼儿园的实体形式招收三周岁到入小学前的儿童，而是以培训的名义进行实质化的半日制或者全日制的学前教育。比如，有培训机构在不需要任何审批的前提下，为学前儿童提供半日制、全日制的培训，培训内容包括外语、体能、美术、舞蹈、自然探索、活动体验、亲子课程等，实际上这类培训机构在不具备法律要求的资质、场地、师资等条件下，开展了实质上的学前教育，存在巨大的安全隐患，与本法规定的学前教育应当坚持最有利于学前儿童的原则，给予学前儿童特殊、优先保护等要求相违背。

此外，2021年，教育部印发的《关于大力推进幼儿园与小学科学衔接的指导意见》中规定，校外培训机构不得对学前儿童违规进行培训。教育部门应根据有关线索，对接收学前儿童违规开展培训的校外培训机构进行严肃查处并列入黑名单，将黑名单信息纳入全国信用信息共享平台，按有关规定实施联合惩戒。本法更加明确禁止招收学前儿童实施半日制、全日制培训，将学前教育阶段的所有教学行为均纳入法治轨道进行规范，确保儿童在不同成长阶段接受该阶段应有的教育，更好地保护学前儿童的生命安全和身心健康，使其得到尊重和保护照料，依法平等接受学前教育。

二、法律责任

一是依照《中华人民共和国教育法》《中华人民共和国民办教育促进法》的规定予以处理。例如，《中华人民共和国教育法》第七十五条规定，违反国家有关规定，举办学校或者其他教育机构的，由教育行政部门或者其他有关行政部门予以撤销；有违法所得的，没收违法所得；对直接负责的主管人员和其他直接责任人员，依法给予处分。《中华人民共和国民办教育促进法》第六十四条规定，违反国家有关规定擅自举办民办学校的，由所在地县级以上地方人民政府教育行政部门或者人力资源社会保障行政部门会同同级公安、民政或者市场监督管理等有关部门责令停止办学、退还所收费用，并对举办者处违法所得一倍以上五倍以下罚款；构成违反治安管理行为的，由公安机关依法给予治安管理处罚；构成犯罪的，依法追究刑事责任。

二是对非法举办幼儿园的单位和个人，根据情节轻重，五至十年内不受理其举办幼儿园或者其他教育机构的申请。这是对举办者从业禁止的规定。《国务院办公厅关于加快推进社会信用体系建设构建以信用为基础的新型监管机制的指导意见》中规定，养老托幼是与人民群众生命财产安全直接相关的重点领域之一，实施严格监管，加大惩戒力度。对拒不履行司法裁判或行政处罚决定、屡犯不改、造成重大损失的市场主体及其相关责任人，坚决依法依规在一定期限内实施市场和行业禁入措施，直至永远逐出市场。本法第七十八条法律责任明确规定，根据举办者违法情节的轻重程度，给予五年至十年的从业禁止，对举办者规范办学提出了更高要求。

◆ **相关规定**

《中华人民共和国教育法》第75条；《中华人民共和国民办教育促进法》第64条；《关于大力推进幼儿园与小学科学衔接的指导意见》；《国务院办公厅关于加快推进社会信用体系建设构建以信用为基础的新型监管机制的指导意见》

第七十九条　幼儿园有下列情形之一的，由县级以上地方人民政府教育等有关部门按照职责分工责令限期改正，并予以警告；有违法所得的，退还所收费用后没收违法所得；情节严重的，责令停止招生、吊销办学许可证：

（一）组织入园考试或者测试；

（二）因管理疏忽或者放任发生体罚或者变相体罚、歧视、侮辱、虐待、性侵害等危害学前儿童身心安全的行为；

（三）未依法加强安全防范建设、履行安全保障责任，或者未依法履行卫生保健责任；

（四）使用未经审定的课程教学类资源；

（五）采用小学化的教育方式或者教授小学阶段的课程；

（六）开展与学前儿童身心发展规律、年龄特点不符的活动，或者组织学前儿童参与商业性活动；

（七）未按照规定配备幼儿园教师或者其他工作人员；

（八）违反规定收取费用；

（九）克扣、挪用学前儿童伙食费。

依照前款规定被吊销办学许可证的幼儿园，应当妥善安置在园儿童。

◆ **条文主旨**

本条是关于幼儿园违反本法规定的法律责任的规定。

◆ **条文释义**

在开展学前教育工作时，幼儿园担负着十分重要的职责，本法对幼儿园的管理与发展作出了诸多一般性规定和禁止性规定。这些条款旨在保护学前儿童的基本权利、生命安全和心理健康，是规范幼儿园办园行为的必要规范，是有针对性地纠正和扭转办园乱象的重要规范。本条主要是为相关规定提供了明确的配套处罚措施。

一、违法情形

（一）组织入园考试或者测试。本法第十五条第二款规定，学前儿童入幼儿园接受学前教育，除必要的身体健康检查外，幼儿园不得对其组织任何形式的考试或者测试。实践中存在幼儿园招生乱象，以入园考试或测试结果为依据，对幼儿进行智力层次划分或将结果不合格的幼儿拒之门外，严重侵犯学前儿童依法平等接受学前教育的权利，应承担相应的法律责任。

（二）因管理疏忽或者放任发生体罚或者变相体罚、歧视、侮辱、虐待、性侵害等危害学前儿童身心安全的行为。幼儿园应当把保护学前儿童安全放在首位，对学前儿童在园期间的人身安全负有保护责任。本项内容在其他相关法律中也有类似规定，例如，《中华人民共和国未成年人保护法》第二十七条规定，学校、幼儿园的教职员工应当尊重未成年人人格尊严，不得对未成年人实施体罚、变相体罚或者其他侮辱人格尊严的行为。第四十条规定，学校、幼儿园应当建立预防性侵害、性骚扰未成年人工作制度。对性侵害、性骚扰未成年人等违法犯罪行为，学校、幼儿园不得隐瞒，应当及时向公安机关、教育行政部门报告，并配合相关部门依法处理。学校、幼儿园应当对未成年人开展适合其年龄的性教育，提高未成年人防范性侵害、性骚扰的自我保护意识和能力。对遭受性侵害、性骚扰的未成年人，学校、幼儿园应当及时采取相关的保护措施。

（三）未依法加强安全防范建设、履行安全保障责任，或者未依法履行卫生保健责任。本法对幼儿园的安全防范建设责任、安全和卫生保障责任予以明确规定。例如，本法第五十一条规定，幼儿园应当把保护学前儿童安全放在首位，对学前儿童在园期间的人身安全负有保护责任。幼儿园应当落实安全责任制相关规定，建立健全安全管理制度和安全责任制度，完善安全措施和应急反应机制，按照标准配备安全保卫人员，及时排查和消除火灾等各类安全隐患。幼儿园使用校车的，应当符合校车安全管理相关规定，保护学前儿童安全。幼儿园应当按照国家有关规定投保校方责任保险。本法第五十二条规定，幼儿园发现学前儿童受到侵害、疑似受到侵害或者面临其他危险情形的，应当立即采取保护措施，并向公安、教育等有关部门报告。幼儿园发生突发事件等紧急情况，应当优先保护学前儿童人身安全，立即采取紧急救助和避险措施，并及时向有关部门报告。发生前两款情形的，幼儿园应当及时通知学前儿童父母或者其他监护人。本法第五十三条规定，幼儿园应当建立科学合理的一日生活制度，保证户外活动时间，做好儿童营养膳食、体格锻炼、全日健康观察、食品安全、卫生与消毒、传染病预防与控制、常见病预防等卫生保健管理工作，加强健康教育。违反本法相关规定的，应承担相应的法律责任。

（四）使用未经审定的课程教学类资源。课程教学类资源是指幼儿园教师指导用书及其他非教师指导用书的资源。关于审定的主体和程序等要求的具体办法还需国务院教育行政部门进一步细化明确。此外，教育部印发的《幼儿园保育教育质量评估指南》中也规定，幼儿园不得使用幼儿教材和境外课程，防止存在意识形态和宗教等渗透的图画书进入幼儿园。

（五）采用小学化的教育方式或者教授小学阶段的课程。"小学化的教育方式"是指幼儿园不能坚持以游戏为基本活动，脱离幼儿生活情景，以课堂集中授课方式为主组织安排一日活动；或以机械背诵、记忆、抄写、计算等方式进行知识技能性强化训练的行为。"教授小学阶段的课程"是指幼儿园违背幼儿身心发展规律和认知特点，提前教授汉语拼音、识字、计算、英语等小学课程内容，强化知识技能训练，布置幼儿完成小学内容家庭作业、组织小学内容有关考试测验等。这不仅剥夺了幼儿童年的快乐，更挫伤了幼儿的学习兴趣，影响了身心健康发展。

（六）开展与学前儿童身心发展规律、年龄特点不符的活动，或者组织学前儿童参与商业性活动。学前教育坚持最有利于儿童的原则，充分尊重学前儿童的身心发展特点，鼓励、引导学前儿童参与家庭、社会和文化生活，促进学前儿童获得全面发展。因而，幼儿园应当按照国家有关规定，科学实施符合学前儿童身心发展规律和年龄特点的保育和教育活动，不得组织学前儿童参与商业性活动。

（七）未按照规定配备幼儿园教师或者其他工作人员。本法第四章"教职工"中对幼儿园教师和其他工作人员的任职条件作了详细规定。为使幼儿园科学安全实施保育和教育活动，幼儿园需要根据幼儿数量配备具备专业资质的幼儿园教师或其他工作人员，为学前儿童接受学前教育提供人员保障。

（八）违反规定收取费用。幼儿园收取的费用应当主要用于保育和教育活动、保障教职工待遇、促进教职工发展和改善办园条件。幼儿园不得违反有关规定收取费用，不得向学前儿童及其家长组织征订教学材料，推销或者变相推销商品、服务等。

（九）克扣、挪用学前儿童伙食费。学前儿童伙食费应当专款专用。违反本法相关规定的，应承担相应的法律责任。

二、法律责任

一是责令限期改正，并予以警告。根据《中华人民共和国行政处罚法》第二十八条第一款规定，行政机关实施行政处罚时，应当责令当事人改正或者限期改正违法行为。警告，是《中华人民共和国行政处罚法》第九条中明确的行政处罚的种类之一，属于名誉罚，一般适用于较为轻微、对社会危害程度不大的违法行为。

二是有违法所得的，退还所收费用后没收违法所得。根据《中华人民共和国行政处罚法》第二十八条第二款规定，当事人有违法所得，除依法应当退赔的外，应当予以没收。违法所得是指实施违法行为所取得的款项。法律、行政法规、部门规章对违法所得的计算另有规定的，从其规定。

三是情节严重的，责令停止招生、吊销办学许可证。这里的情节严重，既包括违法行为性质恶劣，也包括违法行为造成了严重后果，例如出现重大人员伤亡、造成严重社会影响。"停止招生、吊销办学许可证"是对违法行为情节严重的幼儿园设定的加重处罚。此外，本条第二款还特别规定，依照前款规定被吊销办学许可证的幼儿园，应当妥善安置在园儿童。对被吊销办学许可证的幼儿园的在园儿童去向问题作出了指导性的规定。

◆ **相关规定**

《中华人民共和国未成年人保护法》第27条、第40条；《中华人民共和国行政处罚法》第28条；《幼儿园管理条例》第27条、第28条

第八十条 幼儿园教师或者其他工作人员有下列情形之一的，由所在幼儿园或者县级人民政府教育等有关部门根据情节轻重，依法给予当事人、幼儿园负责人处分，解除聘用合同或者劳动合同；由县级人民政府教育行政部门禁止其一定期限内直至终身从事学前教育工作或者举办幼儿园；情节严重的，吊销其资格证书：

（一）体罚或者变相体罚儿童；

　　（二）歧视、侮辱、虐待、性侵害儿童；

　　（三）违反职业道德规范或者危害儿童身心安全，造成不良后果。

◆ **条文主旨**

本条是关于幼儿园教师或者其他工作人员法律责任的规定。

◆ **条文释义**

在幼儿园中，具体承担保育和教育职责的是教师或者其他工作人员。如何保障幼儿园的教师或者其他工作人员依法承担学前儿童的保育和教育职责，是《中华人民共和国学前教育法》的重要内容之一。《中华人民共和国学前教育法》不仅建立了相关制度，规范了其各类行为，并且明确规定了其违法责任。

本条适用的主体是"幼儿园教师或者其他工作人员"，不仅包括幼儿园的园长、教师、保育员、卫生保健人员，还包括负责饮食、卫生、保安等工作的其他工作人员。原则上，只要是在幼儿园从事相关工作，能够直接或间接接触到在园儿童的人员，都要适用本条规定。违法行为包括以下几种：一是体罚或者变相体罚儿童，即对儿童实施的、造成身体或心理痛苦的惩罚行为。体罚是指对儿童身体进行的直接惩罚造成身体痛苦的行为，如扇耳光、击打、针刺等行为；变相体罚指非直接身体接触但伤害儿童身体、心理的行为，如过度劳动、孤立、不让吃饭、不让睡觉、剥夺基本需求、禁止参加集体活动等行为。二是歧视、侮辱、虐待、性侵害儿童。歧视是指基于种族、家庭、性别、年龄、宗教、身体、心理、学习能力等方面的原因使儿童受到不公平待遇，不平等地对待儿童的行为；侮辱是指使用暴力、语言、文字或其他方法，公然贬低儿童人格，损害儿童名誉的行为；虐待是指对儿童实施长期或多次的身体伤害、精神折磨、忽视基本需求等，严重损害其身心健康的行为，例如长期的打骂、冻饿、限制自由等；性侵害是指对儿童做出与性有关的行为，包括性交、猥亵等。三是违反职业道德规范或者危害儿童身心安全，造成不良后果。本条是兜底条款，幼儿园教师或其他工作人员应当遵守法律法规和职业道德规范，尊重、爱护和平等对待儿童，如果幼儿园教师或其他工作人员做出了其他可能对儿童的身体健康、心理健康和安全造成损害的行为，并且已经导致了不利的结果，比如造成了儿童身体的伤害、心理的创伤等，那么依法应当承担法律责任。

应当承担的法律责任应当根据情节轻重选择适用，包括以下几种：一是由所在幼儿园或者县级人民政府教育等有关部门依法给予当事人、幼儿园负责人处分，解除当事人聘用合同或者劳动合同；二是由县级人民政府教育行政部门禁止当事人一定期限内直至终身从事学前教育工作或者举办幼儿园；三是情节严重的，可以由县级人民政府教育行政部门吊销其资格证书。同一当事人也可能适用多项法律责任，比如对于幼儿园教师违法情节严重的，可能会同时被解除合同、禁止从业以及吊销资格证书。

◆ 相关规定

《中华人民共和国未成年人保护法》第 27 条、第 40 条；《中华人民共和国教师法》第 37 条

第八十一条　在学前教育活动中违反本法规定的行为，本法未规定法律责任，《中华人民共和国教育法》、《中华人民共和国未成年人保护法》、《中华人民共和国劳动法》等法律、行政法规有规定的，依照其规定。

◆ 条文主旨

本条是关于本法与其他法律、行政法规对学前教育活动违法行为如何处理的衔接性规定。

◆ 条文释义

学前教育活动涉及多种法律关系，除本法外，我国还有多部现行法律、行政法规对此进行了规定。对于学前教育活动中违反本法规定的行为，有的本法已规定了相应的法律责任，则适用本法规定；有的在其他法律、行政法规中已有明确、具体的规定，本法未再重复规定法律责任的，适用其

他法律、行政法规的规定。

《中华人民共和国教育法》是教育领域的基本法，对我国教育事业各项基本原则、教育机构的设立及其权利义务、教育工作者的权益和队伍建设、受教育者的权利义务、社会力量对教育事业的支持、教育投入与条件保障、教育对外合作交流及相应法律责任等作了明确规定，该法作为我国教育领域的基本法，其有关规定当然适用于我国境内学前教育、初等教育、中等教育等不同阶段和形式的教育活动。学前教育活动及其所有参与者应当遵守《中华人民共和国教育法》的有关规定，依法开展教育活动。例如，本法规定了设立幼儿园应当具备的基本条件、设立程序等，违反本法规定举办幼儿园的，本法法律责任一章中未作明确规定，则依照《中华人民共和国教育法》第七十五条的规定，即"违反国家有关规定，举办学校或者其他教育机构的，由教育行政部门或者其他有关行政部门予以撤销；有违法所得的，没收违法所得；对直接负责的主管人员和其他直接责任人员，依法给予处分"。

《中华人民共和国未成年人保护法》是为了保护未成年人身心健康、保障未成年人合法权益、促进未成年人德智体美劳全面发展而制定，规定了未成年人的合法权益，以及各级国家机关、家庭、学校、社会以及司法活动中对未成年人权益的保护。凡是未满十八周岁的公民，无论是否接受教育、无论是在哪种教育机构接受教育，都受到该法的保护。学前教育的对象是三周岁到入小学前的儿童，其当然属于未成年人，受到《中华人民共和国未成年人保护法》的保护。例如，本法第十八条中规定，公共文化服务机构和爱国主义教育基地应当按照有关规定对学前儿童免费开放，未免费开放的，则依照《中华人民共和国未成年人保护法》第一百二十条的规定，由市场监督管理、文化和旅游、交通运输等部门按照职责分工责令限期改正，给予警告；拒不改正的，处一万元以上十万元以下罚款。

《中华人民共和国劳动法》是保护劳动者的合法权益、调整劳动关系的法律，其中对劳动者和用人单位的权利义务、劳动合同、工作时间和工资报酬、劳动安全卫生、女职工特殊保护、职业培训、社会保险和福利等作了规定。在学前教育活动中，幼儿园的教职工与幼儿园之间涉及劳动关系的相关违法行为，应当依照《中华人民共和国劳动法》的相关规定承担责任。例如,根据本法第四十三条、第四十六条规定,幼儿园应当与教职工依法签订聘用合同或者劳动合同,应当按照国家规定保障教师和其他工作人员的工资福利,依法缴纳社会保险费。如果存在相关违法行为的,应当依照《中华人民共和国劳动法》的规定予以处罚,即用人单位故意拖延不订立劳动合同的,由劳动行政部门责令改正;对劳动者造成损害的,应当承担赔偿责任;用人单位无故不缴纳社会保险费的,由劳动行政部门责令其限期缴纳;逾期不缴的,可以加收滞纳金。

《中华人民共和国教育法》《中华人民共和国未成年人保护法》和《中华人民共和国劳动法》的相关规定,是与学前教育活动密切相关的法律,除这三部法律外,其他法律、行政法规的有关规定也可能适用于学前教育活动,例如《中华人民共和国劳动合同法》《幼儿园管理条例》《未成年人网络保护条例》等,对于在学前教育活动中违反本法规定的行为,本法未规定法律责任,其他相关法律、行政法规有规定的,则也应当依照该规定。

◆ 相关规定

《中华人民共和国教育法》第九章;《中华人民共和国未成年人保护法》第八章;《中华人民共和国劳动法》第十二章

第八十二条 违反本法规定,侵害学前儿童、幼儿园、教职工合法权益,造成人身损害或者财产损失的,依法承担民事责任;构成违反治安管理行为的,依法给予治安管理处罚;构成犯罪的,依法追究刑事责任。

◆ 条文主旨

本条是对违反本法规定的民事责任、治安管理处罚和刑事责任的衔接性规定。

◆ 条文释义

本法对保护幼儿园、学前儿童和教职工合法权益作了规定,违反本法有关规定的,应当承担本法规定的法律责任。如果侵害幼儿园、学前儿童和教职工的合法权益,造成人身损害或者财产损失的,除了依照本法承担相应责任外，还应当依照《中华人民共和国民法典》《中华人民共和国治安管理处罚法》和《中华人民共和国刑法》的有关规定承担相应的民事责任、刑事责任或者受到治安管理处罚。

一、民事责任

民事责任是指由于违反民事义务所应承担的责任，包括违反法律规定的民事义务和违反当事人约定的民事义务。承担民事责任的方式主要有停止侵害，排除妨碍，消除危险，返还财产，恢复原状，修理、重作、更换，继续履行，赔偿损失，支付违约金，消除影响、恢复名誉，赔礼道歉。根据《中华人民共和国民法典》第一百八十七条的规定，民事主体因同一行为应当承担民事责任、行政责任和刑事责任的，承担行政责任或者刑事责任不影响承担民事责任；民事主体的财产不足以支付的，优先用于承担民事责任。如果行为人违反本法规定，同时符合《中华人民共和国民法典》规定的应当承担民事责任的构成要件，则应当同时承担相应的民事责任。例如，本法第二十一条中规定，学前儿童的名誉、隐私和其他合法权益受法律保护，任何单位和个人不得侵犯；涉及学前儿童的新闻报道应当客观、审慎和适度。《中华人民共和国民法典》对人格权的保护也作了规定，如果违反本法规定，侵犯学前儿童的名誉、隐私和其他合法权益的，需要同时依据《中华人民共和国民法典》的规定承担停止侵害、消除影响、恢复名誉、赔礼道歉等民事责任。

二、治安管理处罚

治安管理处罚，即扰乱公共秩序，妨害公共安全，侵犯人身权利、财产权利，妨害社会管理的行为，具有社会危害性，依照《中华人民共和国刑法》的规定构成犯罪的，依法追究刑事责任；尚不够刑事处罚的，由公安机关依照《中华人民共和国治安管理处罚法》给予治安管理处罚。治安管理处罚的种类分为警告、罚款、行政拘留和吊销公安机关发放的许可证，对违反治安管理的外国人，可以附加适用限期出境或者驱逐出境。违反本法规定的行为，可能同时违反《中华人民共和国治安管理处罚法》的规定。例如，本法第十九条规定，任何单位和个人不得组织学前儿童参与违背学前儿童身心发展规律或者与年龄特点不符的商业性活动、竞赛类活动和其他活动。幼儿园违反该条规定的，由县级以上地方人民政府教育等有关部门按照职责分工责令限期改正，并予以警告；有违法所得的，退还所收费用后没收违法所得；情节严重的，责令停止招生、吊销办学许可证。同时，该行为还可能违反了《中华人民共和国治安管理处罚法》第四十条的规定，即组织、胁迫、诱骗不满十六周岁的人或者残疾人进行恐怖、残忍表演的，处十日以上十五日以下拘留，并处五百元以上一千元以下罚款；情节较轻的，处五日以上十日以下拘留，并处二百元以上五百元以下罚款。

三、刑事责任

刑事责任是指行为人因实施犯罪行为，按刑法的规定应当追究其法律责任，包括主刑和附加刑两种刑事责任。主刑分为管制、拘役、有期徒刑、无期徒刑和死刑。附加刑分为罚金、剥夺政治权利、没收财产。违反本法规定的行为，也可能构成犯罪，应当依照刑法追究刑事责任。例如，本法规定，学前儿童享有生命安全和身心健康的权利，幼儿园教师或者其他工作人员体罚或者变相体罚、歧视、侮辱、虐待、性侵害儿童的，以及幼儿园因管理疏忽或者放任发生前述危害学前儿童身心安全的行为的，分别依照本法第八十条和第七十九条承担相应的法律责任。同时，如果前述危害学前儿童身心安全的行为，造成了学前儿童的人身损害后果，还有可能构成故意伤害罪，应当依照《中华人民共和国刑法》的规定承担刑事责任。再如，本法第二十一条第二款对学前儿童个人信息保护作了规定，违反本法相关规定的，可能同时违反《中华人民共和国刑法》第二百五十三条之一关于个人信息保护的规定，即违反国家有关规定，向他人出售或者提供公民个人信息，情节严重的，处三年以下有期徒刑或者拘役，并处或者单处罚金；情节特别严重的，处三年以上七年以下有期徒刑，并处罚金。

◆ 相关规定

《中华人民共和国民法典》第八章；《中华人民共和国治安管理处罚法》第 10 条、第 23 条、第 26 条、第 40 条、第 43 条；《中华人民共和国刑法》第 162 条之一、第 233—235 条、第 253 条之一、第 271 条、第 272 条、第 274 条、第 275 条、第 382 条、第 384 条、第 392 条、第 397 条

第九章 附 则

第八十三条 小学、特殊教育学校、儿童福利机构、残疾儿童康复机构等附设的幼儿班等学前教育机构适用本法有关规定。军队幼儿园的管理，依照本法和军队有关规定执行。

◆ **条文主旨**

本条是关于学前教育适用范围的补充规定。

◆ **条文释义**

实施学前教育的主体主要为幼儿园，本法相关内容主要围绕幼儿园进行规定。但同时，实践中也存在小学、特殊教育学校的附设幼儿班以及军队幼儿园等其他学前教育机构。考虑到法律规定的周延性，本条对学前教育适用范围作了补充规定。

一、对附设幼儿班的适用要求

实践中，有些小学、特殊教育学校、儿童福利机构以及残疾儿童康复机构，利用其原本的校舍等硬件资源，举办了附设幼儿班。根据教育部发布的《各级各类教育在校生情况》统计，2023年全国学前教育在园幼儿4092.98万人，其中附设幼儿班在园儿童180.3万人，占比约为4.4%。与普通幼儿园相比，小学、特殊教育学校、儿童福利机构、残疾儿童康复机构等设立的附设幼儿班，通常不进行单独的法人登记，不具备独立法人资格，有的是在原法人登记证书的业务范围中增加"学前教育"。因此，一方面这些附设幼儿班面向学前儿童提供学前教育服务，必须在教职工资质和配备、收费行为、安全防护、卫生保健、保教质量、经费使用以及财务管理等方面符合《中华人民共和国学前教育法》的有关规定，确保办园行为规范，提供符合要求的教育服务，保障学前儿童身心健康发展。另一方面这些附设幼儿班不是独立的学前教育机构，从属于小学、特殊教育学校、儿童福利机构和残疾儿童康复机构，在审批注册、财务监管等方面又不需要符合设立单独幼儿园的所有要求，不能完全适用《中华人民共和国学前教育法》。因此，本条作出明确规定，小学、特殊教育学校、儿童福利机构、残疾儿童康复机构等附设的幼儿班等学前教育机构，适用《中华人民共和国学前教育法》的有关规定。

二、对军队幼儿园管理的相关要求

2018年2月，《中共中央关于深化党和国家机构改革的决定》提出，"军队办的幼儿园、企业、农场等可以交给地方办的，原则上交给地方办"。但将军队办的幼儿园移交地方，是一项牵涉众多方面的系统工作，需要逐步过渡，妥善处理。目前，实践中还存在一定数量的军队幼儿园，主要面向军人子女提供学前教育服务。军队幼儿园的建设、举办、运行均由军队单独制定政策，但军队幼儿园管理又实行属地化管理，其所在县区教育部门负责对其保育教育、卫生保健、安全防护等进行业务指导，在生均补助、幼儿园教师职称评审等方面享公办园待遇，军地共建，共同促进军队幼儿园发展。在《中华人民共和国学前教育法》制定过程中，有意见提出军队学前教育工作具有一定特殊性，军队幼儿园规划布局、教师编制核定等事项无法完全按照《中华人民共和国学前教育法》执行，建议增加军队幼儿园适用条款，可为军队学前教育工作提供更为充分的法律依据。因此，本条规定军队幼儿园的管理既要依照军队有关规定执行，也要遵守《中华人民共和国学前教育法》的有关规定。

◆ **相关规定**

《中共中央关于深化党和国家机构改革的决定》；《2023年全国教育事业发展统计公报》

第八十四条 鼓励有条件的幼儿园开设托班，提供托育服务。

幼儿园提供托育服务的，依照有关法律法规和国家有关规定执行。

◆ **条文主旨**

本条是关于幼儿园开展托育服务的规定。

◆ **条文释义**

托育服务事关婴幼儿健康成长，事关千家万户，是促进人口长期均衡发展的重要配套支持措施。近年来，为满足婴幼儿家庭的就近入托需求，各地不断探索多样化托育服务模式，例如社区嵌入式托育、用人单位办托、家庭托育点、托育综合服务中心、幼儿园托班等。截至2023年底，全国千人口托位数达到3.38个，共有托位477万个。但与此同时，受行业发展阶段、服务价格等多种因素影响，仍存在实际入托率较低、托位缺口较大等情况。因此，为健全生育支持政策，多渠道增加托育服务供给，本法在附则中对幼儿园开设托班、提供托育服务作了原则性和衔接性规定。

一、鼓励有条件的幼儿园开设托班，提供托育服务

托育服务主要是指为3岁以下婴幼儿提供的家庭式或机构式的照料服务。随着我国人口结构的变化，学前教育和托育事业发展面临新情况。一方面，受人口流动、家庭小型化等因素影响，社会化的托育服务需求增加，托育供给不足；另一方面，由于人口出生率快速下降，有的地方出现学前教育资源富裕、幼儿园招生困难等情况。在实践中，一些地方积极统筹推进托幼一体服务，鼓励幼儿园开设托班，提供托育服务，取得了积极的社会效果。一是推进托幼服务一体化发展，将3岁以下婴幼儿的托育与3岁以上学前儿童的保育教育相互衔接，符合婴幼儿成长规律，有利于促进儿童全面健康发展。二是受多种因素制约，有的地方托育服务发展较为缓慢，推动幼儿园举办托育服务，可以有效扩大托育资源供给，满足婴幼儿家庭的入托需求。三是幼儿园开设托班，提供托育服务，能够增加可持续性的生源和收入，缓解因3—6岁生源减少带来的经营压力，有利于解决幼儿园持续发展问题，同时有助于减少投入，避免浪费资源。因此，综合考虑各种因素，总结地方实践经验，本法明确规定，鼓励有条件的幼儿园开设托班，提供托育服务。

与此同时，考虑到低龄幼儿自理能力更弱，需要的安全保障更高，幼儿园提供托育服务要坚持积极稳妥原则，既要助力减轻家庭负担，又要避免不顾条件、一哄而上带来安全和质量问题。因此，本条第一款中强调鼓励"有条件"的幼儿园开设托班。一方面，要按要求确保学前教育普及普惠的目标，优先解决好3—6岁幼儿入园问题，杜绝幼儿园一边存在"大班额"一边办托班的情况。另一方面，有申办意愿的幼儿园必须解决好场地、设施、人员等问题，在硬件、软件方面均达到低龄幼儿看护要求，不能"凑合"。

此外，在立法过程中，对幼儿园开设托班招收儿童的年龄范围问题存在不同认识。学前教育法草案规定，幼儿园开设托班、招收"二周岁以上三周岁以下的儿童"，提供托育服务。针对这一规定，有的意见提出，为推进托幼一体化发展，合理利用幼儿园资源，增加托育服务供给，满足婴幼儿家庭送托需求，解决托育难的问题，应当扩大幼儿园托班招收儿童的范围。也有的意见提出，应当对幼儿园开设托班招收儿童的年龄范围作慎重研究，并与拟制定的托育服务法做好统筹协调。有关方面经研究认为，本法对幼儿园托班作原则规定即可，以体现托幼一体化发展的精神，不必对招收儿童的年龄作明确规定，因此，最终删去了幼儿园托班招收儿童年龄范围的有关规定。

二、幼儿园提供托育服务的要求

幼儿园提供托育服务，应当依照法律法规和国家有关规定执行。2019年，国务院办公厅印发《关于促进3岁以下婴幼儿照护服务发展的指导意见》，明确发展托育服务的总体要求、基本原则、主要任务和保障措施，建立卫生健康部门牵头、相关部门协同的工作机制。2020年，国务院办公厅印发《关于促进养老托育服务健康发展的意见》，从健全政策体系、扩大服务供给、打造发展环境和完善监管服务等方面提出具体举措。2021年，中共中央、国务院印发实施《关于优化生育政策促进人口长期均衡发展的决定》，将发展普惠托育服务体系作为积极生育支持的重要措施之一，明确了新时代托育服务工作的定位和目标任务。有关部门也制定了有关托育服务的规定，例如2019年国家卫生健康委颁布施行的《托育机构设置标准（试行）》和《托育机构管理规范（试行）》，明确有关设置标准和管理规范，加强托育机构专业化、规范化建设。

目前，制定托育服务法已列入十四届全国人大常委会立法规划，由全国人大教科文卫委牵头起草。拟制定的托育服务法将对托育服务相关内容作出具体规定，进一步推动我国托育服务的规范化、标准化和制度化，为构建普惠多元高质量的婴幼儿托育服务体系提供坚实法治保障。今后，相关部门还可以根据实际需要，结合幼儿园托班的特点，对其设立、运营、监管等事项作专门规定。幼儿园提供托育服务，应当依照法律法规和国家有关规定执行。

◆ **相关规定**

《托育机构设置标准（试行）》；《托育机构管理规范（试行）》

第八十五条 本法自2025年6月1日起施行。

◆ **条文主旨**

本条是关于本法施行日期的规定。

◆ **条文释义**

一部法律通过以后就面临着从什么时候起开始生效、在什么地域范围内生效、对什么人有效的问题，这就是法律的效力范围，它包括时间效力、空间效力、对人的效力三个方面。法律的时间效力又包括法律从何时开始起生效、法律生效后有无溯及力等问题。

一、关于法律的施行日期

法律的施行日期，也就是法律的生效日期，是指法律开始施行并发生法律效力的日期，是任何一部法律都要涉及的问题。《中华人民共和国立法法》第六十一条规定，法律应当明确规定施行日期。关于施行日期的规定是任何一部法律不可缺少的基本要素，一般都在法律的最后一条加以规定。法律施行的起始时间通常是由该法律的性质和实际需要决定的。

从我国已制定的法律来看，关于生效日期的规定，大体上可以分为三种情况：一是在法律条文中直接规定该法的生效日期，如2021年12月修改的《中华人民共和国科学技术进步法》第一百一十七条规定："本法自2022年1月1日起施行。"二是在法律条文中没有直接规定具体的生效日期，而是规定"本法自公布之日起施行"；根据《中华人民共和国宪法》第八十条规定，国家主席根据全国人民代表大会的决定和全国人民代表大会常务委员会的决定来公布法律。目前，国家主席一般都是于全国人大或者全国人大常委会通过法律的当天发布命令公布法律，如《中华人民共和国反食品浪费法》第三十二条规定"本法自公布之日起施行"。同日，国家主席习近平签署第七十八号主席令，公布了该法。三是规定一个法律的生效日期取决于另一个法律的制定和实施时间，如 1986 年 12 月 2 日第六届全国人民代表大会常务委员会第十八次会议通过的《中华人民共和国企业破产法（试行）》（已废止）第四十三条规定："本法自全民所有制工业企业法实施满三个月之日起试行，试行的具体部署和步骤由国务院规定。"当时，《中华人民共和国全民所有制工业企业法》尚未制定出来，所以《中华人民共和国企业破产法（试行）》最终生效的时间是《中华人民共和国全民所有制工业企业法》1988 年 8 月 1 日生效后 3 个月的 1988 年 11 月 1 日。目前关于法律生效日期的规定中，第三种情况已经比较少见。

二、关于本法的施行日期

（一）学前教育法的生效时间

《中华人民共和国学前教育法》在附则的最后一条单独对生效时间进行了规定。2024 年 11 月 8 日，第十四届全国人大常委会第十二次会议通过《中华人民共和国学前教育法》。同日，国家主席习近平签署第三十四号主席令，公布了该法，并明确本法自 2025 年 6 月 1 日起施行。《中华人民共和国学前教育法》将 2025 年 6 月 1 日作为施行日期，在公布日期和施行日期之间留出了一段时间，主要考虑：一是为本法顺利实施做好衔接准备工作，特别是教育部门有序推进学前教育有关制度的完善，进一步明确和细化《中华人民共和国学前教育法》的相关要求；地方要全面清理现有相关的法规、规章和政策性文件，凡与《中华人民共和国学前教育法》规定不一致的，应当按程序和权限及时进行修改或者废止，要保证在 2025 年 6 月 1 日《中华人民共和国学前教育法》实施后，相关法规、规章和政策文件与法律衔接顺畅，同时也方便社会各界学习和了解这部法律。二是将 2025 年 6 月 1 日，即儿童节确定为本法的施行日期，突出对儿童权益的重视和保护，也有利于更好开展本法宣传工作。

（二）法律溯及力问题

法律溯及力，又称法律的溯及既往的效力，是指新法对其生效前发生的行为和事件是否适用的问题。如果不适用,就没有溯及力;如果适用,就有溯及力。《中华人民共和国立法法》第一百零四条规定,法律、行政法规、地方性法规、自治条例和单行条例、规章不溯及既往,但为了更好地保护公民、法人和其他组织的权利和利益而作的特别规定除外。因此,本法原则上也没有溯及既往的效力。但是,自本法施行之日起,幼儿园及其举办者、教职工,以及相关部门和人员应当遵守本法有关规定,对于仍然存在的违反本法相关禁止性规定的情形,将根据本法及有关法律法规承担相应的法律责任。

◆ **相关规定**

《中华人民共和国立法法》第61条、第104条

附 录

中华人民共和国主席令

第三十四号

《中华人民共和国学前教育法》已由中华人民共和国第十四届全国人民代表大会常务委员会第十二次会议于2024年11月8日通过,现予公布,自2025年6月1日起施行。

中华人民共和国主席　习近平

2024年11月8日

中华人民共和国学前教育法

(2024 年 11 月 8 日第十四届全国人民代表大会常务委员会第十二次会议通过)

目 录

第一章 总　　则
第二章 学前儿童
第三章 幼 儿 园
第四章 教 职 工
第五章 保育教育
第六章 投入保障
第七章 监督管理
第八章 法律责任
第九章 附　　则

第一章 总　　则

第一条 为了保障适龄儿童接受学前教育，规范学前教育实施，促进学前教育普及普惠安全优质发展，提高全民族素质，根据宪法，制定本法。

第二条 在中华人民共和国境内实施学前教育，适用本法。

本法所称学前教育，是指由幼儿园等学前教育机构对三周岁到入小学前的儿童（以下称学前儿童）实施的保育和教育。

第三条 国家实行学前教育制度。

学前教育是国民教育体系的组成部分，是重要的社会公益事业。

第四条 学前教育应当坚持中国共产党的领导，坚持社会主义办学方向，贯彻国家的教育方针。

学前教育应当落实立德树人根本任务，培育社会主义核心价值观，继承和弘扬中华优秀传统文化、革命文化、社会主义先进文化，培育中华民族共同体意识，为培养德智体美劳全面发展的社会主义建设者和接班人奠定基础。

第五条 国家建立健全学前教育保障机制。

发展学前教育坚持政府主导，以政府举办为主，大力发展普惠性学前教育，鼓励、引导和规范社会力量参与。

第六条 国家推进普及学前教育，构建覆盖城乡、布局合理、公益普惠、安全优质的学前教育公共服务体系。

各级人民政府应当依法履行职责，合理配置资源，缩小城乡之间、区域之间学前教育发展差距，为适龄儿童接受学前教育提供条件和支持。

国家采取措施，倾斜支持农村地区、革命老区、民族地区、边疆地区和欠发达地区发展学前教育事业；保障适龄的家庭经济困难儿童、孤儿、残疾儿童和农村留守儿童等接受普惠性学前教育。

第七条 全社会应当为适龄儿童接受学前教育、健康快乐成长创造良好环境。

第八条 国务院领导全国学前教育工作。

省级人民政府和设区的市级人民政府统筹本行政区域内学前教育工作，健全投入机制，明确分担责任，制定政策并组织实施。

县级人民政府对本行政区域内学前教育发展负主体责任，负责制定本地学前教育发展规划，统筹幼儿园建设、运行，加强公办幼儿园教师配备补充和工资待遇保障，对幼儿园进行监督管理。

乡镇人民政府、街道办事处应当支持本辖区内学前教育发展。

第九条 县级以上人民政府教育行政部门负责学前教育管理和业务指导工作，配备相应的管理和教研人员。县级以上人民政府卫生健康行政部门、疾病预防控制部门按照职责分工负责监督指导幼儿园卫生保健工作。

县级以上人民政府其他有关部门在各自职责范围内负责学前教育管理工作，履行规划制定、资源配置、经费投入、人员配备、待遇保障、幼儿园登记等方面的责任，依法加强对幼儿园举办、教职工配备、收费行为、经费使用、财务管理、安全保卫、食品安全等方面的监管。

第十条 国家鼓励和支持学前教育、儿童发展、特殊教育方面的科学研究，推广研究成果，宣传、普及科学的教育理念和方法。

第十一条 国家鼓励创作、出版、制作和传播有利于学前儿童健康成长的图书、玩具、音乐作品、音像制品等。

第十二条 对在学前教育工作中做出突出贡献的单位和个人，按照国家有关规定给予表彰、奖励。

第二章 学前儿童

第十三条 学前儿童享有生命安全和身心健康、得到尊重和保护照料、依法平等接受学前教育等权利。

学前教育应当坚持最有利于学前儿童的原则，给予学前儿童特殊、优先保护。

第十四条 实施学前教育应当从学前儿童身心发展特点和利益出发，尊重学前儿童人格尊严，倾听、了解学前儿童的意见，平等对待每一个学前儿童，鼓励、引导学前儿童参与家庭、社会和文化生活，促进学前儿童获得全面发展。

第十五条 地方各级人民政府应当采取措施，推动适龄儿童在其父母或者其他监护人的工作或者居住的地区方便就近接受学前教育。

学前儿童入幼儿园接受学前教育，除必要的身体健康检查外，幼儿园不得对其组织任何形式的考试或者测试。

学前儿童因特异体质、特定疾病等有特殊需求的，父母或者其他监护人应当及时告知幼儿园，幼儿园应当予以特殊照顾。

第十六条 父母或者其他监护人应当依法履行抚养与教育儿童的义务，为适龄儿童接受学前教育提供必要条件。

父母或者其他监护人应当尊重学前儿童身心发展规律和年龄特点，创造良好家庭环境，促进学前儿童健康成长。

第十七条 普惠性幼儿园应当接收能够适应幼儿园生活的残疾儿童入园，并为其提供帮助和便利。

父母或者其他监护人与幼儿园就残疾儿童入园发生争议的，县级人民政府教育行政部门应当会同卫生健康行政部门等单位组织对残疾儿童的身体状况、接受教育和适应幼儿园生活能力等进行全面评估，并妥善解决。

第十八条　青少年宫、儿童活动中心、图书馆、博物馆、文化馆、美术馆、科技馆、纪念馆、体育场馆等公共文化服务机构和爱国主义教育基地应当提供适合学前儿童身心发展的公益性教育服务，并按照有关规定对学前儿童免费开放。

第十九条　任何单位和个人不得组织学前儿童参与违背学前儿童身心发展规律或者与年龄特点不符的商业性活动、竞赛类活动和其他活动。

第二十条　面向学前儿童的图书、玩具、音像制品、电子产品、网络教育产品和服务等，应当符合学前儿童身心发展规律和年龄特点。

家庭和幼儿园应当教育学前儿童正确合理使用网络和电子产品，控制其使用时间。

第二十一条　学前儿童的名誉、隐私和其他合法权益受法律保护，任何单位和个人不得侵犯。

幼儿园及其教职工等单位和个人收集、使用、提供、公开或者以其他方式处理学前儿童个人信息，应当取得其父母或者其他监护人的同意，遵守有关法律法规的规定。

涉及学前儿童的新闻报道应当客观、审慎和适度。

第三章　幼　儿　园

第二十二条　县级以上地方人民政府应当统筹当前和长远，根据人口变化和城镇化发展趋势，科学规划和配置学前教育资源，有效满足需求，避免浪费资源。

第二十三条　各级人民政府应当采取措施，扩大普惠性学前教育资源供给，提高学前教育质量。

公办幼儿园和普惠性民办幼儿园为普惠性幼儿园，应当按照有关规定提供普惠性学前教育服务。

第二十四条　各级人民政府应当利用财政性经费或者国有资产等举办

或者支持举办公办幼儿园。

各级人民政府依法积极扶持和规范社会力量举办普惠性民办幼儿园。

普惠性民办幼儿园接受政府扶持，收费实行政府指导价管理。非营利性民办幼儿园可以向县级人民政府教育行政部门申请认定为普惠性民办幼儿园，认定标准由省级人民政府或者其授权的设区的市级人民政府制定。

第二十五条　县级以上地方人民政府应当以县级行政区划为单位制定幼儿园布局规划，将普惠性幼儿园建设纳入城乡公共管理和公共服务设施统一规划，并按照非营利性教育用地性质依法以划拨等方式供地，不得擅自改变用途。

县级以上地方人民政府应当按照国家有关规定，结合本地实际，在幼儿园布局规划中合理确定普惠性幼儿园覆盖率。

第二十六条　新建居住区等应当按照幼儿园布局规划等相关规划和标准配套建设幼儿园。配套幼儿园应当与首期建设的居住区同步规划、同步设计、同步建设、同步验收、同步交付使用。建设单位应当按照有关规定将配套幼儿园作为公共服务设施移交地方人民政府，用于举办普惠性幼儿园。

现有普惠性幼儿园不能满足本区域适龄儿童入园需求的，县级人民政府应当通过新建、扩建以及利用公共设施改建等方式统筹解决。

第二十七条　地方各级人民政府应当构建以公办幼儿园为主的农村学前教育公共服务体系，保障农村适龄儿童接受普惠性学前教育。

县级人民政府教育行政部门可以委托乡镇中心幼儿园对本乡镇其他幼儿园开展业务指导等工作。

第二十八条　县级以上地方人民政府应当根据本区域内残疾儿童的数量、分布状况和残疾类别，统筹实施多种形式的学前特殊教育，推进融合教育，推动特殊教育学校和有条件的儿童福利机构、残疾儿童康复机构增设学前部或者附设幼儿园。

第二十九条　设立幼儿园，应当具备下列基本条件：

（一）有组织机构和章程；

（二）有符合规定的幼儿园园长、教师、保育员、卫生保健人员、安全保卫人员和其他工作人员；

（三）符合规定的选址要求，设置在安全区域内；

（四）符合规定的规模和班额标准；

（五）有符合规定的园舍、卫生室或者保健室、安全设施设备及户外场地；

（六）有必备的办学资金和稳定的经费来源；

（七）卫生评价合格；

（八）法律法规规定的其他条件。

第三十条 设立幼儿园经县级人民政府教育行政部门依法审批、取得办学许可证后，依照有关法律、行政法规的规定进行相应法人登记。

第三十一条 幼儿园变更、终止的，应当按照有关规定提前向县级人民政府教育行政部门报告并向社会公告，依法办理相关手续，妥善安置在园儿童。

第三十二条 学前教育机构中的中国共产党基层组织，按照中国共产党章程开展党的活动，加强党的建设。

公办幼儿园的基层党组织统一领导幼儿园工作，支持园长依法行使职权。民办幼儿园的内部管理体制按照国家有关民办教育的规定确定。

第三十三条 幼儿园应当保障教职工依法参与民主管理和监督。

幼儿园应当设立家长委员会，家长委员会可以对幼儿园重大事项决策和关系学前儿童切身利益的事项提出意见和建议，对幼儿园保育教育工作和日常管理进行监督。

第三十四条 任何单位和个人不得利用财政性经费、国有资产、集体资产或者捐赠资产举办或者参与举办营利性民办幼儿园。

公办幼儿园不得转制为民办幼儿园。公办幼儿园不得举办或者参与举办营利性民办幼儿园和其他教育机构。

以中外合作方式设立幼儿园，应当符合外商投资和中外合作办学有关法律法规的规定。

第三十五条 社会资本不得通过兼并收购等方式控制公办幼儿园、非营利性民办幼儿园。

幼儿园不得直接或者间接作为企业资产在境内外上市。上市公司不得通过股票市场融资投资营利性民办幼儿园，不得通过发行股份或者支付现金等方式购买营利性民办幼儿园资产。

第四章 教职工

第三十六条 幼儿园教师应当爱护儿童，具备优良品德和专业能力，为人师表，忠诚于人民的教育事业。

全社会应当尊重幼儿园教师。

第三十七条 担任幼儿园教师应当取得幼儿园教师资格；已取得其他教师资格并经县级以上地方人民政府教育行政部门组织的学前教育专业培训合格的，可以在幼儿园任教。

第三十八条 幼儿园园长由其举办者或者决策机构依法任命或者聘任，并报县级人民政府教育行政部门备案。

幼儿园园长应当具有本法第三十七条规定的教师资格、大学专科以上学历、五年以上幼儿园教师或者幼儿园管理工作经历。

国家推行幼儿园园长职级制。幼儿园园长应当参加县级以上地方人民政府教育行政部门组织的园长岗位培训。

第三十九条 保育员应当具有国家规定的学历，并经过幼儿保育职业培训。

卫生保健人员包括医师、护士和保健员，医师、护士应当取得相应执业资格，保健员应当具有国家规定的学历，并经过卫生保健专业知识培训。

幼儿园其他工作人员的任职资格条件，按照有关规定执行。

第四十条 幼儿园教师职务（职称）分为初级、中级和高级。

幼儿园教师职务（职称）评审标准应当符合学前教育的专业特点和要求。

幼儿园卫生保健人员中的医师、护士纳入卫生专业技术人员职称系列，由人力资源社会保障、卫生健康行政部门组织评审。

第四十一条 国务院教育行政部门会同有关部门制定幼儿园教职工配备标准。地方各级人民政府及有关部门按照相关标准保障公办幼儿园及时补充教师，并应当优先满足农村地区、革命老区、民族地区、边疆地区和欠发达地区公办幼儿园的需要。幼儿园及其举办者应当按照相关标准配足配齐教师和其他工作人员。

第四十二条 幼儿园园长、教师、保育员、卫生保健人员、安全保卫人员和其他工作人员应当遵守法律法规和职业道德规范，尊重、爱护和平等对待学前儿童，不断提高专业素养。

第四十三条 幼儿园应当与教职工依法签订聘用合同或者劳动合同，并将合同信息报县级人民政府教育行政部门备案。

第四十四条 幼儿园聘任（聘用）园长、教师、保育员、卫生保健人员、安全保卫人员和其他工作人员时，应当向教育、公安等有关部门查询应聘者是否具有虐待、性侵害、性骚扰、拐卖、暴力伤害、吸毒、赌博等违法犯罪记录；发现其有前述行为记录，或者有酗酒、严重违反师德师风行为等其他可能危害儿童身心安全情形的，不得聘任（聘用）。

幼儿园发现在岗人员有前款规定可能危害儿童身心安全情形的，应当立即停止其工作，依法与其解除聘用合同或者劳动合同，并向县级人民政府教育行政部门进行报告；县级人民政府教育行政部门可以将其纳入从业禁止人员名单。

有本条第一款规定可能危害儿童身心安全情形的个人不得举办幼儿园；已经举办的，应当依法变更举办者。

第四十五条 幼儿园应当关注教职工的身体、心理状况。幼儿园园长、教师、保育员、卫生保健人员、安全保卫人员和其他工作人员，应当在入职前和入职后每年进行健康检查。

第四十六条 幼儿园及其举办者应当按照国家规定保障教师和其他工作人员的工资福利，依法缴纳社会保险费，改善工作和生活条件，实行同工同酬。

县级以上地方人民政府应当将公办幼儿园教师工资纳入财政保障范围，统筹工资收入政策和经费支出渠道，确保教师工资及时足额发放。民办幼儿园可以参考当地公办幼儿园同类教师工资收入水平合理确定教师薪酬标准，依法保障教师工资待遇。

第四十七条 幼儿园教师在职称评定、岗位聘任（聘用）等方面享有与中小学教师同等的待遇。

符合条件的幼儿园教师按照有关规定享受艰苦边远地区津贴、乡镇工作补贴等津贴、补贴。

承担特殊教育任务的幼儿园教师按照有关规定享受特殊教育津贴。

第四十八条 国务院教育行政部门应当制定高等学校学前教育专业设置标准、质量保证标准和课程教学标准体系，组织实施学前教育专业质量认证，建立培养质量保障机制。

省级人民政府应当根据普及学前教育的需要，制定学前教育师资培养规划，支持高等学校设立学前教育专业，合理确定培养规模，提高培养层次和培养质量。

制定公费师范生培养计划，应当根据学前教育发展需要专项安排学前教育专业培养计划。

第四十九条 县级以上人民政府教育、卫生健康等有关部门应当按照职责分工制定幼儿园园长、教师、保育员、卫生保健人员等工作人员培训规划，建立培训支持服务体系，开展多种形式的专业培训。

第五章 保育教育

第五十条 幼儿园应当坚持保育和教育相结合的原则，面向全体学前儿童，关注个体差异，注重良好习惯养成，创造适宜的生活和活动环境，有益于学前儿童身心健康发展。

第五十一条 幼儿园应当把保护学前儿童安全放在首位，对学前儿童在园期间的人身安全负有保护责任。

幼儿园应当落实安全责任制相关规定，建立健全安全管理制度和安全责任制度，完善安全措施和应急反应机制，按照标准配备安全保卫人员，及时排查和消除火灾等各类安全隐患。幼儿园使用校车的，应当符合校车安全管理相关规定，保护学前儿童安全。

幼儿园应当按照国家有关规定投保校方责任保险。

第五十二条 幼儿园发现学前儿童受到侵害、疑似受到侵害或者面临其他危险情形的，应当立即采取保护措施，并向公安、教育等有关部门报告。

幼儿园发生突发事件等紧急情况，应当优先保护学前儿童人身安全，立即采取紧急救助和避险措施，并及时向有关部门报告。

发生前两款情形的，幼儿园应当及时通知学前儿童父母或者其他监护人。

第五十三条 幼儿园应当建立科学合理的一日生活制度，保证户外活动时间，做好儿童营养膳食、体格锻炼、全日健康观察、食品安全、卫生与消毒、传染病预防与控制、常见病预防等卫生保健管理工作，加强健康教育。

第五十四条 招收残疾儿童的幼儿园应当配备必要的康复设施、设备和专业康复人员，或者与其他具有康复设施、设备和专业康复人员的特殊教育机构、康复机构合作，根据残疾儿童实际情况开展保育教育。

第五十五条 国务院教育行政部门制定幼儿园教育指导纲要和学前儿童学习与发展指南，地方各级人民政府教育行政部门依据职责组织实施，加强学前教育教学研究和业务指导。

幼儿园应当按照国家有关规定，科学实施符合学前儿童身心发展规律和年龄特点的保育和教育活动，不得组织学前儿童参与商业性活动。

第五十六条 幼儿园应当以学前儿童的生活为基础，以游戏为基本活动，发展素质教育，最大限度支持学前儿童通过亲近自然、实际操作、亲身体验等方式探索学习，促进学前儿童养成良好的品德、行为习惯、安全和劳动意识，健全人格、强健体魄，在健康、语言、社会、科学、艺术等各方面协调发展。

幼儿园应当以国家通用语言文字为基本保育教育语言文字，加强学前儿童普通话教育，提高学前儿童说普通话的能力。

第五十七条 幼儿园应当配备符合相关标准的玩教具和幼儿图书。

在幼儿园推行使用的课程教学类资源应当经依法审定，具体办法由国务院教育行政部门制定。

幼儿园应当充分利用家庭、社区的教育资源，拓展学前儿童生活和学习空间。

第五十八条 幼儿园应当主动与父母或者其他监护人交流学前儿童身心发展状况，指导家庭科学育儿。

父母或者其他监护人应当积极配合、支持幼儿园开展保育和教育活动。

第五十九条 幼儿园与小学应当互相衔接配合，共同帮助儿童做好入学准备和入学适应。

幼儿园不得采用小学化的教育方式，不得教授小学阶段的课程，防止保育和教育活动小学化。小学坚持按照课程标准零起点教学。

校外培训机构等其他任何机构不得对学前儿童开展半日制或者全日制培训，不得教授学前儿童小学阶段的课程。

第六章　投入保障

第六十条　学前教育实行政府投入为主、家庭合理负担保育教育成本、多渠道筹措经费的投入机制。

各级人民政府应当优化教育财政投入支出结构，加大学前教育财政投入，确保财政性学前教育经费在同级财政性教育经费中占合理比例，保障学前教育事业发展。

第六十一条　学前教育财政补助经费按照中央与地方财政事权和支出责任划分原则，分别列入中央和地方各级预算。中央财政通过转移支付对地方统筹给予支持。省级人民政府应当建立本行政区域内各级人民政府财政补助经费分担机制。

第六十二条　国务院和省级人民政府统筹安排学前教育资金，重点扶持农村地区、革命老区、民族地区、边疆地区和欠发达地区发展学前教育。

第六十三条　地方各级人民政府应当科学核定普惠性幼儿园办园成本，以提供普惠性学前教育服务为衡量标准，统筹制定财政补助和收费政策，合理确定分担比例。

省级人民政府制定并落实公办幼儿园生均财政拨款标准或者生均公用经费标准，以及普惠性民办幼儿园生均财政补助标准。其中，残疾学前儿童的相关标准应当考虑保育教育和康复需要适当提高。

有条件的地方逐步推进实施免费学前教育，降低家庭保育教育成本。

第六十四条　地方各级人民政府应当通过财政补助、购买服务、减免租金、培训教师、教研指导等多种方式，支持普惠性民办幼儿园发展。

第六十五条　国家建立学前教育资助制度，为家庭经济困难的适龄儿童等接受普惠性学前教育提供资助。

第六十六条 国家鼓励自然人、法人和非法人组织通过捐赠、志愿服务等方式支持学前教育事业。

第七章 监督管理

第六十七条 县级以上人民政府及其有关部门应当建立健全幼儿园安全风险防控体系，强化幼儿园周边治安管理和巡逻防控工作，加强对幼儿园安全保卫的监督指导，督促幼儿园加强安全防范建设，及时排查和消除安全隐患，依法保障学前儿童与幼儿园安全。

禁止在幼儿园内及周边区域建设或者设置有危险、有污染的建筑物和设施设备。

第六十八条 省级人民政府或者其授权的设区的市级人民政府根据办园成本、经济发展水平和群众承受能力等因素，合理确定公办幼儿园和非营利性民办幼儿园的收费标准，并建立定期调整机制。

县级以上地方人民政府及有关部门应当加强对幼儿园收费的监管，必要时可以对收费实行市场调节价的营利性民办幼儿园开展成本调查，引导合理收费，遏制过高收费。

第六十九条 幼儿园收取的费用应当主要用于保育和教育活动、保障教职工待遇、促进教职工发展和改善办园条件。学前儿童伙食费应当专款专用。

幼儿园应当执行收费公示制度，收费项目和标准、服务内容、退费规则等应当向家长公示，接受社会监督。

幼儿园不得违反有关规定收取费用，不得向学前儿童及其家长组织征订教学材料，推销或者变相推销商品、服务等。

第七十条 幼儿园应当依法建立健全财务、会计及资产管理制度，严格经费管理，合理使用经费，提高经费使用效益。

幼儿园应当按照有关规定实行财务公开，接受社会监督。县级以上人民政府教育等有关部门应当加强对公办幼儿园的审计。民办幼儿园每年应当依法进行审计，并向县级人民政府教育行政部门提交经审计的财务会计报告。

第七十一条 县级以上人民政府及其有关部门应当建立健全学前教育经费预算管理和审计监督制度。

任何单位和个人不得侵占、挪用学前教育经费，不得向幼儿园非法收取或者摊派费用。

第七十二条 县级人民政府教育行政部门应当建立健全各类幼儿园基本信息备案及公示制度，利用互联网等方式定期向社会公布并更新政府学前教育财政投入、幼儿园规划举办等方面信息，以及各类幼儿园的教师和其他工作人员的资质和配备、招生、经费收支、收费标准、保育教育质量等方面信息。

第七十三条 县级以上人民政府教育督导机构对学前教育工作执行法律法规情况、保育教育工作等进行督导。督导报告应当定期向社会公开。

第七十四条 国务院教育行政部门制定幼儿园保育教育质量评估指南。省级人民政府教育行政部门应当完善幼儿园质量评估标准，健全幼儿园质量评估监测体系，将各类幼儿园纳入质量评估范畴，并向社会公布评估结果。

第八章 法律责任

第七十五条 地方各级人民政府及有关部门有下列情形之一的，由上级机关或者有关部门按照职责分工责令限期改正；情节严重的，对负有责任的领导人员和直接责任人员依法给予处分：

（一）未按照规定制定、调整幼儿园布局规划，或者未按照规定提供普惠性幼儿园建设用地；

（二）未按照规定规划居住区配套幼儿园，或者未将新建居住区配套幼儿园举办为普惠性幼儿园；

（三）利用财政性经费、国有资产、集体资产或者捐赠资产举办或者参与举办营利性民办幼儿园，或者改变、变相改变公办幼儿园性质；

（四）未按照规定制定并落实公办幼儿园生均财政拨款标准或者生均公用经费标准、普惠性民办幼儿园生均财政补助标准；

（五）其他未依法履行学前教育管理和保障职责的情形。

第七十六条 地方各级人民政府及教育等有关部门的工作人员违反本法规定，滥用职权、玩忽职守、徇私舞弊的，依法给予处分。

第七十七条 居住区建设单位未按照规定建设、移交配套幼儿园，或者改变配套幼儿园土地用途的，由县级以上地方人民政府自然资源、住房和城乡建设、教育等有关部门按照职责分工责令限期改正，依法给予处罚。

第七十八条 擅自举办幼儿园或者招收学前儿童实施半日制、全日制培训的，由县级人民政府教育等有关部门依照《中华人民共和国教育法》、《中华人民共和国民办教育促进法》的规定予以处理；对非法举办幼儿园的单位和个人，根据情节轻重，五至十年内不受理其举办幼儿园或者其他教育机构的申请。

第七十九条 幼儿园有下列情形之一的，由县级以上地方人民政府教育等有关部门按照职责分工责令限期改正，并予以警告；有违法所得的，退还所收费用后没收违法所得；情节严重的，责令停止招生、吊销办学许可证：

（一）组织入园考试或者测试；

（二）因管理疏忽或者放任发生体罚或者变相体罚、歧视、侮辱、虐待、性侵害等危害学前儿童身心安全的行为；

（三）未依法加强安全防范建设、履行安全保障责任，或者未依法履行卫生保健责任；

（四）使用未经审定的课程教学类资源；

（五）采用小学化的教育方式或者教授小学阶段的课程；

（六）开展与学前儿童身心发展规律、年龄特点不符的活动，或者组织学前儿童参与商业性活动；

（七）未按照规定配备幼儿园教师或者其他工作人员；

（八）违反规定收取费用；

（九）克扣、挪用学前儿童伙食费。

依照前款规定被吊销办学许可证的幼儿园，应当妥善安置在园儿童。

第八十条 幼儿园教师或者其他工作人员有下列情形之一的，由所在幼儿园或者县级人民政府教育等有关部门根据情节轻重，依法给予当事人、幼儿园负责人处分，解除聘用合同或者劳动合同；由县级人民政府教育行政部门禁止其一定期限内直至终身从事学前教育工作或者举办幼儿园；情节严重的，吊销其资格证书：

（一）体罚或者变相体罚儿童；

（二）歧视、侮辱、虐待、性侵害儿童；

（三）违反职业道德规范或者危害儿童身心安全，造成不良后果。

第八十一条　在学前教育活动中违反本法规定的行为，本法未规定法律责任，《中华人民共和国教育法》、《中华人民共和国未成年人保护法》、《中华人民共和国劳动法》等法律、行政法规有规定的，依照其规定。

第八十二条　违反本法规定，侵害学前儿童、幼儿园、教职工合法权益，造成人身损害或者财产损失的，依法承担民事责任；构成违反治安管理行为的，依法给予治安管理处罚；构成犯罪的，依法追究刑事责任。

第九章　附　　则

第八十三条　小学、特殊教育学校、儿童福利机构、残疾儿童康复机构等附设的幼儿班等学前教育机构适用本法有关规定。

军队幼儿园的管理，依照本法和军队有关规定执行。

第八十四条　鼓励有条件的幼儿园开设托班，提供托育服务。

幼儿园提供托育服务的，依照有关法律法规和国家有关规定执行。

第八十五条　本法自2025年6月1日起施行。

关于《中华人民共和国学前教育法（草案）》的说明

——2023年8月28日在第十四届全国人民代表大会常务委员会第五次会议上

教育部部长　怀进鹏

全国人民代表大会常务委员会：

我受国务院委托，现对《中华人民共和国学前教育法（草案）》作说明。

一、立法必要性和起草过程

学前教育是国民教育体系的组成部分，是重要的社会公益事业，关系到亿万儿童健康成长。党中央、国务院高度重视学前教育改革发展。习近平总书记多次强调，要加强对基础教育的支持力度，办好学前教育，促进学前教育普惠发展，努力让每个孩子都能享有公平而有质量的教育。党的二十大提出，强化学前教育普惠发展。李强总理对牢固树立以人民为中心的发展思想、扎扎实实办好教育等民生实事作出部署。丁薛祥同志就推动学前教育发展提出明确要求。

2018年，中共中央、国务院印发《关于学前教育深化改革规范发展的若干意见》，对新时代学前教育改革发展作出部署，明确要求研究制定学前教育法。近年来，学前教育得到了快速发展，但总体上看仍是我国国民教育体系的薄弱环节，发展不平衡不充分的矛盾还比较突出，"入园难"和"入园贵"的问题仍然存在，与人民群众的期待还有一定差距。主要表现为：学前教育资源尤其是普惠性资源不足，保教质量参差不齐，教师队伍建设滞后，保障体系不完善，监管体制机制不健全。为了贯彻落实党中央、国务院决策部署，促进学前教育普及普惠安全优质发展，有必要抓紧制定学前教育法。

制定学前教育法列入了《全国人大常委会2023年度立法工作计划》。教育部经过深入调研，研究起草了《中华人民共和国学前教育法草案（送审稿）》（以下简称送审稿），在征求有关方面意见的基础上向社会公开征求了意见，经中央教育工作领导小组会议审议后，于2021年4月提请国务院审议。司法部先后两次书面征求中央有关单位、地方政府、有关团体以及部分幼儿园和专家学者等方面的意见，赴吉林、浙江开展实地调研，听取家长代表、幼儿园教职工、基层管理人员等的意见。在此基础上，司法部会同教育部对送审稿反复研究修改，形成了《中华人民共和国学前教育法（草案）》（以下简称《草案》）。《草案》已经国务院第7次常务会议讨论通过。

二、《草案》的总体思路

《草案》在总体思路上主要把握了以下几点：一是坚持党对学前教育的领导，贯彻落实党中央、国务院关于学前教育改革发展的决策部署，将其转化为法律规范；二是聚焦学前教育领域热点难点问题，着力解决突出问题，增强制度针对性；三是总结学前教育改革发展经验，将成熟做法上升为法律规范，同时为进一步深化改革和地方探索留有空间，与有关法律做好衔接。

三、《草案》的主要内容

《草案》共8章74条，包括总则、规划与举办、保育和教育、教师和其他工作人员、投入与保障、管理与监督、法律责任、附则，主要内容如下：

（一）明确学前教育定位，补齐教育短板。一是将学前教育界定为幼儿园等学前教育机构对三周岁到入小学前的儿童实施的保育和教育；强调学前教育是国民教育体系的组成部分，是重要的社会公益事业。二是强调学前教育坚持党的领导，坚持社会主义办学方向，贯彻党和国家的教育方针，为培养德智体美劳全面发展的社会主义建设者和接班人奠定基础。三是强调发展学前教育坚持政府主导，以政府举办为主，大力发展普惠性学前教育资源，引导和规范社会力量参与。

（二）健全规划举办机制，促进资源供给。一是强化政府办园责任。要求地方政府依法举办公办园，引导和规范社会力量举办民办园，积极扶持民办园提供普惠性学前教育服务；以县级行政区划为单位制定幼儿园布局规划，将普惠性幼儿园建设纳入城乡公共管理和公共服务设施统一规划。二是严格设立条件和程序。明确设立幼儿园应当具备的条件，要求取得教育行政部门办学许可并进行法人登记。三是遏制过度逐利。禁止利用财政性经费、国有资产等举办营利性民办园；禁止社会资本通过兼并收购、协议控制等方式控制公办园、非营利性民办园；幼儿园不得直接或者间接作为企业资产上市。

（三）规范学前教育实施，提高保教质量。一是加强入园保障。要求地方政府采取措施，促进适龄儿童方便就近接受学前教育；学前儿童入园，不得组织任何形式的考试或者测试。二是规范保教活动。要求幼儿园坚持保育和教育相结合的原则，根据学前儿童身心发展规律和年龄特点，科学实施保育和教育活动，不得教授小学阶段的课程内容；把保护学前儿童安全放在首位，落实安全责任制相关规定；建立科学合理的一日生活制度，做好卫生保健管理工作，促进学前儿童身体正常发育和身心健康。三是规范内部管理。明确公办园的基层党组织统一领导幼儿园工作，支持园长依法行使职权；民办园的内部管理体制按照国家有关民办教育的规定确定。

（四）加强教职工队伍建设，提升教师素质。一是严格资质要求。明确幼儿园教职工应当具备规定的条件，取得相应职业资格或者受过相关专业培训。二是加强人员配备与聘用管理。要求制定人员配备标准，政府及其有关部门保障公办园及时补充教师，幼儿园及其举办者应当配足配齐教师等工作人员。幼儿园聘任教师等工作人员应当报教育行政部门备案并进行背景查询和健康检查，存在可能危害儿童身心安全、不宜从事学前教育工作情形的，不得聘任。三是强化待遇保障。强调幼儿园及其举办者应当保障教师等工作人员的工资福利，改善工作和生活条件；幼儿园教师在职称评定、岗位聘任等方面享有与中小学教师同等的待遇。

（五）完善投入机制，加强经费保障。一是明确投入机制。强调政府投入为主、家庭合理负担保教成本、多渠道筹措经费。二是加强财政投入保障。强调政府加大财政投入，保障学前教育事业发展；学前教育财政补助经费列入中央和地方各级预算，地方政府科学核定普惠性幼儿园办园成本，统筹制定财政补助和收费政策;建立学前教育资助制度。三是促进教育公平。强调合理配置资源,缩小城乡之间、区域之间学前教育发展差距;保障家庭经济困难的适龄儿童、孤儿和残疾儿童接受普惠性学前教育。

(六)健全监管体制,强化监督管理。一是加强安全管理。要求政府及其有关部门加强监督指导,依法保障学前儿童与幼儿园安全。二是加强收费管理。要求合理确定公办园和非营利性民办园收费标准,加强收费监管,引导合理收费;幼儿园执行收费公示制度。三是加强质量评估。要求制定幼儿园保教质量评估指南,将各类幼儿园纳入质量评估范畴,向社会公布评估结果。

此外,《草案》对政府及其有关部门、幼儿园及其工作人员等违反本法的行为规定了相应法律责任。

《草案》和以上说明是否妥当,请审议。

全国人民代表大会宪法和法律委员会关于《中华人民共和国学前教育法（草案）》修改情况的汇报

——2024年6月25日在第十四届全国人民代表大会常务委员会第十次会议上

全国人大宪法和法律委员会副主任委员 徐 辉

全国人民代表大会常务委员会：

常委会第五次会议对学前教育法草案进行了初次审议。会后，法制工作委员会将草案印发部分中央有关单位、地方人大、基层立法联系点、高等院校和全国人大代表等征求意见；在中国人大网公布草案全文，征求社会公众意见。宪法和法律委员会、教育科学文化卫生委员会、法制工作委员会联合召开座谈会，听取中央有关部门、基层立法联系点、基层教育部门、幼儿园、学前教育行业协会、全国人大代表和专家学者对草案的意见。宪法和法律委员会、法制工作委员会还到四川、云南、北京、河北和河南等地调研，并就草案的重要问题与有关部门交换意见，共同研究。宪法和法律委员会于5月31日召开会议，根据常委会组成人员的审议意见和各方面的意见，对草案进行了逐条审议。教育科学文化卫生委员会、司法部、教育部有关负责同志列席了会议。6月18日，宪法和法律委员会召开会议，再次进行了审议。现将学前教育法草案主要问题修改情况汇报如下：

一、有的常委委员、地方、部门和社会公众提出，我国宪法规定，国家鼓励社会力量依照法律规定举办各种教育事业。多年来，社会力量办园在满足社会需求上发挥了重要作用。本法应明确规定国家鼓励社会力量参与举办学前教育，并进行必要的引导和规范，保障学前教育资源多渠道供给，共同促进学前教育高质量发展。宪法和法律委员会经研究，建议采纳这一意见，在草案中明确规定，国家鼓励、引导和规范社会力量参与学前教育发展；鼓励自然人、法人和非法人组织通过捐赠、志愿服务等方式支持学前教育事业。

二、有的常委委员、地方、部门和社会公众提出，学前教育立法应当以学前儿童为中心，进一步突出对学前儿童的权益保障。宪法和法律委员会经研究，建议增设"学前儿童"一章作为第二章，整合草案有关学前儿童权益保障方面的内容，同时增加、完善相关规定：一是学前儿童享有生命安全和身心健康、得到尊重和保护照料、依法平等接受学前教育等权利。二是地方各级人民政府应当采取措施，促进适龄儿童在父母或者其他监护人的工作或者居住地方便就近接受学前教育。三是学前儿童因特异体质、特定疾病等有特殊需求的，父母或者其他监护人应当及时告知幼儿园。四是公共文化服务机构和爱国主义教育基地应当提供适合学前儿童身心发展的公益性教育服务，并按照有关规定对学前儿童免费开放。

三、有的常委委员、地方、部门和社会公众提出，残疾儿童"入园难"问题较为突出，应当高度重视残疾儿童的融合教育需求，保障其公平接受学前教育的权利。宪法和法律委员会经研究，建议增加、完善相关规定：一是普惠性幼儿园应当接收能够适应幼儿园生活的残疾儿童入园，并为其提供帮助和便利。二是父母或者其他监护人与幼儿园就残疾儿童入园发生争议的，县级人民政府有关部门应当进行全面评估，并妥善解决。三是招收残疾儿童的幼儿园应当配备必要的康复设施、设备和专业康复人员，或者与其他具有康复设施、设备和专业康复人员的特殊教育机构、康复机构合作，根据残疾儿童实际情况开展保育教育。

四、有的地方和社会公众提出，实践中有的幼儿园突然关闭，未能妥善安置在园儿童，且拒不退还已缴费用，严重损害学前儿童及其家长的合法权益，应对这类行为予以规范。宪法和法律委员会经研究，建议增加规定：幼儿园变更、终止的，应当提前六个月向县级人民政府教育行政部门报告并向社会公告，依法办理相关手续，妥善安置在园儿童。

五、有些常委委员、地方、部门、专家学者和社会公众提出，近些年国家出台了系列学前教育支持政策，持续加大财政投入力度，有的地方已经在一定范围内实施了免费学前教育，建议将有关政策和经验做法上升为法律规定，为学前教育事业发展提供充分保障。宪法和法律委员会经研究，建议增加规定：一是县级以上地方人民政府应当将公办幼儿园教师工资纳入财政保障范围。二是各级人民政府应当确保财政性学前教育经费在同级财政性教育经费中占合理比例。三是中央财政通过转移支付对地方统筹给予支持。四是省级人民政府应当明确本行政区域内各级人民政府财政补助经费分担比例，并适时调整。五是有条件的地方逐步推进实施免费学前教育。

六、有的常委委员、部门和社会公众提出，应当把保护幼儿生命安全和健康放在首位，强化幼儿园校园及周边的安全风险防范措施。宪法和法律委员会经研究，建议增加、完善相关规定：一是幼儿园应当及时排查和消除火灾等各类安全隐患。二是幼儿园发现学前儿童受到侵害、疑似受到侵害或者面临其他危险情形的，应当立即采取保护措施。三是发现学前儿童受到侵害等危险情形或者发生突发事件等紧急情况的，幼儿园应当及时通知其父母或者其他监护人。

此外，还对草案作了一些文字修改。

草案二次审议稿已按上述意见作了修改，宪法和法律委员会建议提请本次常委会会议继续审议。

草案二次审议稿和以上汇报是否妥当，请审议。

全国人民代表大会宪法和法律委员会关于《中华人民共和国学前教育法（草案）》审议结果的报告

——2024年11月4日在第十四届全国人民代表大会常务委员会第十二次会议上

全国人大宪法和法律委员会副主任委员　徐　辉

全国人民代表大会常务委员会：

　　常委会第十次会议对学前教育法草案进行了二次审议。会后，法制工作委员会在中国人大网公布草案全文，征求社会公众意见；宪法和法律委员会、法制工作委员会到青海、江苏、上海等地进行实地调研，听取全国人大代表、地方有关部门、幼儿园、学前教育专业院校和学前儿童家长等方面的意见；还就草案有关问题与教育部、司法部、财政部、自然资源部、住房和城乡建设部等有关单位交换意见，共同研究。宪法和法律委员会于10月8日召开会议，根据常委会组成人员的审议意见和各方面的意见，对草案进行了逐条审议。教育科学文化卫生委员会、教育部、司法部有关负责同志列席了会议。10月25日，宪法和法律委员会召开会议，再次进行了审议。宪法和法律委员会认为，为贯彻落实党中央的决策部署，促进学前教育普及普惠安全优质发展，制定学前教育法是必要的，草案经过两次审议修改，已经比较成熟。同时，提出以下主要修改意见：

　　一、有的常委委员提出，党的二十届三中全会决定明确要求，健全学前教育保障机制，有效降低生育、养育、教育成本，建议在草案中予以贯彻和体现。宪法和法律委员会经研究，建议增加规定：国家建立健全学前教育保障机制；降低家庭保育教育成本。

　　二、有的常委委员提出，实施学前教育应当把保护学前儿童生命安全和健康放在首位，进一步加强幼儿园安全监管工作。宪法和法律委员会经研究，建议增加规定：县级以上人民政府有关部门加强对幼儿园食品安全的监管；强化幼儿园周边治安管理和巡逻防控工作。

三、有的常委委员和地方提出，为促进学前儿童健康快乐成长，应当鼓励开发和推广符合学前儿童需求的作品、产品和研究成果。宪法和法律委员会经研究，建议增加规定：国家鼓励和支持推广学前教育、儿童发展、特殊教育方面的研究成果；鼓励创作、出版、制作和传播有利于学前儿童健康成长的图书、玩具、音乐作品、音像制品等。

四、有的常委委员提出，应当规范涉及学前儿童的个人信息处理活动，保护学前儿童的名誉、隐私和其他合法权益。宪法和法律委员会经研究，建议增加规定：学前儿童的名誉、隐私和其他合法权益受法律保护，任何单位和个人不得侵犯；幼儿园等单位和个人收集、使用、提供、公开或者以其他方式处理学前儿童个人信息，应当取得其父母或者其他监护人的同意，遵守有关法律法规的规定；涉及学前儿童的新闻报道应当客观、审慎和适度。

五、有的常委会组成人员和部门、地方提出，教职工是实施学前教育的重要力量，其言行举止对学前儿童具有直接影响，幼儿园应当加强教职工日常管理，重视教职工身心健康。宪法和法律委员会经研究，建议增加规定：幼儿园发现在岗人员有可能危害儿童身心安全情形的，应当立即停止其工作；幼儿园应当关注教职工的身体、心理状况。

六、草案二次审议稿第七十四条规定了未按照规定建设、移交配套幼儿园或者改变配套幼儿园性质和用途的法律责任。有的部门和地方提出，城乡规划法、土地管理法及实施条例等法律法规对违反规划建设、未按批准用途使用土地等违法行为规定了法律责任，建议草案与相关法律法规做好衔接。宪法和法律委员会经研究，建议修改为：居住区建设单位未按照规定建设、移交配套幼儿园，或者改变配套幼儿园土地用途的，由县级以上地方人民政府自然资源、住房和城乡建设、教育等有关部门依据职责责令限期改正，依法给予处罚；拒不改正的，可以申请人民法院强制执行。

七、草案二次审议稿第八十二条第一款规定，鼓励有条件的幼儿园开设托班，招收二周岁以上三周岁以下的儿童，提供托育服务。有些常委会组成人员、地方和社会公众提出，为推进托幼一体化发展，合理利用幼儿园资源，增加托育服务供给，满足婴幼儿家庭送托需求，解决托育难的问题，建议扩大幼儿园托班招收儿童的范围。宪法和法律委员会经研究，建议删去"二周岁以上"。

此外，还对草案二次审议稿作了一些文字修改。

10月11日，法制工作委员会召开会议，邀请部分全国人大代表、基层教育部门、基层立法联系点、幼儿园、专家学者、学前儿童家长等，就草案主要制度规范的可行性、法律出台时机、法律实施的社会效果和可能出现的问题等进行评估。与会人员普遍认为，草案立足我国国情，坚持问题导向，回应社会关切，对依法实施学前教育进行了全面系统的谋划设计，规定了切实可行的制度举措，有利于保障适龄儿童接受学前教育，促进学前教育普及普惠安全优质发展。草案经过修改完善，充分吸收了各方面意见，已经比较成熟，建议审议通过。与会人员还对草案提出了一些具体修改意见，有的意见已经采纳。

草案三次审议稿已按上述意见作了修改，宪法和法律委员会建议提请本次常委会会议审议通过。

草案三次审议稿和以上报告是否妥当，请审议。

全国人民代表大会宪法和法律委员会关于《中华人民共和国学前教育法（草案三次审议稿）》修改意见的报告

——2024年11月7日在第十四届全国人民代表大会常务委员会第十二次会议上

全国人民代表大会常务委员会：

本次常委会会议于11月4日下午对学前教育法草案三次审议稿进行了分组审议。普遍认为，草案已经比较成熟，赞成进一步修改后，提请本次常委会会议表决通过。同时，有些常委会组成人员和列席人员还提出了一些修改意见和建议。宪法和法律委员会于11月4日晚召开会议，逐条研究了常委会组成人员和列席人员的审议意见，对草案进行统一审议。教育科学文化卫生委员会、教育部、司法部有关负责同志列席了会议。宪法和法律委员会认为，草案是可行的，同时，提出以下修改意见：

一、草案三次审议稿第二十三条第一款规定，各级人民政府应当采取措施，扩大普惠性学前教育资源供给。有的常委委员提出，发展普惠性学前教育，不仅要扩大资源供给，更应当重视提高教育质量。宪法和法律委员会经研究，建议在"扩大普惠性学前教育资源供给"后增加"提高学前教育质量"。

二、草案三次审议稿第八十二条规定，侵害幼儿园、学前儿童、教职工合法权益的，依法承担法律责任。有的常委委员提出，本法应当突出学前儿童的主体地位，保护学前儿童的合法权益，建议将"学前儿童"移至"幼儿园"之前。宪法和法律委员会经研究，建议采纳这一意见。

三、草案三次审议稿第八十四条第一款规定，鼓励有条件的幼儿园开设托班，招收三周岁以下的儿童，提供托育服务。有的常委会组成人员建议对幼儿园开设托班招收儿童的年龄范围再作研究，与拟制定的托育服务法做好统筹协调。宪法和法律委员会经研究认为,本法对幼儿园托班作原则规定即可,以体现托幼一体化发展的精神,不必对招收儿童的年龄作明确规定,建议删去"招收三周岁以下的儿童"的表述。

在常委会审议中,有的常委会组成人员和列席人员还就完善幼儿园设立条件、健全教职工配备标准、加强幼儿园监督管理等提出了一些好的意见建议。有些常委会组成人员建议有关方面抓紧制定配套规定,加强法律宣传解读。宪法和法律委员会经研究认为,上述意见建议涉及的问题,有的可在法规、规章中予以明确细化,有的还需要在实践中继续探索完善。宪法和法律委员会建议国务院及其有关部门、地方认真研究常委会组成人员和列席人员的上述意见建议,在法律实施过程中,扎实做好法律宣传工作,及时出台配套规定,切实保障法律的贯彻实施。

经与有关部门研究,建议将本法的施行时间确定为2025年6月1日。

此外,根据常委会组成人员的审议意见,还对草案三次审议稿作了一些文字修改。

草案修改稿已按上述意见作了修改,宪法和法律委员会建议提请本次常委会会议审议通过。

草案修改稿和以上报告是否妥当,请审议。

图书在版编目（CIP）数据

中华人民共和国学前教育法释义 / 张勇，王嘉毅主编. -- 北京：中国法治出版社，2025.6. -- ISBN 978-7-5216-5362-5

Ⅰ. D922.165

中国国家版本馆 CIP 数据核字第 2025CV9955 号

责任编辑：李槟红　　　　　　　　　　　　　　　封面设计：杨鑫宇

中华人民共和国学前教育法释义
ZHONGHUA RENMIN GONGHEGUO XUEQIAN JIAOYUFA SHIYI

主编/张勇，王嘉毅
经销/新华书店
印刷/三河市紫恒印装有限公司
开本/710 毫米×1000 毫米　16 开　　　　印张/ 16　字数/ 216 千
版次/2025 年 6 月第 1 版　　　　　　　　2025 年 6 月第 1 次印刷

中国法治出版社出版
书号 ISBN 978-7-5216-5362-5　　　　　　　　　　　　　定价：65.00 元

北京市西城区西便门西里甲 16 号西便门办公区
邮政编码：100053　　　　　　　　　　　传真：010-63141600
网址：http://www.zgfzs.com　　　　　　编辑部电话：010-63141671
市场营销部电话：010-63141612　　　　印务部电话：010-63141606

（如有印装质量问题，请与本社印务部联系。）